第二版前言

连锁经营不仅是我国零售业的主要经营模式，也是餐饮业快速扩张的主要手段之一。近年来餐饮行业发生巨大变化，连锁餐饮企业对人才的职业能力和专业素养的要求也不断提高，不仅对员工的专业理论知识提出了新要求，而且更加注重对员工的职业精神、实践能力和综合素质的考察。"连锁餐饮经营管理"作为高职高专院校连锁经营管理专业的一门专业核心课程，具有知识面宽、综合性强、实践性强的特点。这也对校企合作的深度、广度，以及现代学徒制培养模式的全面开展提出了更高的要求。修订后教材具有如下特点：

1."思政"入课，注重对学生工匠精神和劳动光荣的培育

教材编写团队全面准确学习和认真贯彻落实党的二十大精神，将加快推进党的二十大精神进教材、进课堂、进头脑，将研究和落实"立德树人，培养德技并修的大国工匠和高素质人才"的"人才强国战略"作为本教材改革的根本任务。在编写修订时充分体现职业教育类型特征，注重德技并修、育训结合，通过"思政"入课栏目设计，将劳动教育、工匠精神、职业精神、职业道德和职业规范等内容有机融入教材中，使学生在学思践悟中坚定理想信念，达到润物细无声的教学效果。

2.教材的编写体例比较新颖，体系更加完整

为提高学生的学习兴趣，反映最新教学改革成果，本教材的每个单元都设计了学习目标（知识目标、能力目标和思政目标）、单元框架、引例、课内阅读、课外阅读、单元小结、主要概念、单元测试等栏目。本教材由11个单元构成，分别是连锁经营概述、餐饮业与连锁经营、连锁餐饮经营业态、连锁餐饮企业组织结构和企业文化、连锁餐饮战略管理及风险控制、特许加盟餐饮经营管理、连锁餐饮企业总部管理、连锁餐饮店市场定位与选址、连锁餐饮企业营运管理、连锁餐饮企业品牌与质量安全管理、连锁餐饮企业采购与配送管理。

3.校企"双元"合作开发，配套信息化教学资源，注重应用性和实战性

教材编写团队认真落实新修订的《中华人民共和国职业教育法》的要求，深入贯彻全国职业教育大会精神，扎实推动职业教育高质量发展，及时吸收行业发展新知识、新技术、新工艺、新方法，校企"双元"合作开发，并配套开发数字化教学资源。本教材的开发得到了校企合作单位安徽联升餐厅食品有限公司（麦当劳中国发展式被特许经营商）和同庆楼集团的大力支持与协助，企业人士共同参与了编写工作。另外，本教材配套了以二维码形式链接的拓展资源，学生可以通过扫描二维码方便快

捷地进行访问，本书所配套的多媒体资源已接入东北财经大学出版社的财济书院教学平台（www.idufep.com），选用本教材的老师可以通过此平台方便地实现在线互动教学，感受新形态教材为线上线下混合式教学的实施所带来的全新体验。

4．"双创"入课，注重对学生创新创业精神的培育

党的二十大报告指出："教育、科技、人才是全面建设社会主义现代化国家的基础性、战略性支撑。必须坚持科技是第一生产力、人才是第一资源、创新是第一动力，深入实施科教兴国战略、人才强国战略、创新驱动发展战略，开辟发展新领域新赛道，不断塑造发展新动能新优势。"创新创业教育的本质是在知识的学习和实践的体验中，引导学生体验和感悟生活，从而激发创造天性。本教材通过"双创"入课栏目设计，意在以专业能力培养为核心，强化培养具有创新创业精神、符合人力资本市场需求的高素质应用技能型人才这条主线。

本教材由安徽财贸职业学院陆影、强敏老师担任主编，负责教材大纲的编写、章节的统稿及修订的协调工作。具体编写分工如下：单元1、单元2、单元3由安徽财贸职业学院陆影老师编写；单元4、单元5由安徽财贸职业学院周艳阳老师编写；单元6、单元7由安徽财贸职业学院强敏老师编写；单元8、单元9、单元10由安徽财贸职业学院高皖秋老师编写；单元11由江苏经贸职业技术学院时应峰老师编写；本教材部分课内阅读案例和实践训练由学校合作企业安徽联升餐厅食品有限公司人事和训练总监吴林及同庆楼集团院校合作部桂金经理等提供并编写；本教材1～11单元"双创"入课教学资源由渤海大学研究生陆一鸣协助整理。本教材由安徽财贸职业学院党委副书记、院长刘银国和安徽联升餐厅食品有限公司董事兼总经理戴启忠共同担任主审，承担审稿工作。

本教材既可以作为高职高专连锁经营管理、酒店管理等专业的教材，也可作为相关企业员工和有志创业人员的自学与培训用书。非常感谢安徽联升餐厅食品有限公司、同庆楼集团、江苏经贸职业技术学院、安徽财贸职业学院、东北财经大学出版社等单位及老师的大力支持，感谢书中所参考引用相关资料的作者。感谢教育部第二批国家级职业教育教师教学创新团队（安徽财贸职业学院）、省级提质培优全员行动计划——校企双元合作开发职业教育规划教材（项目编号tzpysj164）对本书的资助和支持。

由于编者水平有限，书中难免存在一些不足之处，欢迎广大师生和企业专业人士多提宝贵意见，以便以后不断改进。

编　者

2022年11月

国家文化产业资金支持媒体融合重大项目

教育部现代学徒制试点项目建设成果

高等职业教育连锁经营与管理专业规划教材 · 职业店长系列

陆影　强敏／主编

高皖秋　时应峰　周艳阳／副主编

连锁餐饮经营管理实务

（第二版）

Liansuo Canyin Jingying Guanli Shiwu

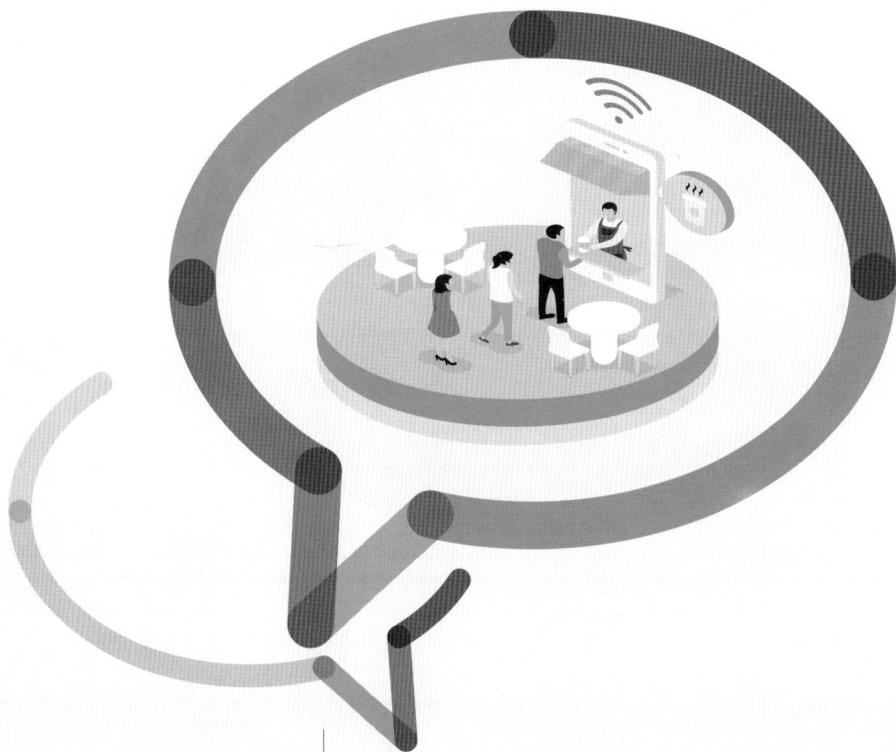

东北财经大学出版社　大连
Dongbei University of Finance & Economics Press

图书在版编目（CIP）数据

连锁餐饮经营管理实务 / 陆影，强敏主编. —2版. —大连：东北财经大学出版社，2023.3（2024.12重印）
（高等职业教育连锁经营与管理专业规划教材·职业店长系列）
ISBN 978-7-5654-4801-0

Ⅰ.连… Ⅱ.①陆… ②强… Ⅲ.饮食业-连锁企业-经营管理-高等职业教育-教材 Ⅳ.F719.3

中国国家版本馆CIP数据核字（2023）第036597号

东北财经大学出版社出版
（大连市黑石礁尖山街217号　邮政编码　116025）
网　　址：http://www.dufep.cn
读者信箱：dufep@dufe.edu.cn
大连图腾彩色印刷有限公司印刷　东北财经大学出版社发行
幅面尺寸：185mm×260mm　字数：264千字　印张：12　插页：1
2023年3月第2版　　　　　　　　　2024年12月第2次印刷
责任编辑：郭海雷　周　晗　　责任校对：张晓鹏　王　莹
封面设计：冀贵收　　　　　　　版式设计：原　皓
定价：35.00元

教学支持　售后服务　　联系电话：（0411）84710309
版权所有　侵权必究　　举报电话：（0411）84710523
如有印装质量问题，请联系营销部：（0411）84710711

目　录

单元 1
连锁经营概述

■ 学习目标

通过本单元的学习，达到以下学习目标：

知识目标：了解连锁经营的发展概况，熟悉连锁经营的特点，掌握连锁经营基础知识和连锁经营的主要类型。

能力目标：通过"双创"入课，重点培养学生分析问题的能力，并为学习连锁餐饮经营的相关知识打下基础。

思政目标：结合教学内容、案例资料等，通过案例分析、思政入课等形式，引导学生正确把握连锁经营，帮助学生形成正确的职业行为和道德规范。

■ 单元框架

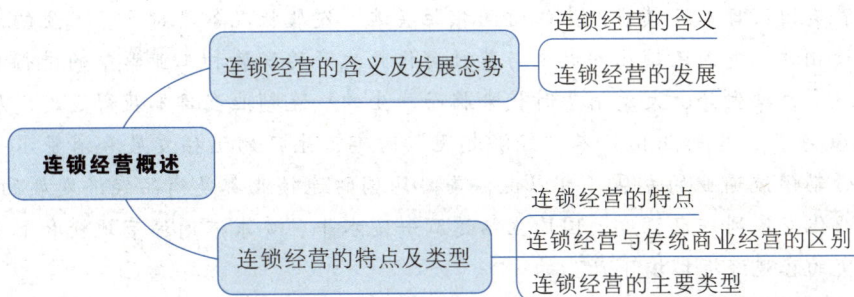

引例

美日两国的连锁业

一、美国及日本连锁业的发展阶段

1.美国——连锁经营的开拓者和领头羊

（1）连锁的创始时代。19世纪中叶至20世纪50年代，是美国连锁经营发展的初创阶段。在这一阶段，美国连锁经营经历了产生、成长和回落三个时期。

（2）现代连锁阶段。20世纪50年代至80年代，是美国连锁业高速发展的时期。在这一阶段，美国连锁经营逐步步入成熟、规范的轨道。

（3）发展、创新的连锁阶段。20世纪80年代以后，美国连锁经营进入全面开拓和渗透时期，其特点是经营手法多元化，连锁经营不再局限于零售业、餐饮业等少数传统行业，开始向非食品零售业、酒店业、不动产业、租赁业、健身美容业、商业服务业等领域渗透。

（4）国际化的连锁阶段。伴随着通信手段的现代化及科学技术的发展，国家与国家之间的经济往来日益密切，在全球经济一体化的浪潮中，连锁加盟也进入了国际化时代。

2.日本——世界连锁经营的学习者和发展者

（1）20世纪50年代，日本经济逐步恢复，为连锁经营在日本发展创造条件。

（2）学习美国的先进经验。

（3）日本对世界连锁发展做出贡献。

（4）日本连锁企业创新发展。

（5）日本走出加盟商重构授权商的特许连锁之路。

二、美国及日本连锁业发展的比较

1.产生的经济背景大致相同

尽管美国及日本连锁业产生的时间相距甚远，发展状况各具特色，产生的经济背景却大致相近。美国连锁业的诞生与其社会化大生产的发展和工业革命的进行直接相关，是适应大批生产、大量消费时代来临而产生的。连锁业在日本获得迅速发展是在20世纪60年代，当时正值日本"经济起飞"时期，生产的迅猛发展和消费水平的急剧提高带动了流通业的发展。可以说，美日两国的连锁业都是商品经济发展的产物，是在工业化发展到一定程度、国民生活达到一定水平、要求流通环节规模和形式做出相应转变的客观经济环境下产生的。

2.发展的重心不同

美日两国在传统商业规模、结构和消费习惯上的差异，导致其连锁业的发展侧重于不同的形式。美国连锁业以正规连锁为主要形式，日本连锁业则以中小企业的自由连锁为主。在实践过程中，真正促使这一差异最终形成源于美国与日本政府不同的中小企业观以及相应政策的颁布。

3.良好的实施效果

尽管连锁方式在传播和发展的过程中因两国具体情况的不同而有所差异，导致美日两国连锁企业在组织形式和运营模式等方面存在差异，但连锁方式本身所具有的一些本质特点却显示出其他商业组织形式所不能替代的良好效果。具体表现为：促进了新的流通体系格局的形成，即传统市场渠道和纵横联合的市场渠道并存；密切了生产与消费环节的衔接与沟通；提高了零售商业的地位；促进了商业现代化进程，并使商业企业得以在更好满足消费者需求的同时获得了规模效益。例如，美国汽车服务业的四大巨头在汽车配件的零售与维修市场中占据了超过30%的市场份额，而每个品牌的年营业收入更是接近或超过了100亿美元，其连锁门店的数量在6 000家左右，市值超过1 000亿元人民币。

资料来源　编者根据相关资料整理。

1.1　连锁经营的含义及发展态势

1.1.1　连锁经营的含义

连锁经营作为一种较为成熟的商业运营模式，凭借其自身的经营特点和发展优势，已经被众多企业采纳，成功地促进了企业规模的扩大和快速发展。连锁经营这种商业组织形式和经营制度，将经营同类商品或服务的若干个企业以一定的形式组成一个联合体，在整体规划下进行专业化分工，并在分工的基础上实施集中化管理，把独立的经营活动组合成整体的规模经营，从而实现规模效益。

1) 连锁经营的定义

《连锁经营术语》（SB/T 10465—2008）将连锁经营定义为：**连锁经营**是指经营同类商品或服务，使用同一商号的若干店铺，在同一总部的管理下，采取统一采购或特许经营等方式，实现规模效益的组织形式。

2) 连锁经营的实质

连锁经营的实质是整合企业内部资源，实现分工专业化、采购集中化和销售分散化。连锁经营改变了传统商业那种购销一体、单店核算、靠经验经营的小商业意识，实现了店名店貌、商品服务等方面的标准化，商品服务、广告宣传、员工培训、流程管理等方面的统一化，以及分工的专业化，最终形成规模效应，提高了企业经济效益。

3) 连锁经营的内涵体现

连锁经营的内涵主要体现在：企业识别系统及商标统一；商品和服务统一；经营管理统一；经营理念统一。"四个统一"是有层次的，从低级向高级发展，连锁企业就是随着四个层次的逐步统一而不断走向成熟和发展的。如果只有店名和店貌的统一而没有商品和服务的统一，那么就只有连锁经营的"形"，而无连锁经营的"神"；如果没有经营管理的统一，各个门店虽然招牌相同，却不遵循统一的标准，那么连锁企业根本无法实现商品和服务的统一。连锁企业只有真正实现经营理念的统一，才能使各门店的管理层及全体员工自觉遵守统一的经营管理制度，贯彻执行企业的经营战略，最终形成连锁企业的经营特色。

1.1.2　连锁经营的发展

1）连锁经营在欧美及日本的发展

连锁经营是商品经济发展的产物。目前，连锁经营作为一种企业组织形式和经营方式，在世界各国多个领域得到了广泛的应用。

（1）美国连锁经营的发展。连锁经营诞生于美国，在美国的商业实践中获得了广泛的应用，这使得美国成为全球连锁经营发展的领头羊。世界上第一家连锁店创办于1859年，这是一家由美国人乔治·F.吉尔曼和乔治·亨廷顿·哈特福特在纽约创办的茶叶连锁店，因此美国被公认为是世界连锁店的发源地。美国连锁经营发展经历了四个阶段：第一阶段是1859—1950年的初创阶段，美国连锁经营主要以商标及商品连锁为主要方式，在经营管理方面还没有形成统一的管理理论。直到第一次世界大战期间，美国连锁企业仅有2 000多家，分店数也不过20 000家；1920年前后，美国连锁企业得到快速发展，在20世纪30年代经济危机发生前，连锁经营企业的销售额已经占到全社会整体零售额的1/4左右。第二阶段是20世纪50—80年代高速发展的黄金阶段，主要得益于高速公路网的建成，以及计算机和软件应用为连锁经营带来的便利。第三阶段是20世纪80年代的发展阶段，此时连锁经营经过100多年的发展，其优势得到普遍认可，借助信息技术的进步，连锁经营获得了新一轮的发展。连锁经营从零售业、餐饮业迅速应用到几乎涉及旅游、咨询、教育、服装、医疗等各行各业。第四阶段是20世纪80年代后的全球化时代。随着科技进步、交通提速、互联网发展、全球经济一体化趋势出现，美国的连锁企业凭借着雄厚的资金、成熟的技术、先进的经营管理理念开始拓展海外市场。美国连锁经营的国际化不仅为世界各国带去了商品，也推动了当地商业经营的进步。

（2）欧洲连锁经营的发展。欧洲连锁经营的出现比美国晚了几年。1862年，伦敦出现欧洲第一家连锁企业无酵母面包公司。第二次世界大战后，英国的连锁经营企业迅速发展起来。20世纪六七十年代，家乐福成为法国最出名的连锁经营企业，仅次于美国沃尔玛，成为世界第二大商业零售连锁集团。法国连锁经营具有两个特点：一是大型连锁企业的营业额占比较大；二是中小型连锁企业众多。德国连锁经营的发展也十分迅速，成立于1964年的麦德龙是大型连锁超市的典范，也是世界第四大贸易集团。阿尔迪是德国食品连锁折扣店，拥有店铺7 000多家，是德国仅次于西门子和宝马的第三大受人尊敬的品牌。整体来讲，欧洲出现了很多连锁经营企业集团，连锁经营在欧洲成为非常受欢迎的商业组织形式。

（3）日本连锁经营的发展。日本连锁经营要比美国晚得多，直到1963年，日本才成立了第一家连锁性质的糕点店。伴随着经济逐步复苏，连锁经营在日本得到了快速发展。日本在引入美国连锁经营方式后不断创新，在连锁经营战略思想、组织形式、经营方式等方面做了很多有益探索，并形成了具有日本特色的连锁经营发展体系。

📝 **课内阅读1-1**　　　　　　　　**日本连锁业的发展阶段**

日本连锁业至今已经发展了多年，从其发展历史来看，大致可以分为导入期、快速发展的发展前期、稳定发展的发展后期以及成熟期四个阶段。

1.导入期（1969—1976年）。日本近代零售业的开端与欧美国家相仿，都以百货店的登场为显著标志。日本经济进入了高速增长期后，逐步建立起新形态的商品销售及流通系统。为了对应大量生产–大量销售的经济体制，诞生了超市这种零售业态。按照传统的日本产销关系，具有连锁化、大型化、低价化等特点的超市对当时的中小零售商产生了巨大影响，特别是让食品类零售商产生了强烈的不安感。在这种背景下，日本政府发布了《便利店行业指导手册》，该手册对特许经营的开店模式进行了明确规范。同时，日本政府为了进一步促进中小零售商的现代化，开始着手培养便利店业态，对小型零售商的转型与发展起到了促进作用。1973年，日本政府颁布了《大型零售店铺法》，加强了对大型零售企业的限制。日本的便利店自此开始了真正的发展。

2.快速发展的发展前期（1977—1985年）。在此时期，日本国内中小零售商对大型零售企业的抗议活动越来越频繁，在看到伊藤洋华堂引进便利店业态（7-11）所取得的成功后，增长乏力的其他大型零售企业也开始引进便利店业态。不仅如此，全国性大型批发商和地区性小型批发商也开始涉足便利店业态。

3.稳定发展的发展后期（1986—1990年）。1986年，日本便利店销售额增长率首次跌破20%，总体店铺数也呈下降趋势。最直接的一个原因是希望加盟便利店业态的零售业主越来越少，地价的快速上涨导致适合开店的地方也越来越少。针对这种情况，各企业开始致力于信息系统的构建和物流网络的整合等工作，将强化供应链作为重要课题之一。并且，各企业纷纷改变商品策略，导入了大量的速食类商品。速食类商品的大量导入要求店铺运营具有更高的效率，从而促使其积极构建自己专属的信息系统。例如，引进POS系统，将订收货、库存管理等工作统一纳入电脑系统中进行管理，成为高效率运营店铺的一个重要手段。在商品战略方面，各企业开始大量导入各种服务类商品，如各种杂费的缴纳、邮寄品的代发代收、照片冲洗等，试图通过导入独家的服务类商品来谋求与其他企业的差异化。

4.成熟期（1991年至今）。20世纪90年代初，日本经济泡沫破裂，便利店的发展也呈减速的趋势。在此时期，便利店业界开始出现巨头垄断化。1991年，全日本40 000家店铺中有15 000家为7-11、罗森和全家这三家企业所有。随着《大型零售店铺法》中针对大型零售企业的各项限制措施得到进一步缓和，各超市纷纷开始延长经营时间，折扣店和速食店等开始执行低价格战略，将市场上的商品价格快速拉低。便利店仅靠全年24小时营业的经营体制，愈发难以同超市等业态进行对抗。因此，便利店为了提高竞争力，推行差异化经营，更加重视商品开发和店铺运营，如增加更多诸如票务、旅游产品等服务类商品，设立车站内店铺，与药妆店捆绑销售等。

资料来源　龚涛.日本便利店行业发展历史回顾［J］.商情，2018（10）.本文经过节选、压缩和改编。

2）连锁经营在中国的发展

（1）中国香港是在20世纪60年代开始出现连锁经营的，东江菜馆是香港饮食业尝试连锁经营的第一家。零售方面，最早采用连锁经营的有惠康、百佳两大著名超市。20世纪70年代，香港经济开始腾飞，连锁经营开始普及，服务行业及商品零售业都开始采用连锁经营模式。20世纪80年代以来，香港成为世界第三大金融中心，人口增加，全球资金涌入，连锁店发展更加迅速，渗透到各行各业。

（2）1950—1969年，连锁经营在中国台湾企业界没有得到正式认可，早期连锁经营有天仁茗茶、宝岛钟表等。到20世纪70年代，连锁经营逐渐为各行业所认识。20世纪80年代后期，台湾食品连锁经营企业越来越多。台湾连锁业的发展主要分为五个阶段：1979年以前，经营的探索期；1979—1983年，学习成长期；1984—1990年，国际连锁蓬勃发展期；1991—1999年，连锁整合期；2000年以后，海外拓展期。中国台湾连锁业的发展状况见表1-1。

表1-1　　　　　　　　　　　　中国台湾连锁业的发展状况

发展阶段	经营模式与环境	市场整体特性	代表业者
本土经营的探索期（1979年以前）	地区生产总值2 000美元以下；营销观念逐步形成；基本生活商品需求阶段	虽多店经营，但缺乏整体营运计划；组织结构松散，经营方向不一致；缓慢出现制造商发起直营连锁店	中油（1946）、天仁茗茶（1953）、顶呱呱速食（1974）、统一超商（1978）
学习成长期（1979—1983年）	地区生产总值2 000~3 000美元；由增加店数转变成导入系统连锁经营观念	统一超商引进美国南方公司经营技术，与芳邻和日本喜来客合作；大规模成长，批发商兴起；由国外引进Know-How可以缩减本土摸索与尝试错误的时间	信义房屋（1981）、宝岛眼镜（1981）、三商巧福（1983）、金石堂文化（1983）
国际连锁蓬勃发展期（1984—1990年）	地区生产总值3 000~9 000美元；1985年开放外资投资台湾地区内商业经营	业种及业态朝多元化发展；麦当劳正式引进，台湾导入全新餐饮管理方式；注重服务、顾客导向及标准化作业经营方式，流通革命；1988年，7-11扭亏为盈，迅速扩展	麦当劳快餐（1984）、肯德基炸鸡（1985）、惠康超市（1987）、屈臣氏（1987）、全家便利商店（1981）、家乐福（1989）
连锁整合期（1991—1999年）	地区生产总值10 000美元以上；1991年成立台湾连锁店发展协会并发行刊物；1995年成立台湾连锁加盟促进协会	无店铺营销专门化商店；寻求中国大陆及海外新市场；业态不断创新，连锁企业趋向集团化经营；"公平交易委员会"正式将连锁业纳入管制	新光三越（1991）、丹提咖啡（1993）、金玉堂（1997）、西雅图极品咖啡（1997）、统一星巴克（1999）、象王洗衣（1998）
海外拓展期（2000年以后）	地区生产总值10 000~13 000美元；集团化海内外结合时期	市场饱和式竞争；走向国际化、多元化整合；中国大陆为主要竞争市场；2004年开展品牌台湾发展计划	壹咖啡（2006）、达芙妮（2006）、85度（2006）、CQ2快剪（2007）等

资料来源　许英杰，李冠颖. 连锁管理［M］. 北京：经济管理出版社，2016.

（3）中国内地连锁经营发展概况。1984年8月，中国内地首家特许经营连锁店皮尔·卡丹开业，这被认为是中国连锁经营的开始。1986年，天津立达国际商场开业并率先组建连锁店，这被认为是国内本土连锁经营的开始。1990年底，东莞虎门镇出现了国内第一家连锁超市——佳美超市。1991年，我国第一家快餐连锁经营企业上海新亚快餐食品股份有限公司成立。1993年开始，连锁经营从超市、快餐店开始向其他业态渗透并成功特许经营。2001—2010年是中国连锁经营发展最快的阶段，国内企业不断整合资源，越来越多的行业、企业开始采用连锁经营。

随着国内信息化、数字化的迅速发展，更多的互联网企业介入连锁行业并挑战传统的商业模式，在连锁经营的领域引入了移动支付、人脸识别、无人店等创新模式。

> **"双创"入课1-1**　　　　**2021年中国连锁Top100**

根据2021年行业基本情况调查结果，中国连锁经营协会（CCFA）发布"2021年中国连锁Top100"。

2021年，Top100连锁企业销售规模近2.3万亿元，同比下降2.8%。门店总数近19万个，同比增长8.9%。百货、超市、便利店、专业店等零售业四个主要业态的销售额同比增长分别为10.9%、0.3%、8.7%和−17.0%；其门店数同比增长分别为1.1%、2.3%、8.4%和19.1%。

2021年，Top100连锁企业中，销售额同比增长的企业有68家（上年为47家），门店数实现增长的有60家（上年为66家）。有12家企业销售额、门店数均实现双位数增长，分别是居然之家、美宜佳、大参林、钱大妈、罗森、易初莲花、柒—拾壹、来酷科技、天福、健之佳、寿康永乐、比优特。其中，美宜佳、大参林、钱大妈、天福、健之佳、比优特连续两年实现销售、门店双位数增长。

2021年，Top100连锁企业线上销售规模达4 700亿元，占总销售额的20.6%。Top100连锁企业线上销售占比平均值为8.6%，比上年提高了1.3个百分点。

调查显示，八成以上Top100连锁企业预计2022年销售额将实现增长，其中一半企业预计增长率在5%以上。线上销售方面，九成以上Top100连锁企业预计将进一步增长，近六成企业预计增长率会达到10%以上。

资料来源　中国连锁经营协会．关于公布"2021年中国连锁Top100"的通知［EB/OL］．［2022-06-14］．http://www.ccfa.org.cn/portal/cn/xiangxi.jsp？id=443675&type=10003.

请同学们结合资料分析：（1）我国连锁经营发展状况如何？（2）你身边的连锁经营企业有哪些？其经营状况如何？

☑ **课外阅读1-1**　　　　**改革开放四十周年连锁企业长青奖**

2018年正值中国改革开放40周年。为鼓励在改革开放过程中开拓创新、锐意进取、基业长青的优秀连锁企业，中国连锁经营协会特设立"改革开放四十周年连锁企业长青奖"，推选会员企业中成立早、信誉好、经营优的企业予以表彰。这些企业在中国连锁经营的历史上披荆斩棘、开疆拓土，为行业进步起到了良好的带头作用。共有44家优秀企业获得该奖项。

要进一步了解"改革开放四十周年连锁企业长青奖"获奖企业名单，可以扫描二维码查看。

1.2　连锁经营的特点及类型

1.2.1　连锁经营的特点

作为一种经营组织形式，连锁经营的基本特点表现为以下几个方面：

1）经营方式上的统一化

连锁经营把分散的经营门店组织起来统一管理，数量多、分布广、贴近消费者需求的门店加强了消费者和连锁企业之间的感情联系。在资源方面，在总部的统一规划及领导下，连锁企业能够取得单店无法达到的规模效应，降低运营成本，提高市场竞争力。在采购方面，连锁企业能够形成规模效应，提高议价能力，获得更低的进货价格，降低采购成本，扩大利润空间。在店面、店貌、商标、服务、产品方面，连锁企业能够树立统一的形象，增强消费者对连锁企业的品牌依赖感。连锁企业在研发、培训、流程、财务上的统一化，能降低管理成本和沟通成本，增强执行力度。连锁企业在整体促销上的统一化，能够让企业销售产生倍增效应。总之，连锁企业统一化的经营方式使得其营业面积不断扩大，总营业时间不断延长，规模化效应凸显。

2）组织形式上的网络化

从形式上来看，一个总部和多个门店组成了一个企业联合体，这个联合体就像一张网分布在各地，门店与门店之间通过连锁经营体系相互连接在一起。网络化的组织形式突破了传统企业服务半径的限制，各连锁门店之间相互配合，使得消费者能在任何时间、任何地点选择连锁网络上最近的门店获取同质的服务和产品。为了使庞大而分散的连锁经营体系内部协同一致、高效运营，连锁企业需要运用现代管理手段实现信息化管理，通过网络建立连锁经营体系，把总部和各个连锁企业构成一个整体。可以说，连锁企业的成功运营在很大程度上得益于连锁经营组织形式的网络化。

3）管理方式上的作业简单化、分工专业化、操作标准化

连锁企业改变了传统企业依赖个人经验和技巧的状况，通过分工协作，把每个人放在最合适的位置上做最擅长的事。这样一来，复杂的经营活动被分解成一个个流水线上的简单环节，各环节推行标准化、规范化运作，从而有效地强化了连锁经营企业的优势，提升了企业的经营效益。

（1）作业简单化。连锁企业体系庞大，财务、采购、销售、人事等方面都需要在操作上统一运作，以便省去不必要的过程和手续，简化整个作业流程，以最少的投入获得最大的产出效果。为了使各项作业简单化，连锁企业会按作业过程中涉及的工序整理出一套简明扼要的操作手册，所有员工均依靠手册规定来运作，即使发生人员变动，也能借助手册快速掌握要领，适应岗位要求。

（2）分工专业化。这种专业化表现为连锁企业把在各个工序上工作最突出员工的工作方法通过格式化梳理，以录像、录音、文字等形式整理成标准手册，以指导相同

岗位的员工。通过这样的分工，连锁企业总部和门店各个环节都能够实现专业化，进而提高工作质量和工作效率。

（3）操作标准化。为使各个门店都能提供同质的服务和产品，连锁企业在生产、销售、服务过程中必须实现操作标准化。这种标准化包括：企业整体形象标准化、商品和服务标准化、生产服务操作标准化、作业流程标准化、评估考核标准化等。

连锁经营作业简单化、分工专业化和操作标准化的特点及作用如图1-1所示。

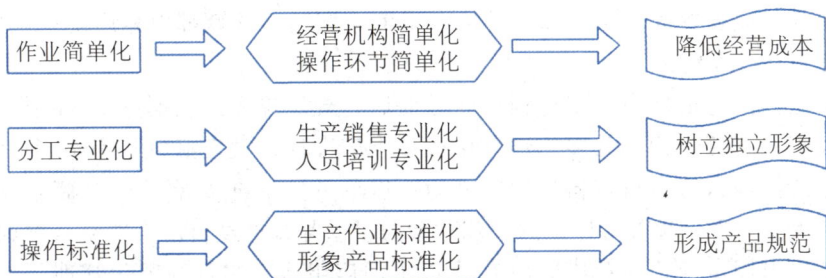

图1-1　连锁经营作业简单化、分工专业化、操作标准化的特点及作用

1.2.2　连锁经营与传统商业经营的区别

相对于传统商业经营模式而言，连锁经营不仅是一种新的经营形式，而且是一种理念的创新。连锁经营通过把现代化大工业、大生产的组织原则应用于商品流通、服务、教育等多个领域，达到了提高协调运作能力和规模效益的目的。

1）连锁经营的优势

（1）资源整合获取规模效益。

（2）统一企业形象、商品、服务等，便于维持消费者忠诚度。

（3）网络化运营便于实现迅速扩张。

（4）采用现代管理技术，便于实现精细化管理。

（5）制度化规范管理，消除了人为因素的影响。

2）连锁经营的劣势

（1）门店独立性有限，缺乏灵活性，难以满足当地消费者需求的特殊性。

（2）门店无法单独核算，盈利水平难以体现，影响员工的积极性。

（3）容易出现总部与门店沟通不畅和决策延误状况。

3）传统商业经营的优势

（1）门店自主性强，主动性强，能调动管理者的积极性。

（2）门店具有高度的灵活性，能随时根据消费者需求变化调整经营战略。

（3）管理层级少，沟通容易，能迅速做出决策。

（4）便于开展特色经营，能弥补市场的空白。

4）传统商业经营的劣势

（1）辐射范围有限，难以获得规模效益。

（2）无法采用现代管理技术，仍属于粗放型管理。

（3）经验管理为主，容易受个人因素的影响。

（4）规模小，难以吸引消费者和合作者。

1.2.3　连锁经营的主要类型

连锁经营的主要类型有直营连锁、特许连锁和自由连锁三种。

1）直营连锁

直营连锁，又称正规连锁（Regular Chain，RC），是指连锁店铺由连锁公司全资或控股开设，在总部的直接控制下，开展统一经营的连锁经营形式。所有分店的所有权、经营权、监督权都完全归属于总店，采购、配送、核算都由总店统一调拨管理，分店没有独立法人资格。

美国把直营连锁称为公司连锁、联号商店，规定连锁经营必须有11个以上的分店。欧洲则将直营连锁称为多店铺商店或多支店商店，规定必须要有10个以上的分店。国际特许经营协会将直营连锁定义为：以单一资本直接经营11个商店以上的零售业或餐饮业。我国对直营连锁的规范是参照了国际特许经营协会并结合中国连锁店的具体情况而制定的。连锁店应由10个以上门店组成，实行规范化管理，必须做到统一采购/配送商品、统一经营管理规范、采购同销售分离，直营连锁经营的门店均由总部全资或控股开设，在总部的直接领导下统一经营。

2）特许连锁

特许连锁，又称特许经营（Franchise Chain，FC），是指拥有注册商标、企业标志、专利、专有技术等经营资源的企业（特许人），以合同形式将其拥有的经营资源许可其他经营者（被特许人）使用，被特许人按合同约定在统一的经营模式下开展经营，并向特许人支付特许经营费用的连锁经营形式。总店与加盟店之间订立合同，明确各自权责，总店允许加盟店使用其某些商品、服务的经营权或先进管理方法。这是一种特许人以商誉为核心，开发和利用无形资产，对企业信誉、品牌的出租。总店和加盟店都具有独立法人资格。

美国商务部对特许经营的定义为：主导企业把自己开发的商品、服务和营业的系统（包括商标、商号等企业象征的使用、经营技术、营业场所和区域），以经营合同的形式授予加盟店在规定区域的经销权和营业权。加盟店则缴纳一定的营业权使用费，承担规定的义务。日本特许连锁经营协会对特许经营的定义为：在总部与加盟店之间签订合同，授予加盟店使用自己的商标、服务标记、商号和其他成为象征的标语以及经营技巧，在同一形象下进行商品销售及其他事业的权利。加盟店向总部相应地支付一定的报偿，并对事业投入必要的资金，在总部的指导与援助下开展事业活动。

国际特许经营协会对特许经营的定义为：特许人和受许人之间构建默契关系，对受许人经营的某些领域、经营技巧及培训等方面，在双方签约后，特许人提供或有义务保持继续性的指导。受许人的经营是在特许人所有和控制下的某个共同标记、经营模式或过程下进行的，受许人从自己的资源中对其业务进行投资。

我国国务院与商务部陆续出台了《商业特许经营管理条例》《商业特许经营备案管理办法》《商业特许经营信息披露管理办法》等法律法规。其中《商业特许经营备案管理办法》规定：商务部及省、自治区、直辖市人民政府商务主管部门是商业特许经营的备案机关。在省、自治区、直辖市范围内从事商业特许经营活动的，向特许人所在地省、自治区、直辖市人民政府商务主管部门备案；跨省、自治区、直辖市范围从事特许经营活动的，向商务部备案。

3）自由连锁

自由连锁，又称自愿连锁（Voluntary Chain，VC），是指若干个店铺或企业自愿组合起来，在不改变各自资产所有权关系的情况下，以同一个品牌形象面对消费者，以共同进货为纽带开展的连锁经营形式。自由连锁是由一些独立经营、独立核算的中小企业组成的联合体，它们之间实行统一的订货、送货，并享有共同的信息和广告宣传，各连锁店都有独立法人资格。

美国商务部对自由连锁的定义为：由批发企业组织的独立零售集团，即以批发企业为主导型的任意连锁经营集团，成员零售店经营的商品全部或大部分从该批发企业进货，作为对等条件，该批发企业必须向零售企业提供规定的服务。日本对自由连锁的定义为：分散在各地的众多零售商，既维持各自的经营利润，又缔结永久性的连锁关系，使商品进货及其他事业共同发展，以达到共享规模效益的目的。自由连锁经营模式用通俗的话来讲就是"抱团发展"，其商业模式的核心竞争力是资源整合，各方根据自身的优势进行资源整合，以实现强强联合、利益分享，参与各方都贡献自己的优势并补齐自身的短板，各方都能在连锁经营中获得最大价值，而连锁经营企业总部则起到指导协调的作用。

＞"双创"入课 1-2　　　　　连锁经营的主要类型

连锁经营三种类型比较见表 1-2。

表 1-2　　　　　　　　　连锁经营三种类型比较

比较项目	直营连锁	特许连锁	自由连锁
经营权	非独立（总部制定）	独立（总部为主，加盟店为辅）	独立
主体	不限	独立法人	独立法人
管理模式	总部对直营店拥有所有权	松散型管理	特许经营体系通过特许合同确定
人员管理	总部任命	自行安排	自行安排
法律关系	内部管理制度	合同关系	自愿结成组织
外部形象	完全一致	完全一致	基本一致

资料来源　编者根据相关资料整理。

请同学们结合资料分析：(1) 连锁经营三种主要类型各有哪些特点？(2) 直营连锁与特许经营有哪些区别？(3) 如果你要创业，选择哪种类型比较合适？

"思政"入课 1-1　　　　实体连锁企业及互联网消费平台社会责任

生态文明建设是新时代中国特色社会主义的一个重要特征，"十四五"时期我国进入新发展阶段，建设生态文明、推动绿色低碳循环发展，不仅可以满足人民日益增长的优美生态环境需要，而且可以推动实现更高质量、更有效率、更加公平、更可持续、更为安全的发展。习近平总书记于2020年9月首次提出中国二氧化碳排放力争于2030年前达到峰值，努力争取2060年前实现碳中和的目标。

连锁企业作为服务业重要支撑，在促进消费、推动国内国际双循环中发挥着不可替代的作用。在国家提出"双碳"目标的背景下，伴随连锁经营企业的不断转型发展，部署可持续发展战略，强化环境、社会和治理的管理已经成为一个不容忽视的问题。《实体连锁企业互联网消费平台社会责任实施指南》适时推出，旨在为行业企业提供一整套行之有效的管理工具与工作方法，帮助企业持续提升社会责任管理水平及信息披露质量，主动应对监管要求、降低合规风险，进一步提高企业竞争力和创新力。指南主要要点：

1. 为什么企业必须强化社会责任管理

符合政策及监管要求；提升公司治理水平；获得潜在责任投资机会；响应消费者与社会的诉求；顺应绿色低碳循环发展主流化趋势等。

2. 企业社会责任实施四步走方案

建立企业社会责任指标体系；制定企业社会责任战略与管理架构；分解企业社会责任目标，跟踪社会责任绩效；披露企业社会责任信息等。

资料来源　中国连锁经营协会. 关于发布《实体连锁企业互联网消费平台社会责任实施指南》的公告［EB/OL］.［2021-11-19］. http://www.ccfa.org.cn/portal/cn/xiangxi.jsp? id=442995&type=34.

请同学们结合资料分析：（1）实体连锁企业及互联网消费平台强化社会责任管理的意义是什么？（2）实体连锁企业如何开展社会责任管理？

✒ 课内阅读1-2　　　　　谈谈特许经营的特点

虽然特许经营也被称为特许连锁或加盟连锁，但并非所有特许连锁或加盟连锁都构成特许经营。我们在辨别时，要注意它与其他类似经营行为的区别。

1. 特许经营与直营连锁的区别。直营连锁的连锁店属于总部所有，并非独立经营。而特许经营中，虽然被特许人的经营活动往往要受到特许人的支配和管理，但特许经营的双方当事人仍然是相互独立且自行承担法律责任的民事主体。因此，直营连锁不属于特许经营范畴。

2. 特许经营与特约经销、特约代理、独家经销的区别。在特许经营体系中，总部将商标、商号、专利、经营诀窍的使用许可和经营指导作为组合提供给加盟商，并由此获得加盟商支付的使用费，是一揽子服务。与此不同，特约店、代理店、专卖店是基于合同，就某一品牌的特定商品持续性进行销售，或者受其委托代为经销该产品。在特许经营中，必须确保特许经营体系的统一性和产品、服务质量的一致性，即总部对加盟店的经营给予全面的指导、援助；而在特约店、代理店、专卖店中，也有制造商对其进行指导、援助，但这只不过是制造商随商品批发销售的二次行为，该行为自身通常不能请求支付使用费。

3. 特许经营与商标使用许可的区别。在特许经营体系中，特许权是包括商标、商号、经营模式、服务标志、专利、商业秘密、经营诀窍等权利的知识产权性质的综合性使用权，其包括但不限于商标使用许可的行为。依照《中华人民共和国商标法》及其实施细则的规定，商标注册人许可他人使用其注册商标后，许可人与被许可人必须签订商标使用许可合同，其合同副本必须备案。同时，《商业特许经营备案管理办法》中也规定，特许人应当在与中国境内的被特许人首次订立特许经营合同之日起15日内向备案机关申请备案。因此，在特许经营实务操作过程中，双方要分别签订商标使用许可合同和特许经营合同。但我们在判断案由时必须从整体法律关系来考虑，如果一个行为只涉及单纯的商标使用许可，那么应定为"商标使用许可纠纷"，但如果许可的是组合式的经营资源，如商标、专利、经营模式等，那么就应属于"特许经营合同纠纷"。经营者通过以上要点就能够分辨这几种经营行为，准确辨别出什么是特许经营模式。

资料来源　赵虎. 谈谈特许经营的特点［N］. 上海法治报，2016-09-26（B05）.

☑ 课外阅读1-2　　　　推进连锁经营亲历记

改革开放40年来，连锁经营在我国流通领域从无到有，从小到大，已经从商品销售扩展到服务消费，不仅成为流通业的主导经营方式，而且为老百姓带来了质优物美、价格合理的消费体验，成为流通领域最富成果的重大改革之一。商务部原部长助理黄海同志由于工作关系有幸亲身参与连锁经营改革开放的全过程。在庆祝改革开放40周年的日子里，黄海同志将亲身经历的一些情况记录下来，使我们换个角度了解我国连锁经营改革开放的全过程。

要进一步了解推进连锁经营亲历记详情，可以扫描二维码查看。

资料来源　黄海. 推进连锁经营亲历记［N］. 国际商报，2018-12-27（1）.

◈ 单元小结

连锁经营是指经营同类商品或服务，使用同一商号的若干店铺，在同一总部的管理下，采取统一采购或特许经营等方式，实现规模效益的组织形式。连锁店是指经营同类商品、使用同一商号的若干门店，在同一总部的管理下，采取统一采购或授予特许权等方式，实现规模效益的经营组织形式。在经济高速发展的形式下，连锁经营作为一种全新的企业组织形式和经营方式，在世界各国多个领域得到广泛运用。连锁经营的实质是整合企业内部资源，实现分工专业化、采购集中化和销售分散化。连锁经营作为一种经营组织形式，其基本特征表现为：经营方式上的统一化；组织形式上的网络化；管理方式上的作业简单化、分工专业化、操作标准化等。连锁经营的主要类型有直营连锁、特许连锁和自由连锁三种。其中，直营连锁是指连锁店铺由连锁公司全资或控股开设，在总部的直接控制下，开展统一经营的连锁经营形式；特许连锁是指拥有注册商标、企业标志、专利、专有技术等经营资源的企业（特许人），以合同形式将其拥有的经营资源许可其他经营者（被特许人）使用，被特许人按照合同约定在统一的经营模式下开展经营，并向特许人支付特许经营费用的连锁经营形式；自由连锁是指若干个店铺或企业自愿组合起来，在不改变各自资产所有权关系的情况下，以同一个品牌形象面对消费者，以共同进货为纽带开展的连锁经营形式。在这三种连锁方式中，直营连锁是连锁经营的最初形式，特许经营则是最发达、最规范的形式，国内大多数连锁企业采取的都是这两种形式，采取自愿连锁方式的企业较少。

◆ 主要概念

连锁经营　直营连锁　特许连锁　自由连锁

◆ 单元测试

即测即评-1

□选择题

1.连锁经营与传统商业经营比较，其优势有（　　　）。

A.灵活化　　　　　　　　　　B.标准化

C.国际化　　　　　　　　　　D.规模化

2.连锁经营的主要特点有（　　　）。

A.简单化　　　　B.标准化　　　　C.复杂化　　　　D.专业化

3.连锁经营的内涵主要体现为（　　　）。

A.企业识别系统及商标统一　　　　B.商品和服务统一

C.经营管理统一　　　　　　　　　D.经营理念统一

4.连锁经营的主要类型有（　　　）。

A.直营连锁　　　B.特许连锁　　　C.自由连锁　　　D.合同连锁

5.连锁经营在管理方式上主要有（　　　）。

A.作业简单化　　　B.分工专业化　　　C.操作标准化　　　D.组织网络化

□判断题

1.每一种商业模式的产生与发展都与生产力发展阶段和经济发展水平相适应，连锁经营的产生与发展也是如此。　　　　　　　　　　　　　　　　　　（　　　）

2.连锁经营是通过对若干零售企业实行集中采购、分散销售、规范化经营，从而实现规模经济效益的一种现代流通方式。　　　　　　　　　　　　　　（　　　）

3.我国大多数连锁企业采取的都是自愿连锁。　　　　　　　　　　（　　　）

4.连锁经营诞生于美国，在美国的商业实践中获得了广泛的应用，也使美国成为全球连锁经营最发达的国家。　　　　　　　　　　　　　　　　　　（　　　）

5.连锁经营主要有直营连锁、特许连锁和自由连锁三种类型。　　　（　　　）

6.在三种连锁方式中，直营连锁是连锁经营的最初形式，特许经营则是最发达、最规范的形式。　　　　　　　　　　　　　　　　　　　　　　　　（　　　）

□简答题

1.简述连锁经营的含义及特点。

2.连锁经营的主要类型有哪些？

3.对比分析连锁经营不同类型的异同点。

4.连锁经营与传统商业经营的区别是什么？

5.简述各国连锁经营发展的概况。

□案例分析题

上海连锁商业经济的发展

1.上海连锁商业企业特征

（1）连锁企业已度过企业数量快速增长的发展阶段。连锁企业的资本和技术门槛高，企业存活率较高，中小零售企业和餐饮企业市场准入门槛较低，时有新入局和淘汰者。

（2）便利店和标准超市以内资为主体，外资在大型超市、服装专卖等领域占据优势。上海便利店和超市主要依托国有集团建立，好德、伍缘由农工商超市（集团）有限公司创立，快客由联华超市股份有限公司创立，良友金伴由良友集团创立。部分便利店舶来品牌，为更好融入本地市场，也成立相应的内资公司。2019年，便利店和标准超市零售额中，内资比重分别达到62.9%、97.9%。大型超市、服装专卖、快餐和咖啡是外商企业的传统优势。大型超市零售额中，港澳台比重达到9.8%；服装专卖店集中了大批国际快时尚品牌，港澳台投资零售额和外商投资零售额较为接近；在正餐和快餐连锁中，内资、港澳台投资和外商投资呈鼎立之势；饮料连锁零售额中，外商比重达到86.7%。

2.连锁商业企业经营情况分析

（1）连锁化经营已达到较高水平。便利店、超市极度依赖门店规模、后台信息系统以及物流配送体系，随着20多年的发展和洗牌，那些单店形式存在的品牌已经逐步退出市场。服装及餐饮领域也达到较高的连锁化程度。

（2）便利店、超市及餐饮连锁通过分公司开展区域竞争，服装专卖店则由总公司统一管理，加盟比重较低。便利店、超市、餐饮连锁以成立分公司的形式开展地域竞争，2019年，上海市便利店、标准超市、大型超市加盟门店比重为47.4%、49.5%、61.0%。服装专卖店更倾向于垂直管理模式：总公司统一管理，不设立区域分公司。服装专卖店的加盟门店比重为27.6%，低于便利店和超市。

（3）连锁零售门店面积扩大，连锁餐饮堂食面积减少，各连锁业态坪效均有明显提高。2008—2019年，上海便利店单店营业面积从63.3平方米提高到79.3平方米，标准超市单店面积从530.3平方米提高到846.5平方米，大型超市平均单店面积从1.05万平方米提高到1.50万平方米。连锁零售门店营业面积有所扩大，原因首先是大型超市纷纷提供到家业务，采用"前置仓加门店"模式，支撑门店3公里范围内实现半小时送达。其次是实体零售采取混业经营。例如，便利店开辟就餐区域，盒马鲜生打出在店堂食及30分钟配送到家组合牌。

3.疫情对连锁商业企业的影响分析

便利店由扩张转入收缩，标准超市和大型超市进入新一轮扩张阶段。上海及华东地区的便利店门店密度明显低于中国台湾、日本等地区，面对如此广阔的市场，各大便利店品牌摩拳擦掌，积极扩张；服装专卖店收入减少但有所盈利。在过去的几年里，借助三四线城市消费升级的风口，服装专卖店纷纷下沉，密集开店。2019年，服装专卖店营业收入比上年增长12.1%，利润率为6.2%。新冠肺炎疫情发生后，服饰消费受到的冲击尤为严重；疫情对餐饮消费的冲击是全行业性的，快餐连锁恢复明显快于正餐连锁、饮料连锁。

总之，连锁门店仍是商业竞争的主要阵地。在刚过去的竞争中，内资企业引领新零售运动，在经营模式创新上完成了从学生到领跑者的转变，外资企业仍旧占据极大的市场份额，在部分领域优势突出。本轮经营的另外一个特点是外来连锁品牌的本土化。在进入中国市场初期，外来品牌主动实现本土再造，在上海注册公司，转为内资企业。下一轮竞争中，连锁经营仍是新零售运动的主要阵地。经过线上渠道改造、门店数字化建设以及物流配送能力的提高，连锁门店供应链建设得到极大强化。连锁经营模式在新零售背景下仍旧具有极强的竞争力。目前，全国性连锁龙头企业主要集中在上海和北京，但大量地域级企业在本地市场占据明显优势，市场仍旧处于不断分化和演进中。上海零售连锁企业跨地区拓展市场必然和本地龙头企业发生碰撞，同时，上海零售市场也在迎接外来企业的挑战。上海零售连锁企业要在行业继续保持优势，须继续提高经营效率和品质，稳步拓展市场。

资料来源　冯晓华. 上海连锁商业经济的现状、特征及影响分析 ［J］. 统计科学与实践，2021（11）.

分析：

（1）上海商业连锁经营呈现出哪些特点？

（2）疫情对连锁商业企业有何影响？如何应对？

单元 2
餐饮业与连锁经营

■ 学习目标

通过本单元的学习，达到以下学习目标：

知识目标：了解我国餐饮业概况，熟悉餐饮业的特点，掌握连锁餐饮行业生产、销售、服务的特点。

能力目标：通过"双创"入课，使学生学会分析餐饮业与连锁经营之间的适配性，培养学生分析问题、双创实践的能力。

思政目标：结合教学内容、案例资料，通过互动课堂、案例分析、思政入课等形式，引导学生理解一米一粟当思来之不易，培养学生积极履行爱粮节粮的社会责任。

■ 单元框架

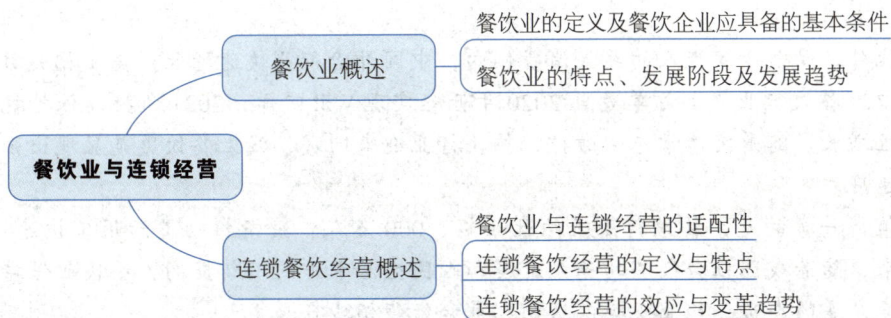

引例

市场回暖　大量创业者涌入

中国连锁经营协会联合华兴资本共同发布《2022年中国连锁餐饮行业报告》（以下简称《报告》）。《报告》显示，中国餐饮市场规模从2014年的2.9万亿元增长至2019年的4.7万亿元，年复合增长率达10.1%。2020年受新冠疫情影响，餐饮市场规模下滑15.4%至4.0万亿元。随着疫情防控常态化，国民消费热情复苏，2021年餐饮市场规模已恢复至4.7万亿元，同比增长18.6%。

近年来，中国餐饮市场一直健康成长。《报告》显示，2021年餐饮相关企业注册数量显著增长。根据企查查的数据，2021年1—11月，餐饮企业注册数量达301.3万家，同比增长24.9%。2021年餐饮相关企业注册数量的显著增长说明，不定时造访的疫情对餐饮行业创业热情的影响并没有想象中大。2021年1—11月，餐饮企业注销、吊销85万家，同比下降1.7%。尽管疫情期间有大量的餐饮门店关闭，但是餐饮企业吊注销数量并没有大幅增加，可见因疫情关店的情况没有想象中的那么严重。同一时间段餐饮企业注册数量是餐饮企业吊注销数量的3.5倍，说明创业者还是非常看好餐饮行业，有大量的餐饮创业者在涌入，行业竞争将会更加激烈。

2021年，中小规模（门店数量在100家店以内）连锁品牌增长迅速，进一步扩大门店优势。从2021年不同规模区间的品牌门店数年同比涨幅情况来看，门店数涨幅最大的是规模在3～10家店的连锁品牌，门店数年同比增长了23.0%；其次是规模在11～100家店和5001～10000家店的品牌，门店数年同比增长分别达16.8%和16.0%；规模在1001～5000家店的品牌，门店数量则出现了负增长。

2021年，中小规模的连锁品牌开始陆续出现，原因是：一方面，一些地方的中小餐饮经营者在数字化管理工具的赋能和加持下，开始探索连锁模式和扩张门店；另一方面，大量自主小本创业的人选择通过加盟连锁餐饮品牌的方式进入餐饮行业。

此外，受益于年轻人的线上消费倾向，中国外卖行业快速增长。美团相关数据显示，中国餐饮行业线上订单量自2020年开始实现V形回弹，2021年持续保持稳定的恢复性增长。随着疫情常态化防控，餐饮行业迎来回暖，线上餐饮更是显现出强劲的恢复速度。

值得一提的是，餐饮行业吸纳就业超2000万人，疫情推动灵活用工快速增长。近年来，随着我国社会经济的稳步发展和人民生活水平的不断提高，餐饮业保持着持续快速发展的态势，行业规模、从业人员和经营领域日趋扩大。

资料来源　王小萱.《2022年中国连锁餐饮行业报告》：市场回暖 大量创业者涌入［N］.中国食品报，2022-08-09（2）.

2.1　餐饮业概述

2.1.1　餐饮业的定义及餐饮企业应具备的基本条件

1）餐饮业的定义

根据《国民经济行业分类》（GB/T 4754—2017）的定义，**餐饮业**指通过即时制作加工、商业销售和服务性劳动等，向消费者提供食品和消费场所及设施的服务活动。

2）餐饮企业应具备的基本条件

（1）一定的场所和相应的设备、设施。餐饮企业要有一个固定的场所；餐饮企业要提供食品和服务，无论当场消费还是外卖，都必须具备相应的设备、设施。

（2）提供餐饮产品和服务。餐饮企业提供的商品包括餐饮产品和服务两部分。档次越高的酒店、餐厅，所提供的服务的占比就越高。

（3）以获取利润为目的，是一种经济行为。餐饮企业的经营行为是一种经济行为，其目的是获取相应的利润。

因此，餐饮企业是拥有一定的场所和相应的设备、设施，通过为客人提供食品和服务来获取利润的经济实体。

✎ 课内阅读2-1　　　最早的餐饮形式——"筵席"

考古发现，生活在7 000多年前的河姆渡人已经大面积种植水稻并饲养牲畜，食物来源的丰富改善了人们的物质生活，并为餐饮业的形成奠定了物质基础。用芦苇或其他植物编成"筵"铺在地上，用较细的料编成"席"铺在筵上供人坐，酒食菜肴置于筵席之前。"筵席"二字虽是坐具的称谓，但含有进行隆重正规宴饮的意思，所以将设宴待客或聚会称为"筵席"。

资料来源　李勇平. 餐饮服务与管理［M］. 5版. 大连：东北财经大学出版社，2018.

2.1.2　餐饮业的特点、发展阶段及发展趋势

1）餐饮业的特点

（1）餐饮生产的特点：①餐饮产品规格多，每次生产批量小。②餐饮生产过程时间短。③生产量难以预测。④餐饮原料及产品容易变质。⑤生产过程环节多、管理难度大。餐饮业受到顾客数量及容易腐坏的影响必须现生产现销售。餐饮业不同于其他行业，可以按规格大量生产销售，由于每位顾客都有自己的饮食偏好，而且餐饮产品受到外界因素影响容易腐坏，顾客在购买之前是不可预知的，因此都是现生产现销售，交易完成时间很短。

（2）餐饮销售的特点：①餐饮销售量受餐位数量的限制。餐饮企业的座位环境也包含于产品成本之中；餐饮企业座位的周转率直接影响到销售额；餐饮企业座位的规划与设计，以及外卖设计都是需要关注的重要环节。②餐饮销售量受进餐时间的限制。餐饮企业营业的间歇性及波动性比较大。由于一日三餐的时间安排对每个人来说都差不多，因此餐饮企业会出现早、中、晚三段高峰期。不同的餐饮业态也存在季节性的特点，例如火锅类餐饮的高峰是冬天，冷饮类餐饮的高峰则是夏天，因此餐饮业

存在"旺季"和"淡季"的说法。③餐饮固定成本及变动费用较高。④餐饮经营的资金周转较快。

（3）餐饮服务的特点：餐饮设施和就餐环境是确保服务质量达标的前提，餐品的质量达标是核心，而服务人员的服务质量是关键。①隐性性。餐饮服务作为一种隐性服务，就餐者的个人主观感受比较强，即要求餐饮服务不仅要注重餐品质量和设施设备的提升，更要注重提升餐饮服务人员的服务技巧和服务素养。同时，针对不同就餐者的实际情况，有针对性地采取服务措施，使就餐者在享受到美味的同时，融入一个令自己心情愉悦的就餐环境中。②不可逆性。餐饮服务并非长期性的活动，就餐者一般具有流动性较强的特点，某一就餐者只是在短暂的就餐时间内享受就餐服务，服务的质量会对就餐者造成不可逆的影响。如果能够满足客户的就餐预期，达到客户满意的就餐效果，就有利于将非固定的就餐者变为忠实客户，为企业创造长期效益。③协调性。一般情况下，就餐者对餐饮服务的不满往往源于提供服务的不协调，比如说餐品上错或是上菜不及时等，这些都会使服务质量大打折扣，特别是在服务人员出现明显错误却不能及时纠正时，甚至会造成就餐者与餐饮企业的冲突，造成不良影响。

课内阅读 2-2　　　　海底捞餐饮服务特点

海底捞向顾客提供了广为人知的周到的服务。在客人等候期间，海底捞会提供免费的冰淇淋、饮料、小食品，有的门店还提供免费的美甲、擦鞋、泊车、亲子游乐园等服务。并且，服务员有权为对服务不满意的顾客进行账单的抹零、打折。海底捞服务路径的创新在行业内非常具有代表性，在服务创新的过程中，细节服务都是由员工的创意得来的，由员工进行细节的讨论、整合后实施，在实施过程中进行改进。这些特色服务使得海底捞获得了"五星级火锅店"的称号，逐渐成为行业翘楚。

资料来源　编者根据相关资料整理。

另外，餐饮业对旅游业有着很强的依赖性。一个地方的旅游业越发达，说明其对餐饮业的需求越旺盛。游客不仅要参观，还要在这个地方住，在这个地方吃，因此旅游业发达的地方往往餐饮业也会跟着兴起。餐饮业具有很突出的民族性和地方性。每个地方都有自己独有的饮食习惯，这一习惯是在历史发展过程中形成的，与地方的气候、地理和生活环境有紧密的联系。各个民族也有着自己独特的生活习惯及饮食习惯。同时，当地的食材也会影响当地的餐饮风味。

课内阅读 2-3　　　　餐饮业变革转型趋势正加快到来

中国烹饪协会发布的《2021年中国餐饮市场分析及2022年市场前景预测》（以下简称"报告"）显示，随着我国消费市场稳步改善，餐饮市场也从新冠肺炎疫情的严重冲击中稳步恢复，我国餐饮业变革转型的趋势正在加快到来。

（1）市场恢复动力较强

在疫情防控常态化下，我国餐饮市场复苏稳中放缓，持续发挥促进经济增长、带动消费回升的重要驱动作用。分地域看，2021年，我国各省（自治区、直辖市）餐饮市场增速全部由2020年疫情初发时的负增长转为正增长。广东、山东、四川、江苏、浙江等传统餐饮产业大省复苏态势稳中向好，广东、四川、浙江等地区的餐饮规模接近于或者已基本恢复至疫情之前的水平。海南、湖北、山西、四川、北京、重庆等地区餐饮市场复苏势头更强劲，增速达到 30% 以上。

（2）探索新模式创新发展

在本土聚集性疫情仍有发生、疫情扩散风险持续存在的背景下，餐饮业不断调整发展策略，采取多种措施应对当前困境。同时，行业愈加认识到推进高质量发展的重要性和必要性，实现从量到质的深层次变革，探索新模式创新发展。在竞争不断升级的形势下，具有一定发展潜力、优质的连锁餐饮品牌受到资本青睐。当前，餐饮业布局向三线及以下城市延伸，日益向连锁化、规模化、品牌化方向发展。一、二线城市仍是餐饮连锁门店布局的主要区域，呈现出相对稳定的发展态势。三线及以下城市具有较大的发展潜力和空间，餐饮连锁化、品牌化发展逐步向三线及以下城市下沉。随着新零售成为新时代的消费新趋势，餐饮零售化迅速发展。新零售为餐饮业工业化、标准化发展提供了重要途径，有助于行业降本增效、规模扩张，也满足了消费者快捷、便利、标准化的消费需求。餐饮零售化还降低了管理难度，对减少餐厨垃圾、减少餐饮浪费也起到了一定作用。

（3）促进绿色发展变革

作为终端消费产业，餐饮业整个产业链条中的碳排放都会影响餐饮业的碳达峰、碳中和。越来越多的餐饮企业开始探索有助于环境保护的可持续发展模式，在产业链各个环节践行节能减排、绿色发展。树立低碳理念、引导低碳消费，餐饮业也在高度关注安全健康的烹饪方式。越来越多的可持续食材、生态友好食材开始出现在健康环保食谱里，促进绿色发展变革。相关政策的出台也推动餐饮业的绿色发展，提高商家和消费者节约环保的意识。

资料来源　蔡佳文. 夜间经济、预制菜等成为行业增长新动能　餐饮业变革转型趋势正加快到来［N］. 中国商报，2022-02-22（4）.

2）餐饮业的发展阶段

我国餐饮业的发展可划分为四个阶段：

（1）缓慢发展阶段：20 世纪 70 年代中期，计划经济受到巨大冲击，为满足人们的需求，市场上开始星星点点地出现一些流动的小商贩，贩卖一些日常用品和食品。

（2）快速发展阶段：20 世纪 90 年代初，人们对餐饮的需求进一步扩大，流动的商贩已无法满足人们的需求，社会上开始出现了新开办的餐饮企业，这些餐饮企业具有一定的规模。在这一时期，大批外资涌入了中国餐饮行业。

（3）连锁兼并阶段：20 世纪末期，单一餐饮企业的发展遭遇瓶颈，经营模式落后、产品更新慢、服务质量低等问题制约着餐饮业发展。部分企业寻求变革，或通过企业兼并壮大，或通过连锁的形式占据市场，各地涌现出了许多知名的连锁品牌。

（4）品牌战略阶段：进入 21 世纪以来，我国餐饮业的发展进入了前所未有的黄金时期，餐饮业也成为向国际推广国家经济文化的载体之一。餐饮业不仅满足了人们物质上对食物的需求，而且给人们带来了精神上的享受。在这一时期，餐饮企业的经营方式和经营范围等都更加多样化。

3）餐饮业的发展趋势

伴随着消费结构升级，中国经济已从高速增长阶段转向高质量发展阶段。当前，中国正处于"新餐饮"快速发展的时期，连锁化、品牌化、数字化、绿色化、节约化等已经成为新型餐饮发展的主要特征。

"思政"入课2-1　　　减少舌尖上的浪费　巧解自助餐浪费难题

为减少舌尖上的浪费，舟山市自助餐厅多措并举，推出"押金制""送小礼物"等方式，巧解自助餐浪费难题。记者来到位于临城的锅儿欢餐厅，餐厅经理告诉记者，餐品丰富、选择性多是很多人选择到这里用餐的理由，但也存在一些顾客食物选取过多吃不完的浪费行为，为此，餐厅也采取了相应的措施。之前没收押金的时候，会有顾客以各种借口浪费食物，餐厅采取行动之后，告诉客人勤拿少取，尽量避免浪费，真的好多了，很少有客人没有退押金，90%的客人都做得蛮好的。这样的做法大部分消费者都能接受，不仅如此，在选取餐品时也更趋于理性化。许多市民对预收押金这一做法表示理解。为了避免浪费食物，餐厅还在明显位置贴了"自助美食、少拿勤取，每浪费200克食物捐10元"等宣传标语，餐厅也推出了"小份菜"，从源头避免浪费。随后，记者又走访了南洋国际大酒店。市民陈女士用餐完毕后，收到了该餐厅准备的一份小礼物。陈女士觉得光盘行动是每个人都应该做的，现在国家都响应要节约粮食，该吃多少，就取多少，共同努力，从每个公民做起，收到这样一份小礼物，也挺开心的。酒店餐饮部总监介绍：自助餐厅每天准备80份左右的小点心，对于在就餐时浪费较少的食客，他们会主动送上一份小点心，以示奖励。从开始倡导、宣传到现在，明显进步了很多，比之前减少了很多浪费。我们每天回收的泔水垃圾明显比之前少了很多，之前最起码每天干腐垃圾2～3桶，现在每天1桶多，客人接受程度还是不错的。米粒虽小，尤见礼义廉耻，节俭事微，可助兴国安邦；一米一粟当思来之不易，爱粮节粮，人人有责。

资料来源　刘晓梦. 舟山这些餐厅推行押金制！浪费食材押金不退！［EB/OL］.［2020-09-06］. https://www.163.com/dy/article/FLSEN04U0534FSCW.html.

请同学们结合资料分析：（1）餐饮企业如何具体落实餐饮节约和减少浪费？（2）作为新时代大学生如何践行一米一粟当思来之不易，爱粮节粮？

（1）当代人对饮食的要求：①对食品质量的要求越来越高。②对环境和氛围设计的要求越来越高。③对服务质量的要求越来越高。

（2）新时代中国餐饮业高质量发展的特征：①科技成为新时代中国餐饮业发展的核心要素。科技推动餐饮业步入数字化管理时代，互联网推动餐饮产业平台经济蓬勃发展，物联网和人工智能技术推动餐饮产业向智能化方向发展，3D、VR和AR技术的发展推动了餐饮就餐环境、菜品的创新，使得消费者在获得味觉享受的同时，能够获得身临其境的视觉体验。②融合成为新时代中国餐饮业发展的主流趋势，例如零售业和餐饮业融合。此外，餐饮业的跨界融合还体现为农业与餐饮业的融合、旅游业与餐饮业的融合、文化产业与餐饮业的融合等。餐饮业的体验功能和基础性消费特点使其成为各个消费领域吸引客流的重要手段，同时，餐饮业也通过与其他产业的融合促进了自身的创新发展。③竞争与合作正在成为新时代中国餐饮业发展的主题词。一方面，随着信息传播加速和商业空间的调整，新时代餐饮业面临更加激烈的竞争环境。餐饮业是市场机制发挥较为充分的产业，行业竞争激烈，每年进入市场和退出市场的主体都非常多。另一方面，餐饮业的竞争已经不仅仅是单个餐饮企业的竞争，而是餐饮集群的竞争、商业区域的竞争、供应链的竞争。④健康和节约成为新时代中国餐饮业发展的内涵特征。健康的首要保障是安全。食品安全是餐饮业发展的生命线，是重大民生问题。在安全的基础上，健康是新时代人民对美好生活的重要诉求。近年来，餐饮企业高度重视健康问题，从就餐环境、原辅材料、菜品规格、营养搭配等方面营造健康餐饮品牌，以满足消费者的健康饮食需求。科学合理消费，厉行节约，反对铺张浪费。⑤餐饮业的现代化发展。餐饮业的现代化是指餐饮业在现代观念、现代科学技术、现代经营方式等的冲击下，已经经历或正在进行的转变过程。餐饮业的现代化主要表现在产品流程和质量的标准化、生产加工的机械化、企业管理的科学化、生产的工业化、营销方式的多样化、企业经营的连锁化以及先进的经营理念等方面。

☑ 课外阅读2-1 全球最杰出1 000家餐厅排行：中国127家上榜

2018年LA LISTE国际美食排行榜发布，在评出的全球最杰出1 000家餐厅中，中国有127家餐厅上榜，仅次于日本的134家，超过法国的118家，位居第二。LA LISTE国际美食排行榜于2015年由法国人首创，收录了165个国家和地区的16 000个优秀美食地点，参考500多个专业美食指南和民众在线点评，得分靠前的1 000家餐厅进入下一年度全球美食排行榜。排行榜中，法国巴黎的Guy Savoy餐厅连续两年排名第一。北京的淮扬府（安定门店）在中国餐厅中排名第一，位列总排行榜第21位。

要进一步了解127家上榜的中国餐厅以及餐厅评分排名详情，可以扫描二维码查看。

资料来源　凤凰美食综合. 全球最杰出1 000家餐厅排行：中国127家上榜名单[EB/OL]. [2019-06-06]. https://hainan.ifeng.com/a/20171206/6206934_0.shtml.

2.2 连锁餐饮经营概述

2.2.1 餐饮业与连锁经营的适配性

1987年肯德基进入中国内地，为我国餐饮业带来了全新的连锁经营理念。麦当劳于1990年进入内地市场，2017年8月与中信股份、中信资本及凯雷资本战略合作共同发展内地和香港地区的业务，以更本土化的模式充分利用本地资源，加速在中国的成长。如今，连锁经营模式在我国本土的餐饮业中得到了更广泛的运用。从连锁经营发展的情况来看，无论是在国外还是在国内，餐饮业始终扮演着排头兵和中坚力量的角色。

在我国有"民以食为天"的说法，因此餐饮业在我国服务业中一直占据重要地位。对于服务型企业而言，连锁经营形式的意义和重要性要比生产型企业大得多。

服务型企业的产品链短，无法通过批发渠道进行销售，要实现跨区域销售，进行市场规模的扩张，主要依赖在各地开设分店。因而，连锁经营形式更适合于服务型企业。餐饮企业作为服务型企业，与连锁经营具有较高的适配性，主要体现在以下几个方面：

1）餐饮产品的普适性

在快节奏的现代社会中，人们对安全、健康、美味、快捷食品的需求表现得十分突出。餐饮业有别于汽车服务、美容、房屋中介等行业，具有庞大的市场规模，几乎是向全社会所有人开放，产品具有极强的普适性，餐饮市场总体保持稳步增长的趋势。

2）餐饮产品的时效性

餐饮业中即便是快餐类食品的保质期也是非常短的，这对分店和总部之间的配送距离以及配送效率提出了更高的要求。当分店与总部的距离较远而所销售的产品由总部提供时，产品运到连锁店后往往难以达到销售的要求。并且，餐饮产品刚制作出来时口味最佳，放置的时间越长，质量也会随之下降。餐饮产品的这种时效性要求开展连锁经营时要选择适宜的方式。自由连锁的商业形式因为要求销售的产品大部分或全部由总部提供，所以其多以零售业为主，餐饮业显然不具备这一条件。餐饮业多采用直营连锁或特许连锁的做法。

3）餐饮业进入的低壁垒性

餐饮业进入壁垒不高，容易引起中小投资者的兴趣。以快餐企业为例，其特点与特许连锁具有很好的契合度，从美国特许连锁经营发展的过程可以看到，很多快餐企业的加盟商的主要目的是为自己买份"像样"的工作，并且自己当老板。因而，美国餐饮企业主要是个体经营，合伙（股份）经营的约占20%，约有3/4的网点是雇用20人以下的中小店。相对于采取特许连锁方式的其他行业，餐饮业的投资额度和投资回报等都具有明显的优势。

> **"双创"入课2-1**   **餐饮业的终极秘密**

当搭载10万只小龙虾的中欧班列抵达莫斯科，当球迷们为这道助兴美食"吮指"的一瞬间，小龙虾背后的中国餐饮军团已经悄悄完成一次"练兵"。同一时间段在刚营业几个月的北京合生汇购物中心，多家餐厅外已有慕名而来的食客在等待。在这家8层的商场里，有4层主要被连锁餐饮品牌占据，从川鲁粤到融合菜，从老字号到"网红餐厅"，家家食客盈门。不仅是商场，连锁便利店还可以烹制简餐，超市生鲜也做起了"大厨"生意。随着互联网的发展和消费升级，"吃"已从一日三餐演变为经济现象：新的商业模式兴起，新行当炙手可热，新职业让人趋之若鹜，与"吃"有关的创业创新层出不穷。"舌尖经济"在海内外兴起，是消费升级之下餐饮业求解不平衡不充分发展的新探索，也体现了人民日益增长的对美好生活的需求。日子越过越红火，不仅要吃好，更要吃得有文化，吃得有品位。抓住消费者的"胃口"，瞄准市场的需求，改变供给质量和方式，根植于传统的"舌尖经济"

自然会成为创新的"主战场"，撬动经济转型的新方向。

资料来源　陶凤. 餐饮业的终极秘密［N］. 北京商报，2018-06-27（T03）.

请同学们结合资料分析：（1）"舌尖经济"背后的原因是什么？（2）如何理解餐饮业与连锁经营的匹配性？

2.2.2　连锁餐饮经营的定义与特点

1）连锁餐饮经营的定义

连锁餐饮经营是以统一采购、加工、配餐、配送为核心，以资本与产权为纽带或授权与特许经营等方式联结起来，实现产品服务标准化、生产加工工厂化、管理规范化、共享品牌与规模效益的一种现代化经营方式和组织形式。在餐饮行业的发展进程中，行业的标准化建设也进入全新阶段。国家不断出台扶持政策，行业标准也日趋完善，这为餐饮业规范化、标准化、数字化等发展带来了机遇。

2）连锁餐饮经营的特点

（1）统一的企业形象识别系统。连锁餐饮经营统一的企业形象识别系统主要包括统一的店铺装修设计，统一的店号、商标及服务标记，统一的餐饮产品类别、规格和包装，统一的服务程序，标准统一的店堂布局，陈列统一的广告促销及营业设施设备等。连锁餐饮企业通过在不同地区开设分店，使顾客在不同环境下接受同一信息的刺激，长此以往，顾客会从陌生到认识，再到认可，进而产生兴趣与需求，这也在无形中树立了餐饮企业的品牌形象和品牌知名度。

（2）统一的产品。连锁餐饮经营就其经营内容而言都是整齐统一的，都是向分散的消费者提供统一的餐饮产品，这种餐饮产品是连锁总部在充分调研、调整之后以标准的统一为特色的。餐饮总部统一进行餐饮产品的研发、采购、宣传等活动，能够迅速将餐饮产品通过各个分店推向市场，扩大市场占有率，增强企业的市场竞争能力。

（3）产品的大众化及独特性。从实际情况来看，较为成功的连锁餐饮经营企业大多会经营兼顾大众化和独特性的餐饮产品。如果提供的不是大众化产品，那么餐厅便失去了连锁的可行性。连锁范围越大，表明所提供的产品被市场接受的面越广。

（4）统一的管理模式。连锁餐饮经营的好坏，关键在于各连锁店的管理水平能否保持比较一致的高水平，这就要求它们采取统一的管理模式。在实际运作中，为了确保管理水平的一致性，连锁总部除了对分店提供一系列完善的经营指导与服务手册作为营运的标准外，还会派出优秀的督导人员对各分店进行具体工作的监督与指导等。

> **"双创"入课 2-2　　　　　麦当劳连锁餐厅**

麦当劳于1990年进入我国内地市场。目前，内地已成为麦当劳全球第二大市场、全球发展最快的市场，以及美国以外全球最大的特许经营市场。截至2020年2月，内地有超过3 500家麦当劳餐厅，每年服务顾客超过10亿人次，员工人数超过

18万。"品质、服务、清洁及物超所值"（QSC&V）是麦当劳始终坚持的经营理念。在全球任何一家麦当劳连锁餐厅，顾客都能享用到标准一致的好味道。

　　资料来源　摘自麦当劳中国官网（www.mcdonalds.com.cn）。

　　请同学们结合资料分析：（1）麦当劳连锁餐厅的经营理念有何特点？（2）连锁餐饮经营的特点是什么？

2.2.3　连锁餐饮经营的效应与变革趋势

1）连锁餐饮经营的效应

（1）连锁餐饮经营的共享效应。①企业形象的共享效应。连锁餐饮店采用统一的企业形象，比其他独立餐饮店更容易提升企业的知名度，更能使所有的连锁店共享由此带来的复合效应。②广告宣传的共享效应。连锁餐饮企业的广告宣传一般都由总部统筹负责，费用由各连锁店分担，所以连锁餐饮企业的规模越大，便越有能力进行广告宣传。连锁餐饮企业庞大的经营规模，方便开展统一的广告宣传活动，将使体系内的每一家连锁店受益。③经营模式及市场信息的共享效应。总部设计出一套标准化的模式，可以复制应用，由此会大大降低加盟企业的费用支出。

（2）连锁餐饮经营的扩展效应。①广泛地吸引合作者。由于连锁餐饮企业具有统一的企业形象、良好的企业信誉、广泛的经营网点和较大的顾客群体，所以容易吸引供应商、渠道商和投资者的关注。企业资本的不断集聚将为连锁经营的扩展奠定更加坚实的基础。②较低的扩展投资风险。连锁餐饮店一般都以小型化为主要特征，单体经营规模不大，无论在创立、改组还是经营风险等方面都比大规模的单体经营具有更强的适应性、灵活性和简便性，所以新开张的连锁店与新开张的单体餐饮店相比具有明显的比较优势。虽然都是新开张的店面，但连锁企业的形象及经营模式早已被消费者认同，在公众心目中建立起的良好信誉也被新开张的连锁店所享有。所以，连锁店的市场进入期比较短，甚至一进入市场就可能被消费者所接受。此外，连锁店的复制扩张以连锁企业总部的经营技术服务为坚强后盾，经营投资风险较低。连锁餐饮企业的采购、物流、广告宣传、财务核算等可以集中起来由总部统一操作，各个分店共享一套运营设施，共享一套管理机构，与传统单店相比降低了企业管理成本和经营成本。③标准化扩张。连锁餐饮企业每开一家分店，总部都会按照标准选址，组织安排店铺的建设、设备安装和内外装修，凭借标准化的经营模式和经营技术等迅速扩展，而且各家连锁店都能够保持一致。

（3）连锁餐饮经营的整体效应。①引导餐饮消费。尽管餐饮消费具有多样性和差异性的特点，但统一的餐饮消费模式大大简化了消费者的选择过程，消费者在购买前就了解餐饮产品的质量和口味，无须进行比较、分析。②影响产业发展。连锁餐饮经营的规模优势可以吸引广大的供应商及中间商，连锁餐饮企业要采购大量的原材料、辅料及副食品，供货商会根据企业经营的要求保质保量地进行大规模供货，这种效应能够对农牧业、食品加工业、流通业等相关行业起到明显的带动作用。连锁经营是近年来拉动餐饮业发展的最重要的发动机。全国排名靠前的餐饮品牌无一不是连锁企业，而且这些餐饮企业又因采用连锁经营模式而日益强大。

📝 课内阅读 2-4　　　　中国内地连锁餐饮经营发展历程

　　中国内地的连锁餐饮经营起步较晚，直到 1987 年肯德基进入中国内地市场，才带来了现代化的连锁餐饮理念。1990 年，第一家麦当劳连锁餐厅在深圳解放路光华楼西华宫落户，紧接着各国连锁餐饮企业（如必胜客等）纷纷进军中国市场。这些西方连锁餐饮企业在中国的发展，促进了中国连锁餐饮业的兴起，这便是中式连锁餐饮业的萌芽时期。1991 年 7 月，上海成立了我国首家中式连锁餐饮公司（1992 年改制为上海新亚快餐食品股份有限公司）；1991 年 12 月 28 日，上海荣华鸡快餐公司成立，并以"肯德基开到哪，我就开到哪"为口号叫板肯德基。1994 年，连锁餐饮业被列入国家"八五"计划，从此连锁业成为新兴产业，在国家政策的大力支持下开始步入快速发展阶段。1991—2000 年，中国的连锁餐饮业每年以近 20% 的速度高速增长，并且涌现出了一大批知名的中式餐饮企业。尽管这些餐饮企业中的一部分经过短暂的辉煌就消失了，但是为未来我国的餐饮企业如何走连锁经营之路提供了宝贵经验。进入 21 世纪，随着国民经济快速发展以及居民收入明显提高，我国餐饮市场表现出了强劲的发展势头。一批中餐老字号如全聚德、东来顺、便宜坊、广州酒家、杏花楼等，正是在这种冲击下完成了传统工艺的创新与连锁经营模式的转型，将金字招牌推向一个全新水平。与此同时，民营餐饮单位如陶然居、海底捞、眉州东坡、金百万、真功夫等，在现代经营管理模式的引领下，从几张小饭桌成长为拥有几十家甚至几百家连锁门店的知名品牌企业，带动了中国餐饮业的整体发展，成长为中国餐饮业的中坚力量。

　　资料来源　墨菲. 改革开放 40 年 中国餐饮业提质增效再出发——"中国餐饮行业改革开放 40 年纪念大会"、"2018 年（第十二届）中国餐饮产业发展大会"在京举行［J］. 中国食品，2018（12）.

2）连锁餐饮经营的变革趋势

　　（1）餐饮产品的消费时段发生了变化。饮食具有一定的日常消费性。随着人们饮食习惯的变化，餐饮产品的消费时段也随之发生变化。现代人工作繁忙，进餐时间不稳定，加上现代营养学的倡导，使得餐饮产品的消费时段变得模糊。人们并不要求一日三餐必不可少，但又不想太饿着自己，饿了总想找点儿零食、小吃。为适应这一需求，各种 24 小时营业的快餐店、小吃店不断涌现，并逐渐成为一种时尚。

　　（2）餐饮产品跨国、跨地域经营的涌现。餐饮产品由于受地域特征、气候环境、风俗习惯等因素的影响，在原料、口味、烹调方法、饮食习惯上会存在不同程度的差异。正是因为这些差异，餐饮产品才具有强烈的地域性。而地域差异的存在，又引起了人们强烈的求异心理，愿意去尝试不同的风味。所以，跨地域经营是未来的热点，它可以使各具特色的风味饮食之间互相借鉴，取长补短。地域性逐步淡化，有利于饮食文化的交流和创新。近些年来，韩国餐厅、日本餐厅、泰国餐厅及越南餐厅等如雨后春笋般在我国出现，体现了餐饮国际化的趋势。

　　（3）餐饮产品与文化的融合。因为地域性差异，所以餐饮产品具有较为鲜明的地域文化特征。我国饮食文化和烹饪文化博大精深、历史悠久，每一地区都有独特的"色、香、味、形、器、质地、声、温、营养、卫生"特征，而连锁餐饮则主张文化与食品、饮食方式、饮食习惯的融合。主题餐厅的设计装潢、功能布局、装修装饰风格，甚至所经营的特色菜系，都体现出了一定的文化主题和内涵，使餐饮产品的文化性得到了最大程度的展现。抓住文化这一卖点，将使餐饮产品具有无限的生命力。

（4）餐饮产品的功能日趋多样化。功能性是餐饮产品最突出的特点之一，当前餐饮产品的功能早已超越了满足人们基本的生理需要，并且日趋多样化。例如，将传统医学和民间秘方与餐饮产品相结合的做法，进一步迎合了人们的需求。

（5）餐饮产品的不断创新。利用餐饮产品的可组合性，可以把餐饮产品进行重新组合，使用更多新原料、新调料烹制出新菜品成为餐饮业发展的必然趋势。另外，"洋为中用"也是一种流行趋势，例如西式自助餐的服务形式与中国传统菜式、原料和烹调方法的结合，使得自助餐这个"舶来品"中国化，并风行全国。

（6）餐饮产品经营形式更加灵活。传统餐饮产品的生产、销售通常为"现炒现卖"，其经营形式受到时间和空间的限制。随着生产技术水平的不断提高，餐饮产品经营形式日益灵活。灵活的餐饮产品经营形式有利于发现市场的盲点，创造并占领市场。

☑ 课外阅读2-2　《绿色纸质外卖包装制品通用要求》团体标准发布实施

《绿色纸质外卖包装制品通用要求》（T/CTAPI 001—2022）团体标准自2022年3月1日起正式实施。该标准适用于以纸、纸板（或纸浆）为基材，可降解塑料淋膜或水性丙烯酸涂布的各类绿色纸质外卖包装制品，包括饮具、餐具、包装袋三大部分，涵盖了纸杯、纸碗、纸餐盒、纸袋、纸浆模塑餐具、纸吸管、纸板盒、手提纸袋等餐饮外卖场景使用到的所有产品。这充分体现了绿色、环保的理念，针对绿色包装属性，对纸质外卖包装制品设置了原材料要求。该标准专门针对餐饮外卖包装场景，旨在促进绿色纸质外卖包装制品替代不可降解一次性餐饮具类产品，推动餐饮外卖包装制品绿色发展。

资料来源　《造纸信息》编辑部.《绿色纸质外卖包装制品通用要求》团体标准发布实施　推动餐饮外卖包装制品绿色发展［J］.造纸信息，2022（3）.

要进一步了解《绿色纸质外卖包装制品通用要求》（T/CTAPI 001—2022）团体标准详情，可以扫描二维码查看。

◈ 单元小结

餐饮业是指通过即时制作加工、商业销售和服务性劳动等，向消费者提供食品和消费场所及设施的服务活动。餐饮企业需要具备一定的场所和相应的设备、设施，提供餐饮产品和服务并以获取利润为目的。连锁化、产业化、信息化、现代化、绿色化等已经成为新餐饮发展的主要特征。餐饮与连锁经营的适配性表现为餐饮产品的普适性、餐饮产品的时效性和餐饮业进入的低壁垒性。连锁餐饮经营是以统一采购、加工、配餐、配送为核心，以资本与产权为纽带或授权与特许经营等方式联结起来，实现产品服务标准化、生产加工工厂化、管理规范化、共享品牌与规模效益的一种现代化经营方式和组织形式。连锁餐饮经营的特点主要表现为统一的企业形象识别系统、统一的产品、产品的大众化及独特性和统一的管理模式。连锁餐饮经营效应有共享效应、扩展效应和整体效应。

主要概念

餐饮业　连锁餐饮经营

单元测试

即测即评-2

□选择题

1.餐饮企业应具备以下（　　）条件。

A.一定的场所和相应的设备、设施　　　　B.提供餐饮产品和服务

C.以获取利润为目的，是一种经济行为　　D.生产、消费和服务都必须分离

2.连锁餐饮经营效应包括（　　）。

A.共享效应　　　　B.拓展效应　　　　C.广告效应　　　　D.整体效应

3.餐饮与连锁经营适配性表现为（　　）。

A.餐饮产品的普适性　　　　　　　　　　B.餐饮产品的时效性

C.餐饮业进入的低壁垒性　　　　　　　　D.餐饮业进入的高壁垒性

4.新餐饮发展的主要特征表现为（　　）。

A.连锁化　　　　B.产业化　　　　C.信息化　　　　D.绿色化

5.（　　）是当代人对饮食的要求。

A.对食品质量的要求较高　　　　　　　　B.对环境和气氛设计要求较低

C.对服务质量的要求较低　　　　　　　　D.对高端餐饮的需求较高

□判断题

1.连锁餐饮经营的扩展效应主要表现为广泛地吸引合作者、较低的扩展投资风险、标准化扩张等方面的扩展。　　　　　　　　　　　　　　　　　（　　）

2.连锁餐饮经营共享效应主要表现为企业形象、广告宣传、经营模式及市场信息等方面的共享。　　　　　　　　　　　　　　　　　　　　　　　（　　）

3.连锁化、绿色化、产业化、信息化、现代化等成为新餐饮发展主要特征。

（　　）

4.餐饮业与连锁经营适配性比较低。　　　　　　　　　　　　　　　（　　）

5.餐饮业是指在一定场所，对食物进行现场烹饪、调制，并出售给顾客主要供现场消费的服务活动。　　　　　　　　　　　　　　　　　　　　　　（　　）

6.近年来，在我国除了零售业以外，餐饮业、酒店业、教育业等通过连锁经营模式，逐步发展壮大。　　　　　　　　　　　　　　　　　　　　　　（　　）

□简答题

1.简述餐饮业的含义和特点。

2.简述连锁餐饮经营的特点和效应。

3.简述餐饮行业与连锁经营的适配性。

4.连锁餐饮经营效应主要表现在哪些方面？

5.新时代中国餐饮业高质量发展有哪些新特征？

□案例分析题

同庆楼创新发展

作为中国历史餐饮名店，1999年同庆楼被原国内贸易部认定为"中华老字号"，2006年商务部再次认定同庆楼为"中华老字号"。2010年，经中国贸促会和上海世博局推选，同庆楼作为中华八大菜系之代表企业入驻世博会，赢得海内外宾客的广泛赞誉。2014年，同庆楼被国家商标总局认定为"中国驰名商标"。经过多年发展，同庆楼集团目前已经成为中国知名的餐饮集团，入选"中国餐饮百强企业"。2020年7月16日，同庆楼在上交所挂牌交易，是近十年来登陆主板的首家餐饮公司。目前，同庆楼的直营连锁餐饮店遍布安徽、江苏、北京等地。同庆楼在把中华老字号品牌发扬光大的同时，努力创建了更多的品牌，为社会经济的发展做出更多的贡献。婚礼&宴会事业部是同庆楼重点发展的业务板块，同庆楼在设计、舞美、搭建、综合、督导、花艺、稽核等方面都力求尽善尽美，除了一站式婚礼服务，同庆楼也提供定制服务。作为一家创新型酒店，它一直在不断求新求变，新餐饮事业部致力于打造多样化的新型餐饮业态。在同庆楼加快门店扩张脚步的进程中，离不开同庆楼创新引入的中央厨房，标准化的中央厨房使得同庆楼具备快速复制的可能性，同庆楼的大部分招牌菜都实现了半标准流程化的生产加工。如招牌红烧肉，基本的调味酱汁、切成块的猪肉，都是在中央厨房预先完成基本处理，然后分送至各门店进行加工。同庆楼还进军当下火爆的预制菜、方便速食、方便菜肴市场，开发了以一人食自热饭系列、臭鳜鱼系列、预制菜系列为核心，辅以速冻面点、腌腊等产品。

目前，同庆楼已有餐厅、宾馆、婚礼宴会和食品业务等，在大幅扩大业务范围，快速占领不同的市场，多业态联动发展共享同庆楼资源的同时，满足消费者的不同需求，进一步提升经营效益。

资料来源　编者根据同庆楼网站资料整理。

分析：

（1）如何理解连锁餐饮经营的商业经营方式？

（2）结合案例分析，连锁餐饮经营呈现出哪些变化趋势？

单元3
连锁餐饮经营业态

■ **学习目标**

通过本单元的学习，达到以下学习目标：

知识目标：了解业态的含义和演变，熟悉餐饮业态，理解和掌握餐饮业态的基本类型。

能力目标：通过案例分析、"双创"入课等形式，学生能够识别不同的连锁餐饮经营业态，能够分析快餐、火锅、正餐、休闲餐饮的不同特点。

思政目标：结合教学内容、案例资料等，通过互动课堂、思政入课等形式，引导学生正确理解连锁餐饮各种业态对民生的重要性，培养学生正确的职业行为，树立社会责任感。

■ **单元框架**

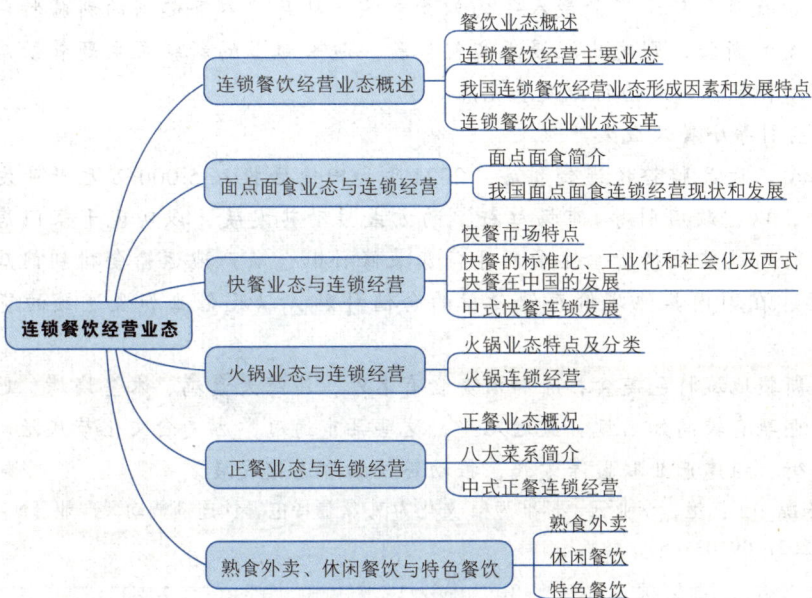

引例

新疆特色餐饮连锁撬动大产业

仅 1 个多月时间，"和田食堂"就在新疆遍地开花，开业 100 余家。最近几天，"和田食堂"又开到了乌鲁木齐，接下来还将开到援疆省市。在"和田食堂"落地乌鲁木齐的同时，"和田烧烤"乌鲁木齐旗舰店也在装修中，"和田夜市"也在筹备落地阿勒泰地区和克拉玛依市。一时间，和田餐饮火了，而和田餐饮火热的背后，又有哪些秘诀？它给新疆小吃餐饮打造连锁品牌提供了哪些可供借鉴的思路？

1.菜品标准化为餐饮连锁铸根

最近几年，和田地区餐饮文化推广办公室围绕"和田食堂""和田烧烤""和田夜市"三大品牌的菜品，一直在制作相关标准。"和田夜市"两年前完善了 91 个传统（特色）美食（小吃）的制作标准，包括红柳烤肉、西瓜烤肉、沙坑肚包肉、胡辣羊蹄、米肠子、面肺子、酸奶粽子、石榴汁、凉粉等。"和田食堂"主推拉面，目前已对 6 种拉面制作进行了标准化，包括大锅菜（家常）拉面、茄子拉面、大盘鸡拉面、鸽子拉面、西红柿鸡蛋拉面、过油肉拉面。"和田烧烤"的菜品标准化正在细化中，包含烤羊肉串、馕坑肉、烤全羊、烤鱼等 16 种肉类烧烤，烤土豆片、烤韭菜、烤茄子等 8 种素菜烧烤，以及凉粉、拌羊杂、皮辣红等 6 种凉菜的标准化。

2.文化引领为餐饮连锁培魂

以和田地区推广的三大餐饮品牌为例，"和田食堂"在集体商标、餐具、服务员服饰上都统一设计有艾德莱斯元素，在和田地区的"和田食堂"，企业还独创了"拉面舞"，在抖音、快手等平台，通过舞蹈的传播，聚集"和田食堂"的名气；在"和田烧烤"的装修设计上，则运用了"五星出东方利中国"汉代织锦护臂元素；扩展连锁的"和田夜市"传承了最聚人气的歌舞表演。从乌鲁木齐起家的新疆特色网红餐厅——可爱的新疆，则突出沉浸式文化体验。越来越多的新疆菜主题餐饮店，将文化、旅游结合起来，成为行业发展亮点。

3.政府引导小餐饮成大产业

为推动三大品牌餐饮连锁扩展，2021 年和田地区投入 5 000 万元产业发展引导扶持资金，以"政府引导+市场杠杆"的方式推动其发展，以实现千家门店、万人就业的目标。这些扶持资金主要用于门店装修补贴、从产地运输食材到门店的交通运费补贴、在国内其他省份存储食材的仓储补贴，以及企业加盟连锁的贷款贴息补贴。

细数新疆地域特色美食，除和田美食有名外，沙湾大盘鸡、木垒烧烤、巴楚烤鱼等在全疆也享有较高知名度。最近几年，这些县市通过举办美食文化节庆活动、打造美食一条街、组建产业联盟等方式，推动餐饮品牌连锁发展。

资料来源 于江艳，李亚云. 标准为根 文化为魂 新疆特色餐饮连锁撬动大产业［N］. 新疆日报（汉），2021-09-03（5）.

3.1　连锁餐饮经营业态概述

3.1.1　餐饮业态概述

1）业态的概念

"业态"一词来源于日本，是典型的日语汉字词汇，大约出现在 20 世纪 60 年代，"业态"自出现起就是零售业中的概念，所以又被称作零售业态。20 世纪 80 年代后期，我国以超级市场为代表的新业态发展起来，"业态"一词开始用来分析中国商业，被人们接受并得到广泛使用。"业态"一般是指适应市场销售需要的经营形态和组织形式的结合，是现代商业的具体表现形式。

2）餐饮业态的概念

餐饮业态是指为满足不同目标市场的饮食消费需求而形成的不同经营形态。餐饮业态主要依据餐饮业的位置空间、目标顾客、产品结构、店堂设施、经营方式、服务功能、技术条件等来确定。餐饮业态的内在组合要素包括目标市场、产品结构、服务方式、硬件设施、价格策略等。餐饮业态的实质是这些要素的组合，组合不同就会产生不同的效果，就会有不同的市场表现。连锁餐饮经营方式涉及各种餐饮业态。

📝 **课内阅读 3-1**　　　　　**《2022中国餐饮业年度报告》发布**

新华网北京10月3日电（任禹西）近日，中国饭店协会与新华网在京联合发布了《2022中国餐饮业年度报告》（以下简称《报告》）。本年度《报告》由中国餐饮行业统计年报、餐饮企业领跑者指数、行业整体经营状况分析、上市公司分析、餐饮企业家信心指数分析及优秀经营案例选集六大部分组成。调研企业包含内资民营企业、国有企业、港澳台资企业和外商企业，涵盖正餐、火锅、团餐、快餐、日料、西餐、茶饮等多元业态；涉及门店数5万余家、品牌总数800余个。《报告》通过八大维度、10余个细分指标开展数据分析与研究，全方面、立体式解析并呈现行业现状与特点。

餐饮业迎来标准化发展"黄金阶段"。一个产业快速发展需要规范化和标准化。《报告》认为，在整个餐饮行业，针对烹饪流程、服务流程、菜品制作、餐厨用具和新职业、新业态等项目制定完善的标准是行业的内在要求。《报告》还特别提到，在倡导各行各业标准化发展的背景下，预制菜作为新兴产业，在不久的将来或将迎来"标准潮"。

资料来源　任禹西.《2022中国餐饮业年度报告》发布，你想了解的都在这里！［EB/OL］.［2022-10-03］. http://www.xinhuanet.com/food/20221003/d9f7ff09db294f819eea1904c44fd22f/c.html.

3.1.2　连锁餐饮经营主要业态

1）餐饮业态分类

随着中国国民经济的快速稳定增长，城乡居民收入水平明显提高，餐饮业市场欣欣向荣，蓬勃发展。近几年餐饮行业规模越来越大，餐饮经营业态更加丰富，餐饮业的增长速度在国民经济各行业中保持领先地位，对促进国家经济发展、提高人民生活水平的作用更加明显。我国餐饮业包括家常餐馆、酒楼饭庄、宾馆、快餐店、火锅店、西餐厅、主题餐厅、休闲餐厅、茶餐厅、食堂等在内共计15种业态。另外，餐饮业态还可以根据消费内容分为中餐、西餐、日本料理、快餐店及异国风味餐厅；根据消费方式分为豪华餐厅、家庭式餐厅、自助餐厅等；根据服务方式分为餐桌服务、柜台服务等；根据经营方向分为餐馆、小吃店和饮料店等。

✏️ 课内阅读3-2   透视"十一"黄金周：本地消费成主流 餐饮消费回暖

美团日前发布的2022年"十一"黄金周消费数据显示，本地消费占比达77.4%，本地业态的日均消费额相比"五一"假期增长34%，同比2019年黄金周增长52%。

专家表示，在多地倡导"就地过节"的背景下，短途旅游受青睐，餐饮消费、家电消费升温，本地消费成为2022年"十一"黄金周的主流。

餐饮消费回暖

"趁着国庆假期想多打卡一些之前没吃过的网红餐厅。"正在北京青年路某火锅店门口等待叫号的赵佳说，"今天来晚了，差不多还要等两个小时。"该火锅店店员也告诉记者，平时生意就不错，国庆假期期间更是红火。"我们店不接受预订，如果不是一开门就到店的客人，基本上都要等1~2个小时，高峰时段等候时间会更长。"

中国烹饪协会表示，随着促消费政策持续发力，各地餐饮服务单位围绕做好疫情防控、保证节日供应、促进餐饮消费"做文章"，多地重现排队就餐的火热场景。

地方相关部门发布的数据也印证了餐饮消费持续回暖。如上海市商务委员会公布的《关于2022国庆节上海消费市场运行情况的报告》显示，9月30日至10月6日期间，上海市餐饮消费增长明显，消费金额达到69.6亿元，同比增长18%。河南省商务厅的数据显示，2022年国庆假日期间，全省城乡居民消费热情持续升温，消费市场呈现持续复苏态势。其中，餐饮业态10月1日销售额比2020年国庆假期期间餐饮日销售额增长328%。

美团数据显示，假期前5天，到店餐饮订单量较"五一"假期增长47%；本地优质供给助推餐饮消费持续升温，大众点评必吃榜的订单量增长119%。

国务院发展研究中心市场经济研究所研究员陈丽芬认为，餐饮业受疫情影响明显，但也较具修复弹性和恢复潜力。有关部门多措并举促进餐饮业恢复发展，餐饮企业自身也寻求转型创新，近期餐饮消费恢复态势明显。

资料来源　王舒嫄. 透视"十一"黄金周：本地消费成主流［EB/OL］.［2022-10-10］. https://www.cs.com.cn/cj2020/202210/t20221010_6301698.html.

2）连锁餐饮经营业态分类

（1）《国民经济行业分类》（GB/T 4754—2017）对餐饮业进行了划分，具体见表3-1。

表3-1   《国民经济行业分类》（GB/T 4754—2017）对餐饮业的划分

代码				类别名称	说明
门类	大类	中类	小类		
H	62	621	6210	正餐服务	指在一定场所内提供以午餐、晚餐为主的各种中西式炒菜和主食，并由服务员送餐上桌的餐饮活动
		622	6220	快餐服务	指在一定场所内或通过特定设备提供快捷、便利的餐饮服务
		623		饮料及冷饮服务	指在一定场所内以提供饮料及冷饮为主的服务
			6231	茶馆服务	
			6232	咖啡馆服务	
			6233	酒吧服务	
		624		餐饮配送及外卖送餐服务	
			6241	餐饮配送服务	指根据协议或合同，为民航、铁路、学校、公司、机关等机构提供的餐饮配送服务
			6242	外卖送餐服务	指根据消费者的订单和食品安全要求，选择适当的交通工具、设备，按时、按质、按量送达消费者手中，并提供相应单据的服务
		629		其他餐饮业	
			6291	小吃服务	指提供全天就餐的简便餐饮服务，包括路边小饭店、农家饭店、流动餐饮和单一小吃等餐饮服务
			6299	其他未列明餐饮业	

（2）我国连锁餐饮经营业态一般可分为正餐业、快餐业、火锅业、休闲饮品业等，具体见表3-2。

3）餐饮业态主要特征

餐饮业态种类较多，每种业态在目标顾客、商品结构、服务方式等方面都有各自的特点，具体见表3-3。

表3-2　　　　　　　　　　　　我国连锁餐饮经营业态主要分类

餐饮业分类		餐饮业细分行业
正餐业	中式正餐业	包括提供传统菜系和创新菜系的家常菜餐厅、高档餐厅、特色风味餐厅、酒楼、饭店和宾馆的餐厅
	西式正餐业	西餐厅
	其他	如韩式烧烤等他国风味的特色餐厅
快餐业	中式快餐业	包括按传统中餐品种改造的,有标准化、简单化和工业化特征的快餐店,提供单一食品的小吃店和提供送餐服务、早餐供应和团膳的企业
	西式快餐业	欧美速食和外卖餐饮
	其他	包括日式快餐和其他类型的快餐
火锅业		包括重庆火锅、北方涮羊肉、内蒙古涮羊肉、鱼头火锅、菌类火锅等
休闲饮品业		包括咖啡店、酒吧、冷饮店、茶楼等

表3-3　　　　　　　　　　　　　餐饮业态主要特征

业态	特征
大众餐馆类	以家常菜为主
快餐类	包括中、西式快餐
高档正餐类	以满足商务等特殊要求为主,包括中式和西式正餐
星级宾馆餐饮类	依托星级宾馆的餐厅,定位与高档正餐类相近
主题餐饮类	以个性化的主题为背景
休闲餐饮类	以提供饮料、点心、小吃、零食及休闲环境为主,餐品较少
餐饮娱乐结合类	包括在就餐时欣赏各种表演的餐厅和提供自助餐的娱乐场所
餐饮街类	由大大小小的众多餐馆聚集形成的商业街、美食街
移动餐饮类	包括汽车餐厅和送餐服务
团膳类	在机关、团体、学校、写字楼中的餐厅等

（1）连锁快餐店,是餐桌服务和柜台式销售相结合的餐饮零售店,主要供应午餐和晚餐,提供简单的服务,因供应快速而大受欢迎。其目标顾客群体广泛,包括蓝领、白领、学生等,价格以低档为主、中档为辅。店面营业面积为 $10 \sim 100m^2$。

中国连锁快餐店受到国外连锁快餐店的影响而发展迅速，目前全国有许多以经营中餐和西餐为主的快餐连锁店，如麦当劳、肯德基、真功夫、永和大王、老乡鸡等。

（2）小吃连锁店，是中国发展最早的餐饮业态，是餐桌服务和柜台式销售相结合的餐饮零售店，主要供应地方特色小吃，如天津狗不理包子、重庆赖汤圆、北京马兰拉面、江苏老妈米线、上海吉祥馄饨等均以连锁形式遍布于中国各地。

（3）连锁专卖店，是以柜台式销售为主的食品零售店，主要销售一个品牌或系列包装的特色食品。其目标顾客主要为国内外游客和当地市民。店面营业面积为 10～50m²，选址在大型商业街、美食街或居民区内。最常见的如面包店，目前国内有许多大大小小的品牌面包连锁店，经营面包或点心，因方便、新鲜、价格低廉被老百姓所接受。

（4）连锁餐厅。我国把餐厅分为西餐厅和中餐厅。连锁餐厅以提供正餐为主，服务功能齐全，所有食品现场制作，品种丰富，讲究色、香、味、形及环境的融合。如我国的鲁菜、川菜、粤菜、淮扬菜、浙菜、闽菜、湘菜、徽菜等菜系都以连锁餐厅的形式在国内发展。目标顾客主要针对当地市民请客吃饭、亲朋聚会等。店面营业面积一般为 100～500m²。价格定位以中、高档为主。

（5）连锁酒楼。酒楼提供比餐厅更多的食品种类、更全的服务功能和更大的营业场所，集休闲与餐饮于一身，许多酒楼都提供两个以上的菜系品种。目标顾客除了一般市民外，商旅等也是重要服务对象。店面营业面积均在 1 000m² 以上，价格定位以高档为主，如杭州饮食服务集团有限公司、同庆楼餐饮股份有限公司等。

（6）美食广场。美食广场提供综合性的餐饮服务，由多个独立的餐饮商铺组成，食品品种丰富，经济实惠，但服务功能简单，目标顾客为当地逛街休闲的市民。选址一般在大型购物广场高层或商业街内，单层设计，店面营业面积在 500m² 以上。

（7）休闲连锁店。此业态定位于"休闲"，因此服务功能相对较多，涉及环境、服务人员、食品清洁程度和食品质量等。休闲连锁店主要供应咖啡、茶或休闲食品等。目标顾客主要为青年人、白领人士以及商务人员。价格定位以中、高档为主。店面营业面积一般为 50～500m²。我国经济的发展带动了需求的迅速增长，休闲连锁店的发展空间也迅速扩大，比较知名的休闲连锁店有喜茶、星巴克等。

3.1.3 我国连锁餐饮经营业态形成因素和发展特点

1）我国连锁餐饮经营业态形成因素

（1）连锁餐饮经营业态外部动因。连锁餐饮经营业态形成的外部动因为宏观层面，包括地区经济水平、行业政策、行业技术和竞争状况。地区经济水平决定了连锁餐饮经营业态的形成速度和发展潜力。行业政策决定了连锁餐饮经营业态发展的可能性，政府对一种经营模式的支持在某种程度上起着决定性作用。行业技术的提高对连锁餐饮经营业态的发展有促进作用。连锁餐饮经营市场竞争激烈，同一业态之间以及不同业态之间的竞争均会促使新业态形成。例如，新冠肺炎疫情防控的常态化，让以线下堂食为核心的餐饮行业面临更多不可控因素，同时，消费者的消费行为也因疫情从线下向线上迁移，消费场景从线下堂食转向家庭就餐。疫情还催生预制菜快速增长。

（2）连锁餐饮经营业态内部动因。连锁餐饮经营业态形成的内部动因为微观层面，包括连锁餐饮企业的经营理念、管理水平、资金状况和市场消费需求。微观不是指单个企业或一个消费者，而是指整个连锁餐饮零售业和消费群体。经营理念决定了某个地区或国家连锁餐饮企业经营的思路和发展方向。从微观角度看，真正决定某种连锁餐饮经营业态形成的因素还是消费者的需求。消费水平和消费方式的变化刺激新业态的产生，业态的发展又推动消费行为的转变和多样化，它们之间相互影响、相互促进。资金状况对业态形成的重要性体现在不同连锁餐饮经营业态的投资规模有较大差距，投资风险的存在决定了高投入高风险的连锁餐饮经营业态形成相对缓慢。例如，餐饮行业经营者类型众多，市场极度分散，但受疫情的影响，部分经营能力弱、抗风险能力不足的中小企业及个体经营者退出市场。而通过疫情压力测试的餐饮企业，其管理模式开始向精细化、智能化全面升级，业态也不断创新，在降本增效的同时，提升企业经营的韧性。

2）我国连锁餐饮经营业态发展特点

我国连锁餐饮经营业态的发展历程可划分为三个阶段，即连锁导入期（1993—1998年）、规模扩张期（1999—2006年）和管理转型期（2007年至今）。

经过改革开放的大浪淘沙，中国餐饮企业开始认识到品牌价值和品牌文化的重要性，近年来，品牌餐饮企业的引领作用日趋增强，业态品类的多样化竞争不断升级。在市场竞争由品类竞争进化为品牌竞争、消费由价格导向转为品牌导向的新阶段，餐饮业竞争回归至产品和服务质量的竞争，行业领军队伍越来越重视品牌的塑造与深耕、维护与传承，各业态及品类发展迅速。以连锁经营为模式的餐饮业在中国发展已有多年的历史，随着社会的进步、科技的发展，中国的餐饮行业也在经历着天翻地覆的变化。在消费者的变化、连锁经营模式的应用、互联网技术的普及等新时代、新消费、新趋势背景下，连锁餐饮经营业态的发展也呈现出新变化。

综合中国饭店协会与新华网联合发布的《2022中国餐饮业年度报告》、中国连锁经营协会（CCFA）与华兴资本联合发布的《2022年中国连锁餐饮行业报告》，餐饮业态以及连锁餐饮经营业态的发展特点概况如下：①

（1）《2022中国餐饮业年度报告》显示餐饮业态发展情况：①正餐业、火锅业稳中向好，茶饮业增长较快。整体来看，2021年，全国餐饮收入合计46 895亿元，增长18.6%；限额以上单位餐饮收入10 434亿元，同比增长23.5%。从不同业态来看，正餐业、火锅业发展稳中向好；茶饮业保持较快增长势头；烧烤业规模扩大明显，且在南方地区迎来快速发展。总体来看，烘焙营业额同比增长率突破100%，烧烤和烤串门店数同比增长率超过90%。具体见表3-4。②主要餐饮业态分省区市发展指数。

① 资料来源　任禹西．《2022中国餐饮业年度报告》发布，你想了解的都在这里！[EB/OL]．[2022-10-03]．http://www.xinhuanet.com/food/20221003/d9f7ff09db294f819eea1904c44fd22f/c.html．

表3-4 　　　　　　　　主要餐饮业态综合运行情况（2021年）

主要业态　　　　　　　　统计项目	营业额同比变动	门店数同比变动
正餐	65.1%	56.8%
火锅	40.0%	32.5%
茶饮	63.4%	42.2%
快餐	37.2%	18.7%
烘焙	104.0%	46.0%
烧烤和烤串	40.5%	91.4%

该指数反映了某一餐饮业态在当地营业额与门店数的变动趋势与发展情况。2021年，全国正餐业均呈现增长态势，营业额和门店数均同比上升。火锅业总体呈现增长态势。其中，海南省火锅业营业额同比增长率最高；甘肃省火锅门店数同比增长率最高。茶饮业亦呈现明显的增长态势，多个省份的茶饮业营业额同比增长率接近或突破100%。其中，陕西省茶饮业营业额同比增长率最高；山西省茶饮门店数同比增长率最高。综合来看，山西省茶饮业综合发展指数最高，为1.79。相比其他业态，快餐业增长趋势较为平缓。其中，天津市快餐营业额同比增长率最高。烧烤业规模有明显扩大迹象，有多个地方的烧烤门店数同比增长率接近、等于或突破100%。其中，浙江省烧烤门店数同比增长率最高。

（2）《2022年中国连锁餐饮行业报告》显示连锁餐饮业态发展情况：①从连锁化率增速看，饮品、烧烤及快餐增速位居前三，饮品店的连锁化率提升最快。②中国快餐业态刚进入万亿市场，在疫情关店驱动下迎来了餐饮连锁化的关键拐点，加之"营改增"税收政策的利好，电子支付和第三方餐饮供应链平台等基础设施的出现，使得餐饮从一个不可投变成一个可以投的机会。因此，近年来很多新兴面馆品牌获得市场和资本的追捧，五爷拌面、陈香贵、和府捞面、遇见小面、瓷面江湖等诸多品牌已获得融资。中式面馆入门门槛较低、流程容易复制，市场竞争颇为激烈。为扩大市场份额，中式面馆企业均在营销方式、装修风格、产品口味、品牌形象方面进行了较大的创新。预计2024年中式面馆市场规模将突破4 300亿元，主要驱动因素为消费升级带来的客单价提升以及连锁化提升带来的门店拓展。③与其他业态相比，火锅业一般拥有更好的经济模型。火锅广受中国消费者欢迎，总市场份额位居榜首。2019年，中国火锅业态市场规模已经达到5 295亿元，预计2024年市场规模将达到6 413亿元。从火锅连锁门店规模分布数据来看，11～100家店规模区间的火锅连锁门店数占比最多，2019—2021年分别高达41.7%、40.8%以及42.0%；其次是101～500家店的规模区间，连锁店数占比分别为30.2%、28.8%以及28.6%。从疫情后业态复工率来看，火锅业态的复工率高达98.5%，显著高于小吃快餐、地方菜、西餐、日料等业态。相比其他餐饮行业，火锅餐饮业态更加容易实现规模化以及标准化，未来发展趋势明显。但是行业竞争激烈，关店率较高，同时行业集中度依然较低，未来仍有机会，而未来火锅餐饮企业的发展要以创新、可持续等特征作为成长路径。

➤ "双创"入课3-1　　新业态对GDP总量升百万亿级推力巨大

　　100万亿，不论是于中国还是于世界而言，都堪称是天量级的数字。可以肯定地讲，成就这样的经济体量，非有大量创新而不能，非有无数新业态出现而不能。这些创新和新业态为新理论所赋能、为新技术所加持，其中许多创新和新业态在似乎没有变动外显形式的情况下，其实已经深刻地改变了产品和服务的内涵及实质。新业态的出现，为"六稳""六保"提供了坚实的基础。新业态当然以新职业为标志，但也不限于新职业。许多传统职业+互联网，就成了可以充分吸纳就业人口的新业态。这一点在生活服务业中尤为明显。以互联网为标志的数字经济激发了行业创新活力，培育了新的增长空间。数字化在各行业和各领域的浸入，创造了大量新的消费需求，极大地拓展了服务消费边界，由此促进了新业态的出现，新业态中的新职业和新工种，又创造了大量新的就业机会，扩大了就业面，由此在就业层面上实现了职业和业态的新陈代谢。生活服务业中的新业态增长率最高，数值超过50%，其创造的新职业超过70种，并且实现了专业能力、爱好和收入的良性循环。有了这样的具体内容，百万亿级规模的GDP，才可成为不断为自身持续增长创造动因的GDP。

　　资料来源　光明网评论员. 新业态对GDP总量升百万亿级推力巨大［EB/OL］. ［2020-10-30］. https: //share.gmw.cn/guancha/2020-10/30/content_34324687.htm.

　　请同学们结合资料分析：（1）新业态有何特点和作用？（2）连锁餐饮业态如何进行创新？

3.1.4　连锁餐饮企业业态变革

1）连锁餐饮企业的概念

　　连锁餐饮企业是指经营同类餐饮服务产品的企业，以一定的形式组成一个联合体，通过企业形象的标准化、经营活动的专业化、管理活动的规范化以及管理手段的现代化，把独立的经营活动组合成整体的规模经营，从而实现规模效益的一种经营组织。

2）连锁餐饮业态变革

　　（1）业态差异化和多样化。餐饮市场竞争促进了餐饮业各种业态之间的并存与竞争，也迫使企业自觉地树立差异化形象，以满足消费者的多样化需求，获得消费者的青睐。

　　（2）业态大型化和规模化。当一种餐饮业态在实施连锁经营之后，因为追求规模经济而不断向外扩张，从而使该业态逐渐冲破地区界限，向跨地区、跨国界的方向发展。

　　（3）业态融合化、新颖化和跨界化。一些品牌企业可以在本地的早餐工程，以咖啡、茶饮为代表的休闲餐饮、旅游餐饮等方面尝试新的经营业态，积极发展送餐、外卖和成品、半成品、速冻、方便食品、预制菜等多元化运营模式，形成特色酒楼、中外快餐、宾馆餐饮、火锅餐饮、零售餐饮及其他丰富多样的业态格局，更好地迎合餐饮市场的消费趋势。

（4）业态数字化和智能化。在数字化浪潮下，数据成为企业的核心战略资产，餐饮服务场景已然从线下向线上延伸，两者的互动更加全面而有效，越来越多的企业进行数字化转型。随着人工智能和大数据在各行业的渗入，连锁餐饮企业逐渐意识到智能化也是行业的必然趋势。

3.2　面点面食业态与连锁经营

3.2.1　面点面食简介

1）面点及风味小吃简介

面点是我国烹饪的主要组成部分，素以历史悠久、制作精致、品类丰富、风味多样著称于世。面食是指主要以面粉制成的食物，世界各地均有不同种类的面食。我国的面点小吃风味各异，品种繁多，主要有面条、馒头、花卷、油条、麻什、烧饼、饺子、包子、馄饨、麻花等，西餐有面包、各种烤饼等。我国著名的面点及风味小吃介绍如下：

（1）京式面点及风味小吃

京式面点及风味小吃一般是指黄河以北以北京为代表，包括天津、河北、山东、辽宁、吉林、黑龙江等地制作的面点及风味小吃。京式面点及风味小吃自古就流行于我国北方的重镇及都城，由于各民族的饮食习俗在这里相互影响和融合，饮食发展又长期受宫廷贡奉的影响，从而使得京式面点及风味小吃的品种琳琅满目，既有汉族风味、满族风味，又有宫廷风味。其特点是：①原料广泛、品种繁多。所用的原料遍及麦、稻、菽、粟、黍、豆、肉、蛋、奶等，所用的配料、调料则有100多种。②技法多样、工艺精巧。其主要烹饪技法有蒸、炸、煮、烙、烤、煎、炒、爆、烩等，尤其擅长擀、捯、包、捏、卷等加工技法。③口味爽滑、柔软松嫩。其肉馅多用"水打馅"，并佐以葱、姜、黄酱、芝麻油等，口感爽滑、鲜咸、柔嫩，风味独特。其代表有：豌豆黄、艾窝窝、狗不理包子、老二位饺子、李连贵熏肉大饼等。

（2）苏式面点及风味小吃

苏式面点及风味小吃一般是指长江中下游以江苏为代表，包括浙江、上海等地制作的面点及风味小吃。由于地处富庶的鱼米之乡，苏式面点及风味小吃自古就有色、香、味、形俱佳的特色。其特点是：①制作精巧、讲究造型。如太湖船点，由熟米粉裹馅心后，捏成各种形状，蒸制而成。馅心有荤、素、咸、甜之分。太湖船点起源于明代，因作为太湖游船上的点心而得名，后经历代名师不断研究改进，将花卉瓜果、鱼虫鸟兽等各种形象引入船点，终于形成了小巧玲珑、栩栩如生，既可观赏又可口尝的特色点心。②馅心多样、重视调味。在馅心配制上，春夏有荠菜、笋肉、干菜等，秋冬有虾蟹、野鸭、雪笋等，配料精心调制，味道十分鲜美。③糕团松软、香甜油润。如咸猪糕、松子枣泥糕、定胜糕、糖年糕等，软糯、香甜、油润，深受食客欢迎。其代表有：黄桥烧饼、青精饭、太湖船点、丁莲芳千张包、擂沙圆、苏州糕团、淮安茶馓、阳春面、南翔小笼馒头、葱油火烧、猪油百果松糕等。

"思政"入课3-1 **《古色古香中国味》走进黄桥**

《古色古香中国味》是一档介绍中国千年古镇魅力的纪实性人文类旅游节目，主要记录介绍中国大江南北的特色古镇，追寻古老的记忆，回味具有家乡味儿的当地美食等。《古色古香中国味》栏目组走进千年古镇黄桥，拍摄古巷道古建筑、新四军黄桥战役纪念馆、凤灵乐器集团、黄桥烧饼以及祁巷村等地，全方位讲述小镇故事，推介古镇独有的旅游文化资源。其中黄桥烧饼是中华名小吃、中国地理标志产品，曾被选入开国大典国宴，先后荣获"天下第一饼""中华第一饼"等称号，并成功申报为国家地理标志证明商标。黄桥烧饼因一场黄桥战役、一首《黄桥烧饼歌》、一篇编入中学语文教材的散文、一部电影《黄桥决战》而驰名全国。近年来，黄桥烧饼产业发展快速，黄桥烧饼制作基地是泰州市乡土人才传承示范基地之一，呈现出"育匠人、赛匠术、树匠师、铸匠魂、践匠行"的乡土人才新生态。目前黄桥烧饼行业已拥有烧饼企业800多家，店铺遍布全国30多个省份300多个城市和各大电商网站，酒店、超市、高速服务区等区域也随处可见，从业人数10 000多人，年产值逾5亿元，为乡村振兴战略实施提供了有力的人才支撑，为促进共同富裕打造了新引擎，培育了新动能。

资料来源 泰兴市融媒体中心．《古色古香中国味》走进黄桥［EB/OL］．［2020-04-09］．http://www.taixing.gov.cn/art/2020/4/9/art_52052_2676400.html；聂友．上榜"江苏味道"！泰兴这些美食看看都馋［EB/OL］．［2021-05-21］．http://www.taixing.gov.cn/art/2022/1/19/art_56792_3263253.html.

请同学们结合资料分析：（1）《古色古香中国味》栏目组如果走进你的家乡，你将如何介绍家乡味？（2）如何挖掘当地美食为家乡赋能？

（3）粤式面点及风味小吃

粤式面点及风味小吃一般是指珠江流域及南部沿海一带以广东为代表，包括广西、福建、海南等地制作的面点及风味小吃。由于地处南方，贸易发达，外商来往繁多，粤式面点及风味小吃在制作上吸收了许多西式点心的制作方法。其特点是：①用料广泛、品种丰富。使用油、糖、蛋等较多，营养价值高，还善于利用土豆、山药、荸荠、芋头、鱼虾等做原料。②造型精巧、味道清淡鲜爽。其吸收了中西点心的制作方法，制作出的点心小巧玲珑。③粥品繁多、富有营养。粤式的米粥特别多，有100多种，其大多以用料命名，如有牛肉的米粥叫牛肉粥，有皮蛋的米粥叫皮蛋粥等，这些粥都具有食疗作用。其代表有：肠粉、粉果、煎堆、竹筒饭、土笋冻、叉烧包、虾饺、马蹄糕、干蒸烧卖、糯米鸡、沙河粉、广式蛋挞、广式月饼等。

（4）川式面点及风味小吃

川式面点及风味小吃一般是指长江中下游以四川为代表，包括云南、贵州等地制作的面点及风味小吃。我国西南地区气候温和、雨量充沛、物产富饶，其面点及风味小吃与川菜一样久负盛名。其特点是：①技法多样、品种繁多。其技法有煎、炸、烙、烤、烘、炒、烩、煮、拌等多种。②注重传统、工艺严格。如成都市传统名小吃赖汤圆，选料精、做工细、操作严，细腻柔和、皮薄馅丰、软糯香甜，具有煮时不浑汤,吃时"三不粘"(不粘筷、不粘碗、不粘牙)的特点。③善于调制多种多样的复合味道。川式面点及风味小吃在咸、甜的基础上,以一味为主,其他味为辅,巧妙结合,变化多端。其代表有:担担面、赖汤圆、过桥米线、烧豆腐、肠旺面等。

(5)秦式面点及风味小吃

秦式面点及风味小吃一般是指黄河中上游、西北部以陕西为代表,包括宁夏、甘肃、青海等地制作的面点及风味小吃,主要流行于西北。其特点是:①以面粉为主料。西北地区属于大陆性气候,物产以小麦为主,许多糕、馍、饼等均以小麦粉为主要原料。②以牛羊肉为主。西北是我国少数民族聚居地,在饮食习惯上,这一带多喜食牛羊肉。③以油酥制品为主。许多面点及风味小吃都由油酥面团制作。④具有地方特色,口味注重咸辣鲜香,乡土气息浓郁。其代表有:石头馍、牛羊肉泡馍、黄桂柿子饼、乾州锅盔、泡泡油糕、岐山臊子面等。

(6)晋式面点及风味小吃

晋式面点及风味小吃一般是指我国山西省晋中、晋北、晋南俗称三晋的城镇乡村所制作的面点及风味小吃。三晋地区是华夏文化的发祥地之一,民风淳厚,崇尚节俭,素有"千金之家,食无兼味"之说。山西一带特别擅长制作各种各样的面食,通过使用不同的原料,单一制作或三两混合制作,使晋式面点及风味小吃风味各异,各有千秋,素有"一面百味"的美誉。其特点是:①面饭制作讲究。面饭用料广泛,除了小麦粉外,还使用玉米面、高粱面、绿豆面、豌豆面、荞麦面等原料。从制作方法看,除了煮食外,还采用炒、炸、煎、焖、煨、烩等烹饪方法。从花样上看,以面条为例,除了普通面条外,还可以做出刀削面、抻面、拨鱼儿、猫耳朵等品种。②浇头讲究。晋式面食的浇头有七大类100多个品种。③菜码讲究。菜码是吃面食配备的佐餐菜料,如白菜丝、黄瓜丝等,以调节面食的滋味,增加食欲。④吃面必备醋。山西盛产老陈醋,当地人在食用面食时,醋是必不可少的。

✏️ **课内阅读3-3**　　　　　　　**西式面点简介**

西式面点,简称"西点",主要指来源于欧美国家的点心。它是以面、糖、油脂、鸡蛋和乳品为原料,辅以干鲜果品和调味料,经过调制成型、装饰等工艺过程而制成的具有一定色、香、味、形、质的营养食品。西点行业在西方通常被称为"烘焙业",在欧美国家十分发达。西点不仅是西式烹饪的组成部分(即餐用面包和点心),而且是独立于西餐烹调之外的一种庞大的食品加工行业,西点行业是西方食品工业的支柱产业之一。与其他种类的食物相比,西式面点最突出的竞争优势就在于其便捷性,尤其是随着社会经济的快速发展,人们的生活节奏不断加快,在饮食消费习惯上更偏向于能够同时满足快捷与营养两方面要求的产品,西式面点在很大程度上符合人们的消费需求,这也是西式面点在市场中受到广泛喜爱与好评的原因所在。

资料来源　编者根据相关资料整理。

2)中式面食简介

中式面食经过历代演变与交流,形成不同的地方特色及区域性面食,可分为主食、小吃和糕点三大类,制作原料、熟制方法及外表形态为其主架构,再延伸出面团、内馅、表饰及各种熟制方式，组合而成各具特色的面食。几乎每个地域都有自己的独特面食口味，不同地方、不同做法的面食在口感和受众上大相径庭。北方的面食相对厚实有嚼头，南方的面食则更加细腻。中式面食按照地域可以划分为武汉热干面、兰州拉面、北京炸酱面、上海阳春面等；按照做法可以划分为汤面、拌面、炒面、烩面等；按照品类可以划分为拉面、挂面、板面、手擀面等。在多种面食的消费者偏好中，中式面条的受欢迎程度普遍较高。相关调研显示，喜好兰州拉面的中国受访者最多，高达77.4%，而受访者中喜好意面和日本拉面的比例并不高，分别为55.7%和51.5%。中国消费者对中式面食的喜爱度大于国外面食，表明中式面食的消费者基础广，受众多，行业发展前景好。

3.2.2　我国面点面食连锁经营现状和发展

1）我国面点面食经营现状

（1）经营实体规模较小，手工作坊式生产。

（2）工业化、规模化、标准化程度较低。

（3）存在一定的食品安全风险。

（4）产品控制性、稳定性、一致性较差，工艺落后。

（5）大多数从业人员的素质达不到现代企业的要求，致使经营管理、服务意识仍然停留在较低的水平，普遍是家庭式、作坊式经营。

2）我国面点面食连锁经营的发展

（1）树立品牌意识，符合新时代、新消费升级要求，通过对中国传统饮食文化守正创新、文化赋能，打造品牌形象。

（2）细分面点面食的品类，科学设计产品体系和选择好的主导产品，如马记永的"兰州牛肉面"、巴比食品的"巴比包子"、小杨生煎的"小杨生煎包"等。

（3）强化产品质量控制：①识别每个流程中的关键环节。②对关键环节进行分析，选出失误关键点，进行测量和控制，保证产品的质量和规格。③对所选关键点规定具体的生产方法。④研究将影响质量的关键点控制在规定界限内的方法。

（4）注重生产环节控制：①原料质量管理。②食品配送管理。③产品标准化管理，主要是中式面点品种规格的定性、定量标准，加工制作方法的定性、定量标准，服务量化标准等。

（5）网点布局要科学、细化，实现线上与线下的融合发展。

（6）注重就餐环境和服务要求，保证食品安全。

3.3　快餐业态与连锁经营

3.3.1　快餐市场特点

1）快餐业的作用及特点

（1）快餐业的作用：快餐业是国民经济发展和餐饮业发展新的增长点，是传统餐饮走向现代餐饮的突破口和先行军。快餐业的发展取决于社会进步和经济发展程度，能够提高人们的生活水平，改善其生活方式，是人们为适应社会经济建设、工作与生活节奏加快、家庭服务和单位后勤服务走向社会化的必然产物。快餐业是国家扩大内需、吸纳社会就业和扩大再就业的重要渠道，是中国发展外向型经济和与国际餐饮市场对接的生力军。

（2）快餐业的特点：①消费基本性。②制作快捷、食用方便。③服务简便、营养均衡。④价格适中、毛利率较低。⑤市场需求容量大。

2）连锁快餐企业定义及特点

（1）连锁快餐企业是指经营同类快餐产品的若干个企业，以一定形式组成联合体，通过企业形象的标准化、经营活动的专业化、管理活动的规范化和管理手段的现代化，把独立的经营活动连接起来，形成整体规模经营，从而实现规模效益的一种企业组织。

（2）连锁快餐企业通常由连锁总部和连锁分店组成。连锁总部是指以特定的地理区域为划分基础，根据执掌店铺数量设计总部等级，根据发展阶段实现总部等级转型的经济组织。总部是连锁经营管理的核心，其职能主要是市场调研、商品开发、促销策划、采购配送、财务管理、质量管理、经营指导和教育培训等。连锁分店的特点有：统一的经营理念、统一的企业标识、统一的产品组合、统一的服务模式、统一的经营管理、统一的扩张渗透等。连锁分店是快餐连锁企业连锁经营的基础，其主要职责是按照总部指示和服务规范要求承担日常销售业务。

3.3.2　快餐的标准化、工业化和社会化及西式快餐在中国的发展

1）快餐的标准化、工业化和社会化

（1）快餐的标准化和工业化。现代意义上的标准化是在西方机器大工业的基础上发展起来的，其作为经济管理手段取得了明显的经济效果。标准化由最初的企业规模、国家规模迅速发展为国际规模。标准化不是一个孤立的事物，而是一个活动过程，这个过程是一个不断循环、螺旋式上升的运动过程。标准化可以有一个或者更多特定的目的，以使产品、过程或服务具有适用性。生产工业化及厨房工业化是现代快餐在生产环节最本质的特征。工业化生产的特点是机械化程度高，即多数工序或主要工序使用机器设备。采用机器设备，能够降低劳动强度、提高功效、保证供餐快捷，而且能有效地控制菜品质量，使其达到稳定和统一。每一种菜品从原料到成品的制作过程均遵循一定的工作流程，即采用流水作业的加工方式。组成工艺流程的每一道工序都是岗位职责和质量控制的基础。原料、半成品和成品均有明确的质量标准，同时通过生产过程的标准操作规范，以确保达到上述质量标准。快餐的工业化以快餐生产的整个工艺为主线，用部分机械代替手工，用定量代替模糊性，用流水线作业代替个体生产，将传统餐饮的一部分品种变为工厂化、工程化操作，生产出标准化的、感观形态符合人们审美习惯的烹饪产品，或加工出适合家庭烹饪的成品、半成品。

（2）快餐的社会化。社会化是指分散的、互不联系的个别生产过程转变为互相联系的社会生产过程，把传统的餐饮业中一家一户的做饭炒菜和餐馆的单兵作战状态，

改造成具有专业化社会分工的行业，把人们从家务劳动中解放出来，满足人们对现代生活节奏和营养的需求。

2）西式快餐在中国的发展

（1）肯德基在中国的发展。①肯德基进入中国的基本情况。肯德基自1987年进入中国内地以来，其在中国的发展实现了三级跳：在1987—1995年的头9年以年均11家的速度发展了100家连锁直营店；在1996—2000年的5年间年均发展75家；2001年以来以年均150家的发展速度加快了在中国的扩张，同时在部分中小城市开展了特许加盟业务。2021年，肯德基在中国已突破8 000家餐厅。②推行标准化体系，即食品品质标准化、服务质量标准化、餐饮环境标准化。③产品本土化。"老北京鸡肉卷""四季鲜蔬""烤翅""芙蓉鲜蔬汤"等就是专门针对中国消费者口味推出的产品。肯德基深入挖掘中国本土的"地方风味"，将越来越多的"地域美食"加入了菜单，在不同时段、不同地区推出了超过12款地域美食，并覆盖早餐、下午茶、夜宵多个餐期的菜单。

（2）麦当劳在中国的发展。麦当劳是全球知名的连锁餐饮品牌，全球有超过38 000家麦当劳餐厅，每天为100多个国家和地区超过6 900多万顾客提供高品质的食品与服务。2017年，中信资本、凯雷投资集团和中信股份有限公司共同成为麦当劳中国业务的主要股东，麦当劳中国进入更加根植中国的"金拱门"时代。麦当劳中国致力于提供随时随地的美味与优价。麦当劳中国拥有巨无霸、薯条、麦辣鸡腿堡、麦麦脆汁鸡等当家产品，并通过餐厅、外送、麦咖啡、甜品站、得来速等业务平台给顾客带来超级便利。在快速拓展的同时，麦当劳中国致力于实现业务的可持续发展，持续深化"绿色包装"和"绿色餐厅"等环保举措。麦当劳中国还通过"麦当劳叔叔之家"公益项目积极回馈社会。2019年，麦当劳中国宣布对开心乐园餐进行营养、责任、欢乐三方面重磅升级。2020年，麦当劳中国发布全新品牌理念"因为热爱，尽善而行"。

3.3.3   中式快餐连锁发展

1）中式快餐的定义及特点

（1）中式快餐是指在传统中华餐饮的基础上改造，符合大众日常基本生活需要，制作工序较少，制作工艺多以炒、蒸、炖等为主，单一食品即可满足人们需求，食用方便、服务迅捷、价格低廉的供餐形式。

（2）中式快餐特点。中式快餐作为传统饮食文化变革的产物，是为了适应人们高效率的要求，在满足营养供给的前提下，以简单、快捷的方式满足人们需要的有效手段。与西式快餐相比，中式快餐具有流传时间长、受众广、工艺复杂、价格适中、品种繁多、口味多样、搭配合理、营养丰富、美味健康的特点。中式快餐连锁经营是指设计合适的供餐系统，系统内有经过科学设计和合理布局的产品生产线，有严格规定的工作程序和规范，生产出标准化产品；菜单简单，产品有限，在顾客选择的范围内，使食品和饮料的准备工作变得简单、快速和有效率。

2）中式快餐连锁的业态

中式快餐连锁的业态有以下几种：

（1）按照经营方式、工业化程度可分为传统中式快餐、现代中式快餐。

（2）按服务方式可分为餐台式、自助式和外卖式三种类型，按档次可分为高、中、低档。

（3）按品种形式可分为单一品种快餐、组合品种快餐。

（4）按经营内容可分为面类、米类、米粉类、带馅类、套餐、汤类、粥、凉拌和熟食系列等。带馅类食品包括水饺、包子、馅饼、馄饨、汤圆、烧卖等。

3）中式快餐发展现状

（1）中式快餐起步晚，市场结构不均衡，有一定的品牌效应。

（2）快餐领域不断开拓创新，发展空间继续延伸拓展。

（3）西式快餐连锁企业不断扩张，中西融合的趋势增强。

（4）生产标准化和工业化程度不断提高，经营管理体系需要相应完善。

（5）经营品种十分繁杂，需要提炼特色产品。

> **"双创"入课3-2**　　　　　**皖企中式快餐发展迅速**

中式快餐起步较晚，从最初模仿西式快餐，到现在呈现出"百家争鸣、快速崛起"的状态。比如，在安徽地区就有很多有一定规模的快餐企业。创建于2003年的老乡鸡是以中式快餐为特色的连锁餐饮品牌。2019年，老乡鸡进驻上海市场，老乡鸡全国门店突破800家。2019年10月，中国烹饪协会发布"年度中国快餐企业70强"榜单，老乡鸡荣登中式快餐榜首，与麦当劳、肯德基、汉堡王共同进入四强。2021年，老乡鸡华南首店在深圳福田区卓悦中心开业，标志着老乡鸡进驻深圳市场；同年，老乡鸡杭州、扬州、苏州首店先后开业；同年，老乡鸡又入驻北京，老乡鸡全国门店突破1 000家。目前，北京、上海、深圳、杭州等一线城市都有门店，并以每年新增300家的速度发展。鸡类菜品是老乡鸡的招牌，其中以鸡汤为代表，选用养足180天的肥西老母鸡，再以农夫山泉水现炖，这碗汤一年就卖出了3 000多万份，深受全国食客的喜爱。截至2021年年末，老乡鸡共有1 073家门店，年营收近44亿元。老乡鸡建立了从母鸡养殖到食品加工到冷链配送再到连锁经营的全产业链标准化的业务体系。

蒸小皖小笼蒸菜，隶属于安徽蒸小皖餐饮股份有限公司，公司成立于2017年5月，是一家致力于为消费者提供安全、健康、美味中式轻奢快餐的连锁餐饮企业。公司旗下"肥东老母鸡"品牌是安徽省著名快餐品牌。在发展中探索，在探索中成长，公司先后创建了中式快餐三大标准运营体系：后勤生产标准化、烹制设备标准化、餐厅操作标准化。目前，已在安徽省内开设连锁餐厅120余家，每年服务消费者达800多万人次。先后荣获"安徽快餐名店""安徽餐饮十强企业""合肥十大特色名小吃"等几十项荣誉，成为安徽省颇具影响力的快餐品牌。

资料来源　作者根据相关资料整理。

请同学们结合资料分析：我国中式快餐连锁企业如何结合自身特点快速发展？

4）中式快餐连锁经营发展路径

中式快餐产品的标准化、生产工厂化、连锁规模化和管理科学化水平的提高，加快了快餐业的发展。

（1）标准化是中式快餐企业连锁经营的必然要求。标准化是实现规模经营的前提条件，是有效传承餐饮企业特色的基础，是餐饮企业降低餐饮经营成本的有效方法，是牢固树立企业品牌形象的重要载体。连锁企业分店逐渐增多，管理难度也日益加大，为了保证各个连锁分店的产品色、香、味相同，实施标准化的生产势在必行。中式连锁餐饮企业要保证餐品、服务高标准化，就要在尽量保证食品原汁原味的特色前提下，使原材料供应、产品加工过程与销售服务运作模式等标准化。例如，老乡鸡就凭借以老母鸡汤为代表的产品标准化+本地化的菜品，致力于全国化；老娘舅则以标准化的中餐主菜为中心，辅以汤羹、蔬菜及小吃等营养搭配的产品，开启扩张之路。

（2）加强中式快餐连锁企业品牌效应和系统管理。这不仅要注重店容、店貌标识的统一，也应加强采购、配送、决策、管理的统一，切实抓好内部管理，建立健全连锁经营的规章制度，形成一套适合本企业的科学的经营管理系统等。

近年来，中式快餐连锁企业自身在门店选址、产品创新、服务模式、销售渠道、数字化转型等方面做出积极的改变，冷链物流基地的基础设施、中央厨房预制菜的发展，也促进了连锁快餐品牌的发展。中式快餐市场中的杨国福麻辣烫、张亮麻辣烫、老乡鸡、乡村基、李先生牛肉面等中式快餐品牌企业的标准化与规模化不断发展，逐步改变了以往中式快餐的有品类、无品牌的情况。

3.4 火锅业态与连锁经营

3.4.1 火锅业态特点及分类

1）火锅餐饮特点

火锅餐饮以方便快捷的大众化特色被消费者接受和喜爱，尤其北方地区寒冷干燥的天气使火锅市场有很大的潜力。火锅种类也不断创新，有以"麻、辣、烫"川味火锅为代表的南派火锅；有以涮羊肉为主要代表的北派火锅和新派火锅。重庆火锅以小天鹅、德庄、秦妈和苏大姐为代表，北方火锅有百年老字号东来顺、小肥羊、小尾羊等。在经营模式上火锅连锁企业不断推陈出新。

2）火锅的划分

（1）按地域和风味流派划分，传统火锅可分为南派与北派两大体系。南派以川渝麻辣火锅为代表，北派以北京、内蒙古的清汤涮肉火锅为代表，还有江浙的菊花火锅、一品锅，广东的打边炉、粥底火锅，云贵的酸汤火锅、菌类火锅，以及新兴的海鲜火锅、豆捞火锅等。

（2）按经营模式划分，有传统火锅、时尚火锅、休闲便捷火锅、高档精品火锅等。

（3）按口味划分，有麻辣火锅、清汤火锅、酸汤火锅、鸳鸯（多味）火锅等。

（4）按涮料的种类划分，有羊肉、肥牛、鱼、鸡、菌类火锅等。

（5）按所用热源划分，有炭火锅、电火锅、燃气锅、电磁锅等。

📝 课内阅读3-4　　　　　　　　　　川味火锅

　　川味火锅作为巴蜀地区人们共同创制的具有川菜风味特色的重要火锅类别，起源于清末道光年间的重庆码头，最初只是零星地发展，自改革开放以来已经发展成一个重要产业，取得了空前成就。流行于重庆、四川等地的川味麻辣涮煮火锅，其汤底红艳诱人，味道麻辣鲜香，菜品包罗万象。川味火锅呈现出以下显著特征：①火锅生产多样化。随着川味火锅在全国范围内的持续扩张，单纯的手工操作已经难以满足火锅生产和经营的需要，于是人们将先进的机器设备引入火锅生产中，使得火锅生产转变成手工操作与机器加工相结合的生产模式。②火锅产品由单一产品发展为系列化、标准化产品。川味火锅最初仅有毛肚火锅一个品种，发展至今已扩展成系列化、标准化产品，拥有至少上百个品种，与川味菜肴、小吃形成鼎足之势，档次齐全、品类丰富。③火锅服务由单一形式转向多层次、多方位服务。川味火锅发展至今，其餐饮服务已不仅仅是单纯的点菜、上菜，还通过多种方式和营造具有巴蜀文化气息的餐饮环境来进行。④火锅餐饮经营模式由单店经营转向品牌连锁经营。川味火锅企业借鉴国外品牌连锁经营模式，注重标准化、产业化，注重采购和配送原料、质量服务标准、宣传广告等方面的管理。例如，海底捞是大型跨省直营的品牌火锅店，主要经营川味火锅，有自身服务特色，形成了强大的市场竞争力和扩张能力。

　　资料来源　编者根据相关资料整理。

3.4.2　火锅连锁经营

1）火锅连锁经营的发展

　　火锅连锁经营一直是火锅企业发展的重要方式，内蒙古小肥羊、小尾羊、重庆德庄、秦妈等知名企业2005年之前加盟店的比例均为95%以上。不过，加盟经营推广这种方式虽然给企业带来了品牌迅速扩张和资金积累的好处，但由于加盟店的管理水平不一，菜品质量良莠不齐，再加上总部对加盟店的控制管理跟不上，致使品牌形象大打折扣。为了维持辛苦创立的品牌形象，以小肥羊为代表的各个品牌火锅企业开始大幅减少加盟店的数量，增加直营店的数量，完成了由追求速度到追求质量的转变。近年来发展起来的呷哺呷哺、海底捞等知名火锅企业吸取了同行们的经验和教训，为了维护品牌形象和自身利益，企业专注直营连锁店的发展，严格制定加盟店的加盟标准。海底捞品牌创建于1994年，是一家以经营川味火锅为主、融各地火锅特色于一体的国际控股有限公司，海底捞在全球开设有1 435家直营餐厅，其中1 310家门店位于中国大陆，22家门店位于中国香港、中国澳门、中国台湾，103家位于11个其他国家。海底捞对顾客提供的无微不至、个性化的服务，在中国餐饮业独树一帜，闻名遐迩。历经20多年的发展，海底捞国际控股有限公司已经成长为国际知名的餐饮企业。

　　近年来，我国的火锅产业飞速发展，升级转型迅猛。随着"90后""00后"逐渐成为消费主力，市场出现新一轮消费升级浪潮，火锅业态也出现了不同以往的发展特征，并逐步向多元、潮流、快时尚化方向发展。

2）火锅产业链初具规模，带动地方经济发展效果显著

（1）建立供货基地，确保品质，实现统一配送。完善的生产链不但保证了产品的品质，更降低了成本，创造了更多的利润。

（2）延伸产业链，打造第二市场。特色核心产品进商超，方便顾客在家涮制，比如东来顺的相关产品进入4 000多家商超，方便了消费者。

（3）火锅行业已经成为拉动内需、解决就业的重要力量。如"中国火锅之都"重庆充分利用麻辣火锅发源地的餐饮文化优势，以火锅餐饮为龙头，抓好餐饮产业，拉动相关产业发展，促进劳动就业和输出烹饪技术人才。

3）投资者、创业者进入火锅行业，火锅餐饮企业分化明显

凭借受众广、利润高、门槛低、标准化、易复制等综合优势，火锅成了很多投资者、创业者投身餐饮业的首选品类，连锁率高于市场平均水平。但火锅同时面临着市场分散、细分品类多、迭代速度快等问题，使得单火锅品牌较难穿越生命周期。从大众点评十大受欢迎火锅品牌中我们发现，过去十年内最受欢迎的前十大火锅品牌，只有海底捞和呷哺呷哺出现在榜单中，不少品牌逐渐走衰，甚至昙花一现。中国连锁经营协会（CCFA）与华兴资本联合发布的《2022年中国连锁餐饮行业报告》显示：2016年和2019年成立的火锅餐饮企业倒闭率分别约为50%和30%，大约一半的火锅餐饮企业活不过5年，超过30%的火锅餐饮企业在两年内倒闭。火锅餐饮企业倒闭率高的原因在于许多火锅餐饮在投资与扩张时没有进行系统的调研、没有正确地对自身进行品牌定位以及缺乏创新和经营经验等。多数火锅餐饮企业设立时的盲目性高，缺乏前期市场调研，而未来火锅餐饮企业的发展要以创新、可持续等特征作为成长路径。

4）火锅产业呈现的发展趋势

（1）在原料选择方面，呈现出"四多四少"的特点，即多吃鲜少吃储，多吃菜少吃肉，多吃鱼少吃肉，多吃清淡少吃辛辣。

（2）对火锅汤底的研究更深入、更全面。

（3）火锅呈现出标准化和半成品化趋势。

（4）调味料的多样化成为新的趋势。

（5）养生概念的应用更加广泛。

（6）火锅行业洗牌，中小品牌将向大品牌靠拢。

（7）特色火锅提供外卖服务。

（8）厨师现场加工成热推特色。

（9）火锅协会完成包括重庆火锅红汤汤料制作规范，以及鹅肠、鱿鱼等火锅发制菜品制作标准的起草，制定火锅店等级标准，最高级为五星级火锅店，主要是在设施设备、规模、装修、食品安全等方面进行要求。

（10）国家职业分类大典将"火锅料理师"列入中式烹调师职业下的新工种，增强了火锅产业从业人员的社会认同度，更好地促进了就业和创业。

"思政"入课3-2

新职业——火锅料理师

近日，《中华人民共和国职业分类大典》（简称"大典"）完成修订工作。与2015年版大典相比，新版大典净增了158个新职业，总职业数达到1 639个。新华社分析称，随着都市人群消费需求更加多元化，以及年轻人就业观念的革新，大批新兴职业应运而生。此次大典还将"火锅料理师"列入中式烹调师职业下的新工种。

火锅料理师被定义为：从事火锅锅底、酱料、蘸料的制作，菜肴预制，菜品切配并具备一定餐饮经营、管理能力的人员。"火锅料理师"成新工种，是火锅行业升级转型的必然结果，是市场选择的结果，是行业良性发展的标志。

中国烹饪协会火锅烹饪专业委员会发布的《2021年火锅产业大数据分析报告》显示，2020年火锅产业销售额占全国餐饮收入近1/3，是中餐第一大细分品类；同时，火锅产业连锁率在餐饮行业遥遥领先，《2022年火锅行业大数据报告》显示，2021年火锅门店连锁化率高达21.2%，远超同期餐饮门店16.5%的连锁化率。

因此，面对"火锅料理师"成为一个新的工种的消息，在火锅底料研发和生产领域深耕近30年的周长春并没有感到意外。在1994年海底捞成立之初，周长春就在海底捞门店做炒料师傅，如今他已成为海底捞锅底组高级研发员，为海底捞锅底研发团队提供技术指导。从业近30年，周长春见证了海底捞规模化、标准化发展之路，火锅底料研发工作要求愈发系统化、专业化、智能化，"随着时代变化，我觉得我的工作越来越不简单。"在早些年，作为"炒料师傅"，可以更多依靠自己的美食经验来寻找灵感，但随着海底捞规模化发展，对产品品质的稳定性、食品安全性都有着更高要求，作为"高级研发员"则必须学会去借助现代化工艺，实现数据化掌控火锅底料详细配方和制作流程。"举例来说，我们团队最新研发的泡菜鸭锅底里的酸菜，我们就炒制了不下80次，主要探索怎样把酸菜这种古法发酵工艺进行规模化复制。"周长春介绍说，其需要保证出厂的火锅底料各成分在配比、口味、色泽等方面都符合样品标准。

人力资源和社会保障部也表示，新职业信息的公示发布，对增强从业人员的社会认同度、促进就业创业、引领职业教育培训改革、推动经济高质量发展等都具有重要意义。

资料来源 中国网财经. 火锅料理师、民宿管家、陪诊师……新需求催生新职业［EB/OL］.［2022-10-21］. http://finance.china.com.cn/roll/20221021/5890213.shtml.

请同学们结合资料分析：（1）为什么会出现"火锅料理师"这种新职业？（2）周长春是如何从海底捞的炒料师傅成为锅底组的高级研发员的？

3.5 正餐业态与连锁经营

3.5.1 正餐业态概况

正餐是指在一定场所内提供以中餐、晚餐为主的各种中西式炒菜和主食，并由服务员送餐上桌的餐饮活动。正餐以提供中式和西式午餐和晚餐为主，服务功能齐全，所有食品现场制作，品种丰富，讲究味、色以及环境的融合，针对的是当地市民请客吃饭、亲朋聚会等情况，价格定位以中、高档为主。我国比较出名的湘菜、粤菜、川菜、徽菜等均以正餐形式在国内开展连锁经营，连锁经营已经成为正餐业态发展的主要经营形式。正餐企业在餐饮业中具有重要的主导地位，从企业个数到营收占比均占据百强企业的半壁江山，所以正餐企业的表现很大程度上影响着百强企业的总体状况，进而影响着餐饮产业整体水平。中式正餐作为我国最传统、最具代表性的餐饮形式，一直是餐饮消费者的首选，同时在我国餐饮市场这样的大环境下，中式正餐市场的竞争也异常激烈。

3.5.2　八大菜系简介

1）鲁菜

鲁菜是我国最早的地方风味菜，古齐鲁为孔、孟故乡，是我国文化发祥地之一。宋代以后鲁菜就成为"北食"的代表。明、清两代，鲁菜已成为宫廷御膳主体，对京、津、东北各地影响较大，直到如今北京菜以及仿膳菜仍保持着鲁菜的某些特色。鲁菜由济南和胶东半岛两地的地方菜演化而来：胶东菜以烹制海鲜而驰名，口味以鲜为主，偏重清淡，十分讲究清汤和奶汤的调制，清汤色清而鲜，奶汤色白而醇。其著名品种有"干蒸加吉鱼""油爆海螺""扒原壳鲍鱼""奶汤核桃肉""白汁瓤鱼""麻粉肘子"等；济南菜擅长爆、烧、炸、炒，其著名品种有"糖醋黄河鲤鱼""九转大肠""汤爆双脆""烧海螺""烤大虾""清汤燕窝"等。

2）川菜

川菜在秦末汉初初具规模，唐宋时期发展迅速，明清时已富有名气，现川菜馆遍布世界各地。正宗川菜以四川成都、重庆两地的菜肴为代表。川菜重视选料，讲究规格，分色配菜，主次分明，鲜艳协调。其特点是酸、甜、麻、辣、香、油重、味浓，注重调味，离不开三椒（即辣椒、胡椒、花椒）和鲜姜，烹调方法擅长于烤、烧、干煸、蒸，形成川菜的独特风味，享有"一菜一味，百菜百味"的美誉。

3）粤菜

粤菜在西汉就有记载，明清时期发展迅速，20世纪随着对外通商的发展，吸取了西餐特长，粤菜也走向了世界，仅美国纽约就有数千家粤菜馆。粤菜是以广州、潮州、东江三地的菜为代表而形成的。菜原料较广，花色繁多，形态新颖，善于变化，讲究鲜、嫩、爽、滑，一般夏秋力求清淡，冬春偏重浓醇。粤菜具有"鲜活、山珍海味、开刀即烹"等特点。

4）苏菜

苏菜起始于南北朝时期，又称淮扬菜，以南京、扬州、苏州风味为主。其特点是浓中带淡，鲜香酥烂，原汁原汤，浓而不腻，口味平和，咸中带甜。其烹调技艺以擅长炖、焖、烧、煨、炒而著称。烹调时用料严谨，注重配色，讲究造型，四季有别。苏州菜口味偏甜，配色和谐；扬州菜清淡适口，主料突出，刀工精细，醇厚入味。明清时期苏菜得到了较大发展，在全国流行得越来越广。明朝迁都北京，苏菜也随之进入京城。清代乾隆皇帝七下江南，品尝了江苏地区的"松江鲈鱼""松鼠鳜鱼"等美味佳肴，使苏菜声誉大振。

5）湘菜

湘菜由湘江流域、洞庭湖区和湘西山区的菜肴发展而成。其特点是用料广泛，油重色浓，多以辣椒、熏腊为原料，口味注重香鲜、酸辣、软嫩。烹调方法擅长腊、熏、煨、蒸、炖、炸、炒。其著名菜肴有"腊味合蒸""东安子鸡""麻辣子鸡""红煨鱼翅""汤泡肚""冰糖湘莲""金钱鱼"等。

6）徽菜

徽菜起源于南宋时期的徽州府，兴盛于明清。徽菜由皖南、沿江、沿淮三种地方风味菜所构成，以皖南菜为主要代表，以烹制山珍野味著称。"徽菜三重"，即"重油、重色、重火功"，徽菜常以整鸡、整鸭煮汁熬汤，原汁原味是徽菜的最大特色。徽菜的主要特点是：烹调方法上擅长烧、炖、蒸，而爆、炒少。主要名菜有"火腿炖甲鱼""臭鳜鱼""毛豆腐""符离集烧鸡""徽州圆子"等。

7）闽菜

闽菜起源于福建省闽侯县，以福州、泉州、厦门等地的菜肴为代表。其特点是色调美观，滋味清鲜。烹调方法擅长炒、溜、煎、煨，尤以"糟"最具特色。由于福建地处东南沿海，盛产海鲜，如海鳗、蛏子、鱿鱼、黄鱼、海参等，多以海鲜为原料烹制各式菜肴，别具风味。著名菜肴品种有"佛跳墙""醉糟鸡""酸辣烂鱿鱼""烧片糟鸡""太极明虾""清蒸加力鱼""荔枝肉"等。

8）浙菜

浙菜是以杭州、宁波、绍兴、温州等地的菜肴为代表发展而成的。其特点是清、香、脆、嫩、爽、鲜。浙江盛产鱼虾，又是著名的旅游胜地，湖山清秀，山光水色，淡雅宜人，故其菜如景，不少名菜来自民间，制作精细，变化较多。烹调技法擅长炒、炸、烩、溜、蒸、烧。久负盛名的菜肴有"西湖醋鱼""生爆鳝片""东坡肉""龙井虾仁""干炸响铃""叫化童鸡""清汤鱼圆""干菜焖肉""大汤黄鱼""爆墨鱼卷""锦绣鱼丝"等。

📝 课内阅读3-5　　　　　　　中国菜系形成与划分

中国菜，简称中餐，是相对西方菜（简称西餐）的一个国家级地域菜系，代表国家饮食文化整体概念。中国饮食的菜系划分，历史上没有菜系之说，只有帮口、风味的区别。菜系一说还是起源于中华人民共和国成立后的20世纪50—70年代期间。川、鲁、粤、苏成为最早的四大菜系，随后又出现了八大菜系、十大菜系、十二大菜系等多种菜系说。每个省级地方，都希望有本地的饮食可以作为一个独立的省籍菜系存在，并在排名上越往前越好。不少地方在行政区划调整后，使得本地的饮食进入独立的省籍菜系之列，如京、津、沪、琼四大新生省籍菜系。2018年9月10日，中国烹饪协会在河南郑州向全世界发布了"中国菜"国家饮食文化整体概念，确立新的菜系评价体系，构建以省级行政区域划分的地域菜系内涵。对全国34个地域（含港澳台）确立34个地域菜系，使每个省级地域都有了自己的菜系品牌；由34个省籍地域菜系（含港澳台）及海外华裔饮食的海派中餐等共同组成中国菜体系。

中国烹饪协会会长姜俊贤在向世界发布"中国菜"的发布报告中强调指出，确立"中国菜"是适应新时代中国特色社会主义主要社会矛盾变化的需要；是传承和发展中华饮食文化、引领餐饮行业在新时代健康有序发展的需要；是推动中餐走向世界的需要。他表示，"中国菜"及其所包含的中国省籍地域菜的概述，不是否定"四大菜系""八大菜系"的概念，恰恰是对"四大菜系""八大菜系"的弘扬和发展，是对中华饮食传统文化的挖掘和阐发，是在继承传统饮食文化的基础上，遵循矛盾特殊性和普遍性对立统一的规律，不断推进的知识创新和理论创新；是科学判断新时代中国餐饮行业发展趋势，使中华饮食文化基因与当代经济相适应、与现代社会发展相协调，与时俱进。此举对促进全国餐饮业发展，弘扬地域饮食文化，增强中国文化自信，提升地域菜影响力与知名度，加快推动中国餐饮文化"走出去"，推动"一带一路"建设具有积极作用。

资料来源　石自彬. 中国菜系形成与划分影响因素分析［J］. 楚雄师范学院学报，2021（4）.

中国烹饪协会. 中国烹饪协会首次向世界发布"中国菜"——全国省籍地域经典名菜、主题名宴［EB/OL］.［2018-10-24］. http://www.ccas.com.cn/site/content/101707.html？siteid=1.

3.5.3　中式正餐连锁经营

1）中式正餐连锁经营的特点

（1）中式正餐连锁门店的单店盈利能力较强，正餐门店精细化运营趋势显著。餐饮行业中，中式正餐规模最大，显著高于快餐及其他餐饮，在消费能力较强的高线城市，中式正餐的社交和高端属性强，成为居民餐饮消费的主流选项。

（2）中式正餐连锁经营业态对品牌和服务的要求较高。中式正餐与快餐等其他业态相比，特殊之处在于服务人员与顾客接触时间长、互动频繁，服务内容更复杂，消费者在消费过程中对服务人员的态度等服务细节感知更具体，因此，在消费者对企业品牌形象的认知中，中式正餐企业的服务质量至关重要。

（3）中式正餐连锁经营跨区发展差异较大：①地区规模决定了中式正餐连锁经营业态的总体规模。②区域餐饮中的中式正餐业态文化差异较大。③各地区餐饮业态发展重点不同、标准化程度不同等。

2）中式正餐连锁经营发展

我国中式正餐连锁经营企业为树立良好的品牌形象，获得较高的顾客忠诚度，在分析顾客多样化、个性化需求的基础上不断完善和改进服务质量。在新消费格局和经济形势下，我国大部分中式正餐连锁经营企业开始向多业态、多品牌梯度的发展模式转化，餐饮企业之间的竞争逐步向全方位和深层次转化，企业品牌形象竞争和质量型经营的局面初步形成。具体表现为：（1）在生产加工方面向标准化推进。（2）菜品菜系保持稳定性和一致性。（3）服务环节精细化。（4）提高管理人员的管理水平。（5）提升企业品牌形象竞争力。（6）提高跨区域连锁经营管控能力等。

另外，疫情加快了餐饮行业的连锁化进程。由于餐饮企业的人工、租金成本占比较高，且较为刚性，受到疫情的冲击大，小型餐企抵御系统风险的能力差，而头部餐饮企业凭借品牌和资金实力入驻商圈，客流更加稳定，抗击风险的能力较强，疫情冲击为中式正餐连锁化率提升创造了重要窗口期。相关数据显示，八大菜系连锁化率呈上升趋势，中式正餐赛道的连锁化进程也进入提速期，中式正餐连锁企业也应充分把握后疫情时代中式正餐连锁化的发展机遇。

3.6　熟食外卖、休闲餐饮与特色餐饮

3.6.1　熟食外卖

1）熟食外卖的特点

随着生活节奏的不断加快，人们越来越依赖美味可口的熟食品来充实自己的餐桌，而且熟食品已经是家庭佐餐必不可少的美味菜肴。熟食品物美价廉、方便易食、卫生新鲜、供销及时，既可以开袋即食，也可以作为主要食材通过简单烹饪做出各种美味佳肴；既适合家庭居家生活、招待客人、临时聚餐等食用，也适合宾馆酒店和餐饮公司销售。熟食产品保质期长，体积小，包装美观，便于储存，方便携带，适于外出旅游、休闲聚餐等。

2）熟食连锁经营要求

（1）熟食制作工艺科学化、流程规范化。

（2）熟食制品质量稳定性和保鲜性。

（3）熟食制品经营管理标准化。

（4）物流配送科学化和技术化等。

📝 课内阅读3-6　　卤味赛道开启"休闲+正餐"创新模式

近年来，卤味市场依旧呈增长势头，各品牌纷纷开启了扩张模式，诸多投资机构青睐"不走寻常路"的新创品牌。按照消费场景划分，卤味分为休闲卤味和佐餐卤味两种，佐餐卤味即饭桌上的佐餐，而休闲卤味转变为休闲小吃零食，弱化了前者在正餐上的功能。近两年，新式热卤从两者之间找到了新的消费场景：既可以将卤味作为休闲小吃，也可以成为正餐的一部分。

美团餐饮数据观发布的《2022卤味品类发展报告》显示，2022年中国卤味行业规模达3 691亿元，预计2023年达4 051亿元，2018—2021年复合增长率为12.3%。2021年，佐餐和休闲卤味行业规模分别为1 792亿元和1 504亿元，目前佐餐卤味市场规模大于休闲卤味，两者的市场占比大约为6∶4。截至2020年，我国卤味相关企业总注册量已经超过12万家，2011—2020年中国卤味相关企业注册量整体呈上升趋势，2015—2020年出现了新增长，期间年复合增长率达到了26.4%。《2022卤味品类发展报告》提出，聚焦品牌端竞争，围绕消费升级展开：1.0版本突出单品化、标准化、易复制的特点；2.0版本谋求差异化形象，将卤味开进商场，从口味、食材中细分；3.0版本从渠道到供应链，卤味赛道竞争走向深水区，新兴业态层出不穷。越来越多的区域品牌正在悄然发力，以创新的定位加入卤味市场，并逐步向全国市场布局，以期弯道超车。而这些高速成长的势能中，新品牌带来的边际变化却仍未充分挖掘。《2022卤味品类发展报告》显示，从口味来看，除辣味外，没有一种新口味带来

明显增量；从食材角度看，围绕鸡、鸭之外的产业支持远远没有建立起来；当"卤+"理念被提出后，围绕品类融合、业态融合的发挥空间略显单调。卤味已成为资本和行业关注的细分部分，在头部品牌建立规模后，仍有巨大的市场空间有待挖掘。

业内人士表示，卤味市场拥有稳定的消费基础，随着消费场景和范围日益扩大，新消费模式进一步推动行业的发展。基于当前需求多元化和市场同质化等特点，实现模式创新的新消费品牌将在卤味消费决策上占有先机。

资料来源　黄海. 卤味赛道开启"休闲+正餐"创新模式［N］. 中国食品报，2022-03-29（7）.

3.6.2　休闲餐饮

1）休闲餐饮产生背景

如今，工业化时代过渡到服务业时代，传统服务业转型升级到现代服务业，在蓬勃发展的餐饮市场中，越来越多的休闲餐饮品牌走进人们的视野，休闲餐饮通常作为正餐业的补充，或者作为提高型社区餐饮的角色出现。休闲餐饮往往密布于游览景区、繁华商业区和写字楼办公区。购物中心也借助休闲餐饮业态赚了不少人气，餐厅、咖啡厅、甜品店、电影院等成了购物中心招徕顾客、实现"体验式购物"的捷径。

2）休闲餐饮含义

休闲餐饮是指在商务活动与休闲方式日益多样化的推动下，以商务洽谈、朋友聚会、休闲娱乐等为目的，以餐饮、茗茶、咖啡及商务服务为主要形式的多功能消费活动。它的核心是以商务功能提升餐饮服务价值，以服务创新增加休闲文化内涵。

3）休闲餐饮特点

（1）餐厅氛围独特性。

（2）休闲产品多样性。

（3）消费时间随意性。

（4）服务模式灵活性。

（5）经营和服务个性化。

（6）经营业态复合性。

4）休闲餐饮发展

休闲餐饮应注重提升消费者的就餐体验，体现消费者消费的休闲性，让用餐不仅是味觉的享受，也是视觉、听觉等的多重享受；不仅要注重菜品味道、口感、色泽等的提升，还要在用餐的氛围、服务、环境以及消费者体验等方面进行提高。休闲餐饮要有明确的定位和鲜明的特色，注重经营的灵活性，紧跟市场的脚步将经营动态化，不断进行调整和推陈出新，这样才能更好地吸引消费者，提升餐饮服务价值。

"思政"入课3-3　　　　　　**喝国潮下午茶，兴本土品牌风**

随着新式茶饮的迭代和餐饮数字化的发展，近年来下午茶经济越来越热。与此同时，内需提振、消费升级、国潮兴起，创造了本土品牌快速成长的良机，中式下午茶市场的产品形态和消费习惯经历了三次重要演化：

1.在 2015 年之前的线下消费时期，下午茶消费以线下形式为主，主要消费场景为茶楼、茶餐厅以及中高档酒店；

2.2015 年至 2020 年间，下午茶消费场景逐步转移至工作场合，随着新茶饮概念出现，下午茶产品不断升级；

3.2020 年起，随着国潮兴起，下午茶进入消费升级 2.0 时期，下午茶与中国文化的结合愈发紧密，爆款不断涌现。

但是，爆款是会被轻松复制和模仿的，甚至难以避免地出现"青出于蓝而胜于蓝"的模仿者。从消费趋势来看，当下消费者"喜新厌旧"的周期越来越短，一味追赶爆款的趋势已然难以收获红利。作为平台方及商家，重要的是在洞察用户消费行为的前提下创造新趋势、新场景，让自己把握话语权。饿了么前期挖掘行业数据形成洞察报告、联动头部本地茶饮品牌准备爆款餐品，发起了"最多人参与的线上喝饮品视频接龙"吉尼斯世界纪录挑战并获得成功。饿了么联合北京大学 CCAP 食物消费课题组发布了《2021 下午茶数字经济蓝皮书》，报告显示：在下午茶市场，本土品牌正快速崛起，国潮风、高颜值、口味创新、健康减糖正在成为头部品牌发展的新趋势，本土品牌赛道优势明显。"国潮下午茶"作为饿了么此次百万爆品传播的主打业务，全网曝光量超 13 亿，相关活动话题连上 3 个全国热搜，持续赋能行业线。

资料来源 中国连锁经营协会.《2022 CCFA 连锁餐饮、新茶饮创新案例集》发布［EB/OL］.［2022-07-06］. http://www.ccfa.org.cn/portal/cn/xiangxi.jsp? id=443730.

请同学们结合资料分析：（1）新式茶饮新在哪里？（2）如何将国潮风融入本土休闲餐饮连锁品牌中？

3.6.3 特色餐饮

1）特色餐饮的产生

随着中国餐饮行业持续快速的发展，餐饮企业开始重视对自身特点的发掘，特色餐饮正成为未来餐饮企业发展的一个重要趋势。特色餐饮的兴起与人们餐饮消费观念的转变有着密切的联系。对早已解决温饱问题的普通消费者来说，吃既是一种餐饮消费，也是一种文化消费，不仅要吃得饱、吃得好，还要吃得有特色、吃后有回味。一招鲜吃遍天，现在的餐饮市场是个性化的竞争细分市场，以消费者的个性化需求为出发点才能找准经营方向。消费行为的个性化、多元化逐渐成为一种趋势，特色餐饮逐渐成为餐饮市场上的一种新发展趋势。

2）特色餐饮的含义

特色餐饮是指具有鲜明文化主题的餐厅通过围绕一定的历史特色以及地域特色，利用特殊的风土人情、神话传说、宗教信仰等文化因素进行产品、服务以及环境设计，营造与众不同的就餐氛围，带给顾客独特的就餐体验，以满足顾客对饮食的多元化需求。

3）特色餐饮的特点

（1）消费市场特定性。特色餐饮满足了大众日益提高的对饮食文化、饮食个性、自我价值等精神层面的消费需求。

（2）餐饮产品、布局与服务的特色性。特色餐饮成功的秘诀在于其与众不同的菜品风格，以及与主打餐饮相契合的主题文化设计。

（3）经营的差异化。差异化是特色餐饮的核心特征，差异化来自创新，是坚持创新、持续创新的外在特征。

（4）经营管理的高风险、高利润等。

＞ "双创"入课3-3　从走出山门到走向世界：沙县小吃的成功之道

"国民美食"沙县小吃自闽中山区出发，从小作坊到大工厂，从提篮小卖到连锁经营，从走进城市到走出国门。凭借对"标准化、连锁化、产业化、国际化、数字化"的探索，沙县小吃产业不断发展壮大。敢闯敢拼的沙县人，将沙县小吃带到了全国各地，也为沙县小吃的连锁化、产业化奠定了坚实基础。如今，当地人致富的"制胜法宝"，又成为助推乡村振兴的重要力量。近年来，沙县持之以恒培育"小吃大产业"，依靠现代化创新手段，沙县小吃"四大金刚"的制作方法均实现了升级：扁肉可以依靠机器自动捶打，拌面用上了自动捞面机，蒸饺由中央厨房统一制作和配送，炖罐汤可用半成品材料制作。高强度劳动已成为历史，生产成本大幅降低。2015年，沙县正式成立沙县小吃集团，采用现代餐饮的经营管理模式，统一了商标、服装、店面装修和产品标准，并逐步推广中央厨房生产模式。2021年，国务院公布第五批国家级非物质文化遗产代表性项目名录共185项，沙县小吃制作技艺上榜。

近年来，三明市出台相关政策，从加快推进"沙县小吃"国际商标注册工作、支持沙县小吃集团积极参与国际合作、推动举办沙县小吃旅游文化节等多方面发力，帮助沙县小吃走出国门，参与国际竞争。目前，全球66个国家和地区有沙县小吃门店174间，沙县已向72个国家和地区申请注册"沙县小吃"商标。在一系列政策支持下，越来越多的年轻人加入沙县小吃产业的队伍中来，在"标准化、连锁化、产业化、国际化、数字化"的探索中，沙县小吃不断"破圈"，在更大的舞台上继续发展壮大。

资料来源　赵雪彤，林凯. 从走出山门到走向世界：沙县小吃的成功之道 [EB/OL]. [2022-03-28]. http://news.cnr.cn/native/gd/20220328/t20220328_525778641.shtml.

请同学们结合资料分析：（1）"沙县小吃"现象带给大家哪些启示？（2）如何利用当地特色餐饮进行创业？

4）特色餐饮发展

（1）重视特色餐饮品牌建设，开发特色饮食文化资源，彰显文化特色，做好特色餐饮业发展定位，推动特色连锁餐饮集团化发展。

（2）加强对特色餐饮发展的扶植与指导，当地政府部门加大投入和支持力度，政府扶持和引导特色餐饮企业标准化管理。

（3）组织发挥餐饮行业协会的作用，调动中小型餐饮企业，特别是独立店、地方店等中小餐饮企业的积极性。发挥行业协会在社会、政府之间的中介、沟通作用，维护企业利益，在人才培训、信息沟通、业务交流、营销推广等方面搭建共享平台。

☑ **课外阅读3-1**　　**关于推进"中国菜"体系建设的指导意见**

　　中国菜及其所包括的中国地域菜系是对中华优秀传统文化的挖掘和阐发，是在继承传统饮食文化的基础上，在比较、对照、吸收、丰富的基础上，遵循矛盾特殊性和普遍性统一的哲学规律，不断推进知识创新、理论创新、方法创新，准确判断新时代中国餐饮行业发展趋势，使中华饮食文化基因与当代经济相适应、与现代社会相协调的产物。它不仅是一个中华美食作品库，也是一套完整的中国美食表达理论，是世界认识中餐的有效途径，体现了中国餐饮行业的软实力，是展现中国悠久的历史文化，讲好中国故事，展示中国风采，引领中国餐饮行业在新时代健康有序发展的重要载体。

　　为加快形成"中国菜"科学体系，深入弘扬中国饮食文化，促进中国餐饮产业高质量发展，加快中餐走向世界，为繁荣各地域菜系文化的传承弘扬与创新发展创造更加有利条件，为实现中餐标准化、规模化、产业化，走上高质量发展道路发挥积极作用，中烹协〔2019〕94号文件对中国菜体系建设提出总体要求，对"中国菜"的科学定义及内涵、"中国菜"体系基本框架、"中国菜"体系品牌建设、"中国菜"体系标准建设、"中国菜"体系建设的保障与支持等提出指导意见。

　　资料来源　中国烹饪协会.关于推进"中国菜"体系建设的指导意见（中烹协〔2019〕94号）[EB/OL].〔2019-11-14〕.http://www.ccas.com.cn/site/content/203981.html? siteid=1.

　　要进一步了解中烹协〔2019〕94号《关于推进"中国菜"体系建设的指导意见》，可以扫描二维码查看。

💠 **单元小结**

　　我国餐饮业可划分为家常餐馆、酒楼饭庄、宾馆餐饮、快餐店、火锅店、西餐厅、主题餐厅、休闲餐厅、茶餐厅、食堂等业态。餐饮业态还可以根据消费内容分为中餐、西餐、日本料理、快餐及异国风味餐；根据消费方式分为豪华餐厅、家庭式餐厅、自助餐厅等。每种业态在目标顾客、商品结构、服务方式等方面都有各自的特点。餐饮业态表现出差异化和多样化；业态大型化和规模化；业态融合化、新颖化和跨界化；业态科技化和智能化的特点。面点是中国烹饪的主要组成部分，素以历史悠久、制作精致、品类丰富、风味多样著称于世。快餐市场有消费基本性；制作快捷、食用方便；服务简便、营养均衡；价格适中、毛利率较低；市场需求容量大等特点。火锅是我国既传统又时尚的餐饮业态，火锅企业规模化、连锁化、标准化程度较高。正餐以提供中式和西式中餐和晚餐为主，服务功能齐全，所有食品现场制作，品种丰富，讲究味、色以及环境的融合，价格定位以中、高档为主。我国比较出名的湘菜、粤菜、川菜、徽菜等均以正餐形式在国内开展连锁经营。熟食系列产品保质期长、体积小、包装美观、便于储存、方便携带，适于外出旅游、休闲聚餐等。熟食连锁经营要求制作工艺科学化、流程规范化；熟食制品具有质量稳定性和保鲜性；熟食制品经营管理标准化；物流配送科学化和技术化等。休闲餐饮的特点有餐厅氛围独特性、休闲产品多样性、消费时间随意性、服务模式灵活性、经营和服务个性化、经营业态复合性等。现在的餐饮市场是个性化的竞争细分市场，以消费者个性化需求为出发点才能找准经营方向。特色餐饮的特点有消费市场特定性，餐饮产品、布局与服务的特殊性，经营管理的高风险和高利润等。

主要概念

餐饮业态   休闲餐饮   特色餐饮

单元测试

即测即评-3

□选择题

1."业态"一词来源于（   ）。

A.中国   B.美国

C.日本   D.韩国

2.（   ）是连锁餐饮经营业态形成的外部因素。

A.企业经营理念   B.企业管理水平   C.企业人员素质   D.行业竞争

3.在我国，火锅企业的规模化、连锁化、标准化程度（   ）。

A.较低   B.一般   C.中等   D.较高

4.连锁餐饮企业往往包含多种连锁业态，这属于（   ）。

A.分散式餐饮业态   B.集群式餐饮业态

C.连锁快餐业态   D.连锁正餐业态

5.比较中西式快餐连锁可以发现，西式快餐连锁市场规模化（   ）。

A.较大   B.一般   C.中等   D.较小

6.中国火锅之都是（   ）。

A.成都   B.重庆   C.西安   D.武汉

7.目前，面点面食发展连锁经营缓慢的原因有（   ）。

A.经营实体规模较小   B.产品控制性较差

C.产品一致性较低   D.手工作坊式生产

8.连锁餐饮经营业态的形成因素有（   ）。

A.业态形成外部因素   B.业态形成内部因素

C.目标市场   D.行业政策

9.休闲餐饮的特点包括（   ）。

A.休闲产品多样性   B.消费时间随意性

C.服务模式灵活性   D.经营和服务个性化

10.中西式快餐相比较主要有（   ）。

A.品种选择上的差异   B.生产方式上的差异

C.管理方式上的差异   D.经营方式上的差异

11.火锅连锁经营发展的趋势包括（   ）。

A.原料和调味料选择多样化　　　　B.火锅汤底研发更深入

C.火锅呈现半成品化和标准化　　　　D.火锅业态跨区、跨国连锁经营

□判断题

1.单店作坊式经营的传统餐饮将逐渐向操作标准化、生产工厂化、经营连锁化和管理科学化的现代化餐饮转化。　　　　　　　　　　　　　　　　　　　（　　）

2."业态"一般是指适应市场销售需要的经营形态和组织形式的结合，同时也是现代商业具体的表现形式。　　　　　　　　　　　　　　　　　　　　　　（　　）

3.购物中心借势休闲餐饮业态赚人气，餐厅、咖啡厅、甜品店、电影院等就成了购物中心招徕顾客、实现"体验式购物"的捷径。　　　　　　　　　　　　（　　）

4.在业态融合和创新发展中，超市+餐饮化现象越来越明显。　　　　（　　）

5.快餐连锁市场需求容量大，消费方便性比较突出。　　　　　　　　（　　）

6.中式正餐连锁经营跨区域发展壁垒较小。　　　　　　　　　　　　（　　）

□简答题

1.连锁餐饮经营主要业态有哪些？

2.餐饮业态的主要选择依据包括哪些方面？

3.简述休闲餐饮的含义及产生背景。

4.如何发展中式正餐连锁经营？

5.简述中西式快餐的发展。

6.我国火锅连锁经营发展有哪些特点？

□案例分析题

连锁餐饮企业的零售化

近期，第一财经商业数据中心联合阿里巴巴集团发布的《2022餐饮零售化行业观察报告》显示：疫情之下餐饮消费行为发生迁移，近35%的消费者就餐方式发生了较大的变化，居家消费场景明显增加，由此加速了餐饮行业的转型。如今的餐饮业已经度过了快速扩张时期，进入基于零售产品和用户运营突破餐饮门店时空半径的3.0时代。

后疫情时代，"懒宅经济"热度不减，叠加餐饮行业数字化、网络化、智能化发展水平的持续提升，零售化成餐饮产业线上迭代发展新态势，且预制菜浪潮兴起，创新转型成为企业生存的主线。中国饭店协会发布的《2021中国餐饮业年度报告》指出，零售化已然成为餐饮行业的入场券。

随着新零售成为新时代的消费新趋势，餐饮零售化迅速发展。新零售为餐饮业工业化、标准化发展提供了重要途径，有助于行业降本增效、规模扩张，也满足了消费者快捷、便利、标准化的消费需求。餐饮零售化还降低了管理难度，对减少餐厨垃圾、减少餐饮浪费也起到了一定作用。

中国连锁经营协会与测评机构餐宝典联合推出的《品牌餐饮企业预包装食品零售状况研究报告》指出：疫情对餐饮零售化有一定的助推作用，部分餐饮企业加快了零售化的步伐。疫情期间，90%以上的受访餐饮企业发力外卖产品，有46.5%的企业出售半成品。餐饮零售化是一个系统工程，一旦开始就需要做好长期投入的准备，甚至

要做好在最开始几年"亏损"的准备。现阶段餐饮零售化存在比较严重的泡沫化，那些作为短期自救、零售化基础不牢的企业，随着投入的降低，其零售业务会逐渐下滑。什么规模和类型的餐饮企业适合开展零售化业务？《品牌餐饮企业预包装食品零售状况研究报告》分析称，如果餐饮企业已经具备较高的知名度，可以组建具备零售基因的团队，就可以去尝试发展。如果企业暂时没有这样的资源，就需要重新审视自己，沉淀品牌，寻求人才，积累资源。

徽味新食品，同庆中国味。2021年11月17日，"同庆楼食品战略暨新品发布会"在合肥举办。此次发布会开启了同庆楼立足"百年徽菜老字号"传承、抢占食品新赛道，全面布局"餐饮+食品"双轮起航战略。发布会上，同庆楼旗下全资子公司同庆楼食品公司重磅推出食品线五大系列品牌——臭鳜鱼"新徽菜"系列、匠心名点系列、名厨预制菜系列、江南腊味系列及一人食自热饭系列。据了解，目前五大系列产品已完成测试和定型，进入全面量产阶段。"餐饮+食品"聚焦新消费，架构新渠道，引领新食尚。经过疫情的淬炼，中国餐饮行业迎来新的机遇，正逐渐向连锁化、品牌化、标准化的方向发展，产业上下游整合正在发生迭代升级的深刻变革。同庆楼紧跟食品行业创新趋势，围绕自身餐饮主品牌，立足数字时代新消费崛起大环境、大背景，进行连锁餐饮企业的零售化，创建食品新业态，打造自有品牌矩阵。

资料来源　欧阳宏宇. 餐饮业迎来3.0时代 报告："零售化"将成为餐企"第三增长曲线"［EB/OL］.［2022-07-05］. https：//www.thecover.cn/news/9407028.秦胜南. 连锁经营协会发布报告：餐饮零售化存在泡沫，切忌盲目跟风［EB/OL］.［2020-11-19］. http://www.bkeconomy.com/detail-160579410515801.html.黄群. 百年"徽"味入局新赛道 同庆楼举办食品战略暨新品发布会［EB/OL］.［2021-11-18］. http://www.zqrb.cn/gscy/qiyexinxi/2021-11-18/A1637206861733.html.

分析：

（1）连锁餐饮业态主要有哪些？

（2）连锁餐饮经营业态形成的内外因素有哪些？

（3）你如何看待连锁餐饮企业的零售化？

单元 4
连锁餐饮企业组织结构和企业文化

■ **学习目标**

通过本章的学习，要求达到以下目标：

知识目标：了解连锁餐饮企业的组织结构及特点，理解企业文化的含义，熟悉企业文化的作用。

能力目标：通过"双创"入课，学生能够分析和掌握不同规模连锁餐饮企业组织结构的选择，为学习连锁餐饮企业组织的运营打下基础。

思政目标：结合教学内容、案例资料，通过互动课堂、案例分析、思政入课等形式，帮助学生更好地理解连锁企业文化的作用，不断弘扬工匠精神，注重德技并修，提高连锁餐饮企业人才的综合素养。

■ **单元框架**

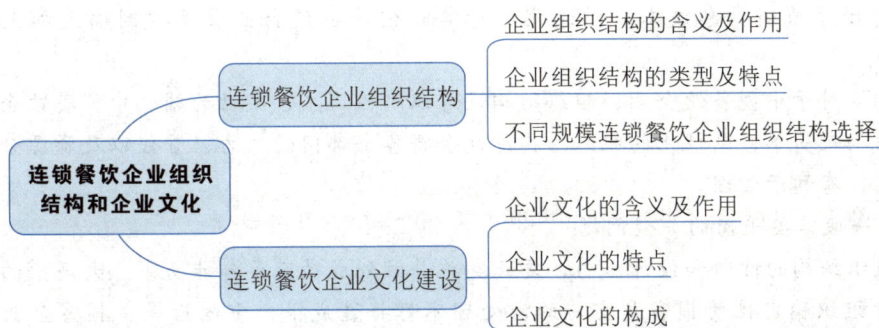

引例

如何设计中型餐饮企业的组织结构

1.中型餐饮企业组织结构设计原则

（1）适应外部经营环境和本企业实际情况，以顾客为导向进行设计。当今餐饮行业的市场环境比以前复杂许多，客观上需要较强的产品创造能力和革新能力，包括菜品和服务，并研究顾客有哪些潜在要求。因此，在组织结构设计上必须强调餐饮部和楼面的功能与地位，使其作为两个独立的部门，以顾客需求为导向，承担菜品和服务创新的重任。有不少中型餐饮企业在组织结构中未能体现出营业部门的重要地位。

（2）集权与分权的统一。管理者位于组织结构的中心，其权力的集中是组织正常运转的保证。然而，权力的过分集中，会打击下属员工的积极性和创造性，增加高层管理人员不必要的劳动量，这已经成为很多现代企业的共识。为了减少高层和低层之间权力的摩擦、提高效率和员工参与意识，必须将管理者的权力分散，将其授予知识、技能达到一定水平的中层管理人员和普通员工，并辅以一定的激励机制和有效的信息反馈及沟通系统，使员工通过有计划的系统教育获得工作能力，从被控制转变为有决策权，价值观从为主管工作变为为顾客工作，高层主管由事后评判变为对员工主动引导，树立以"顾客"为中心的指导思想，转变观念，提供更多的服务。

（3）组织结构应减少管理层次，加快决策执行的速度，逐步调整为扁平式组织结构。所谓企业组织结构扁平化，是指现代企业的组织结构中强化管理层和执行层，尽量减少中间层，形成一条最短的指挥链，使基层具有充分的生产经营决策、信息处理权，自主进行横向协调与合作，高层决策者侧重于企业的战略管理等非程序性决策和沟通横向业务部门的工作。西方企业信息成本与组织变革理论指出，建立扁平化组织结构有助于节省信息成本。信息化、计算机化等也使企业管理控制幅度加大成为可能。

（4）对于中型餐饮企业，组织结构设计以刚性为主、柔性为辅。中型餐饮企业的职能结构较简单，刚性化的组织结构设计会将各个部门的权力、责任以及资源分配固定下来，有利于管理。

2.一般需要平衡的关键问题

组织结构的诊断和设计容易，真正实施并做到成功变革却非易事。大规模的人事变动对组织稳定性的损害是空前的，处理不好将造成很严重的后果，损害企业的利益，因此，中型餐饮企业的组织结构一般不需要经常更新，要避免突然的跳跃式变动。此外，结构调整必须具有方向性，明确调整目标，最好有专业的咨询机构人士参与指导，确保成功率。有很多企业经常是一个新经理上任，就对组织结构进行一次调整，这样会造成许多管理资源的浪费和部门内外的矛盾。

资料来源　编者根据相关资料整理。

4.1　连锁餐饮企业组织结构

4.1.1　企业组织结构的含义及作用

1）企业组织结构的含义

企业组织结构是指企业组织内部各个有机组成要素相互作用的方式，旨在以合理、有效的形式将组织成员组织起来，为实现共同目标进行分工、协作。企业组织结构的本质是员工的分工合作关系，企业组织结构的核心内容是权责利关系的划分，企业组织结构设计的出发点与依据是企业目标。

2）企业组织结构的作用

（1）合理配置企业各类资源。

（2）支撑战略、目标的实现。

（3）市场导向，满足客户需要。

（4）为企业高效运营奠定基础。

4.1.2　企业组织结构的类型及特点

企业组织结构的类型可以简单分为直线制、职能制、直线职能制、事业部制和矩阵制几种。不同组织结构类型及特点见表4-1。

表4-1　　　　　　　　　　　企业组织结构类型及特点

名　称	特点
直线制	是一种最早的和最简单的组织结构。这种组织结构没有职能机构，从最高管理层到最底层实行直线垂直领导，适用于小规模企业
职能制	是指设立若干职能机构或人员，各职能机构或人员在自己的业务范围内都有权向下级下达命令和指示
直线职能制	把直线指挥的统一化思想和职能分工的专业化思想结合起来，在组织中设置纵向的直线指挥系统的基础上，再设置横向的职能管理系统，从而建立复合模式，适用于各类组织
事业部制	是指在公司总部下增设独立经营的"事业部"，适用于规模大、有不同市场的多产品（服务）的现代大企业
矩阵制	由纵横两套管理系统叠加在一起组成一个矩阵，纵向系统按照职能划分指挥系统，横向系统一般由产品、工程项目或服务组成，适用于变动性大的组织或临时性工作项目

4.1.3　不同规模连锁餐饮企业组织结构选择

不同规模连锁餐饮企业组织结构比较见表4-2。

表4-2   不同规模连锁餐饮企业组织结构比较

项目	小型连锁餐饮企业组织结构	中型连锁餐饮企业组织结构	大型连锁餐饮企业组织结构
连锁餐饮企业特点	门店数量不多，面积不大，餐饮产品品类较少，经营区域集中	门店数量较多，门店面积较大，餐饮产品品类多，经营区域不断拓展	门店数量很多，门店面积较大，餐饮产品品类很多，经营区域很广
组织结构选择	直线制	直线职能制	三级组织模式
组织结构特点	决策快，控制及时，人员少，效率高，管理简单	集中管理，专业分工	规模化、正规化、系统化，管理层级多

4.2   连锁餐饮企业文化建设

4.2.1   企业文化的含义及作用

1）企业文化的含义

许多的历史经验表明，成功的企业背后都有成功的企业文化，企业文化对企业竞争力和战略的形成具有核心作用。成功的企业往往具有与企业发展相匹配的且富有特色的企业文化，企业文化是企业竞争力的核心因素之一。

企业文化从广义上来看，是指企业在生产经营过程中所创造的具有本企业特色的物质财富和精神财富总和；企业文化从狭义上来看，是指企业在发展过程中形成的具有本企业特色的思想意识、价值观和行为习惯，其核心是企业的价值观。企业文化也指在一个社会条件下形成的并由企业成员共同遵循的基本信仰、价值观、规范与行为模式。

企业文化可以被看成是组织在长期的生产经营中形成的特定的文化观念、价值体系、道德规范、传统、风俗习惯和与此相联系的生产观念。组织正是依赖这些文化来组织内部的各种力量，将其统一于共同的指导思想和经营哲学之下。

餐饮业是劳动密集型产业，本质是向顾客提供服务。企业员工服务质量的高低直接影响企业的发展，通过企业文化的影响，能增强企业凝聚力，为员工服务提供标准。餐饮企业文化不仅能增强企业的凝聚力和向心力，而且会对员工产生有效激励，是加强餐饮企业人力资源管理的重要方式。例如，西贝连锁餐饮公司有"9个统一"：统一经营理念、统一质量标准、统一产品价格、统一加工工艺、统一核算方式、统一培训标准、统一广告宣传、统一形象识别、统一服务流程；东来顺在牌匾标志、羊肉坯和调料等原材料、服装及员工上岗卡、装修风格、餐具用具、服务规范、员工培训、广告宣传、促销形式等方面进行了统一。在我国的餐饮行业，连锁餐饮企业大多同时采用直营连锁与特许连锁两种形式，而采用自由连锁的餐饮企业几乎没有，这与餐饮企业业务性质比较复杂有关。连锁餐饮企业的连锁扩张过程，实质上就是对被统一了的、被实践证明是成功的企业文化及经营模式的不断复制过程，因此连锁餐饮企业的企业文化与普通餐饮企业的企业文化之间有一定的区别。

2）企业文化的作用

文化之于企业，就像土壤之于树木。建设根深叶茂、基业长青的百年老店，最根本、最艰难的是塑造优秀的企业文化。在餐饮行业发展迅速的情况下，越来越多的餐饮管理者逐渐认识到企业文化对企业发展具有重要的战略意义。企业文化产生于企业自身，得到全体管理者和员工的认同与维护，并随着企业的发展而日益强化，最终成为企业进步取之不尽、用之不竭的精神源泉。建立一个长期稳定的、有战斗力和凝聚力的团队，必须依靠组织文化战略的支撑。

（1）企业文化的激励功能。

企业文化所形成的企业内部的文化氛围和价值导向能够起到精神激励的作用，将员工的积极性、主动性和创造性调动与激发出来，把人们的潜在智慧诱发出来，提高各部门和员工的自主管理能力和自主经营能力。

（2）企业文化的行为导向功能。

导向包括价值导向与行为导向。企业价值观与企业精神能够为企业提供具有长远意义的、更大范围的正确方向，为企业在市场竞争中基本竞争战略和政策的制定提供依据。

（3）企业文化的凝聚功能。

企业文化是企业的黏合剂，可以把员工紧紧地黏合、团结在一起，使他们目的明确、协调一致。提高企业员工队伍的凝聚力是企业的根本目标。

（4）企业文化的约束功能。

企业文化、企业精神为企业确立了正确的方向，企业文化的约束功能能够提高员工的自觉性、积极性、主动性和自我约束性，使员工明确工作的意义和方法，提高员工的责任感和使命感。

（5）企业文化的塑造形象功能。

优秀的企业文化向社会大众展示了企业成功的管理风格、良好的经营状况和向上的精神风貌，是企业塑造良好的整体形象、树立信誉、扩大影响的重要无形资产。

＞"双创"入课4-1　　　　　麦当劳企业经营理念

麦当劳在全球蓬勃发展，为什么它能吸引全球那么多的顾客呢？麦当劳的汉堡包真的好吃吗？麦当劳的服务真的很好吗？在中国的很多麦当劳餐厅，顾客往往排长队等候。麦当劳真的便宜吗？一个巨无霸汉堡的价格相当于中式快餐店的一份套餐价格，为什么那么多儿童、家庭和年轻人进麦当劳消费呢？这些可能都与麦当劳的企业文化有很大关系。麦当劳的创始人在创业之初就为快餐店设立了三条经营理念，后来在此基础上又加了一条，这样就形成了麦当劳完整的经营理念，这四条经营理念是神圣不可动摇的Q、S、C、V，即品质、服务、清洁、物超所值。看似很简单，但绝不仅仅是四个字母而已，其已经完全贯穿到了麦当劳的运营中，所有门店必须执行，是麦当劳始终坚持的经营理念。企业的精神文化必须要具体形成制度，在整个体系内得到一致的遵循，才有实际意义。

资料来源　根据麦当劳中国网站的相关资料编写。

请同学们结合资料分析：（1）麦当劳的经营理念带给大家哪些启示？（2）在你的创业路上应树立怎样的经营理念？

4.2.2　企业文化的特点

1）文化的主要特点

文化是指人类在社会发展过程中所创造的物质财富和精神财富的总和，特指精神财富，如宗教、信仰、风俗习惯、道德情操、文学艺术、科学技术、各种制度等。人类创造了灿烂的文化，是文化的主体，文化的发展离不开人类对生活的不断追求和感悟；反过来，文化又促进了人类社会的进步，在思想上影响着一代又一代的人。不同的国家、不同的民族、不同的企业有着不同的文化背景，在不同的文化背景下成长起来的人，其思想和行为也是大相径庭的，其消费理念也有着很大的区别。

2）企业文化的主要特点

从管理的角度看，企业文化是为达到管理目标而应用的管理手段，因此企业文化不仅有文化现象的内容，还具有管理手段的内涵。企业文化的主要特点有：①集合性。②相关性。③目的性。④环境适应性。⑤人的决定性。⑥独特性。⑦传承性。⑧隐形性等。

3）企业文化的表现形式

企业文化的表现形式多种多样，主要有：①企业哲学。②企业精神。③企业目标。④企业道德。⑤企业风尚。⑥企业民主。⑦企业形象。⑧企业价值观。⑨企业素质。⑩企业行为规范等。我国饮食文化的发展与我国的历史变迁、民族习俗有着紧密的联系，消费者非常容易对饮食中的中国文化元素产生共鸣，因此，我国餐饮企业应努力寻找产品、服务、品牌与中国文化的契合点，增加附加值。做餐饮就是做文化，要用文化的力量去吸引消费者，去感染消费者，激发消费者的认同感和归属感。

📝 课内阅读 4-1　　　　　中国菜名中的语言文化

1.中国的菜名特征

（1）以写实命名。这是根据菜肴的原料和烹饪方法进行命名的一种方式，反映菜肴的特色和内容，如中国的"糖醋排骨""红烧鸡翅""番茄炒蛋""大闸蟹"等属于此类。

（2）以写意命名。以写意命名的菜名讲究"音美、形美、意美"，是经过考量和研究决定的，既美妙动听，又栩栩如生；既表达感情，又传递愿望；既体现语言，又反映文化。细分也可以分为强调造型艺术的命名，如"狮子头""熊猫戏水"等；渲染奇特制法的命名，如"柳蒸羊""泥鳅钻豆腐"等；表达美好祝福的命名，如"全家福""万寿无疆"等；抒发怀古情思的命名，如"迎客青松""敦煌蟹斗"等。这些菜名都是我国珍贵的文化遗产，具有举足轻重的作用。

（3）以人名、地名或典故命名。说起以人名命名，首先想到的应该就是"东坡肉"了。相传苏东坡（苏轼）帮助百姓抗洪筑堤保城，百姓为感谢他，纷纷杀猪宰羊赠予东坡，东坡盛情难却，收下后亲自指点家人烧出秘制红烧肉，然后回赠给老百姓，才有了后来的"东坡肉"。此外，"北京烤鸭"可以说是中国的一张"名片"了。

2.菜名中的语言文化

语言和文化是密不可分的。中国的菜品命名语言精湛、丰富多彩，体现了中华民族博大精深的文化内涵。菜名的修辞形象生动，所体现的是中国语言的宏伟力量。每一道菜都有特定的文化背景，反映了我国独特的民族特色，带有明显的地方色彩。菜名表达了我国人民对生活的美好祝愿。中国人普遍有一种爱听吉祥话的习惯，人们借助很多意象表达对健康、财富、地位、亲情的期盼和祝福。中国菜名千姿百态，是中华民族智慧的结晶，是中国语言文化的体现。作为新时代的宠儿，我们需要将饮食文化发扬光大。

资料来源　编者根据相关资料整理。

4.2.3　企业文化的构成

1）企业文化具体构成

（1）精神文化层，包括企业核心价值观、企业精神、企业哲学、企业理念、企业道德等。企业的精神文化层为企业的物质文化层和制度文化层提供思想基础，是企业文化的核心。

（2）制度文化层，是指企业的各种规章制度以及这些规章制度所遵循的理念，包括人力资源理念、营销理念，生产理念等。制度文化层约束和规范精神文化层和物质文化层的建设。

（3）物质文化层，包括店容店貌、企业标识、文化传播网络。企业的物质文化层为制度文化层和精神文化层提供物质基础，是企业文化的外在表现和载体。

"思政"入课4-1　　　　**海底捞践行"双手改变命运"价值观**

海底捞秉持"双手改变命运"的价值观，不断完善员工培养机制，强化员工福利保障，拓宽员工发展空间，帮助员工更好地实现用双手改变命运。在人员发展上，优化海底捞学习发展中心，重塑优质餐饮职业经理人，强化核心竞争力：①人才培养方面，海底捞学习发展中心从管理、业务、企业文化、生活四大类课程入手，确保海底捞在运营、服务、产品及食物安全方面坚持统一标准；流程上，导师认证、课程设置、管理流程以及考评制度更加系统、科学，更能培养出符合现阶段要求的优质职业经理人。②人才选拔方面，强化学习发展中心的作用，规避了家族制经验化选拔人才，用更具职业化的方式重塑人才；发挥区域运营架构的作用，确保餐饮运营评级、优化的客观公正；专人专业定期地评级辅导，增强运营管理纠错机制。③ 技能提升方面，进一步明确基础员工的认证标准，重新梳理、更新基础员工岗位标准和四色卡，再通过岗位之星比赛等，提升员工的岗位技能。④ 团队凝聚方面，发挥家族制帮扶优势，家族长聚焦于企业文化传承建设，帮助提升员工凝聚力。

海底捞不仅注重员工的个人发展，以推动物质层面共同富裕的早日实现，还关注员工的实际精神需求，不断完善福利待遇，为员工营造温馨、和谐的工作氛围，持续提升员工的幸福感。① 从人员管理上来看，"双手改变命运"的价值观增强了员工对企业文化的认同感，使得海底捞基层员工流失率远低于行业平均水平，减少了人员频繁招聘带来的人力成本上升问题，同时保证了团队的稳定性。② 关注员工个人发展，保障员工合理权益，员工获得感和满足感得到提升；激发员工工作积极性，提升员工努力度，进而为保障顾客满意度提供基础，为海底捞持续优化和推进个性化服务提供了动力。③ 为员工用双手改变命运创造一个公平公正的工作环境，让员工通过自己的努力找到人生的立足点，使得企业内部能够组建起完备的人才梯队，为企业发展持续提供年轻血液。

资料来源　王菁．海底捞减速收缩背后：高管深度自省，披露4大纠偏细节［EB/OL］．［2021-11-06］．https://baijiahao.baidu.com/s?id=1715681051543212843212842&wfr=spider&for=pc.

请同学们结合资料分析：（1）海底捞是如何践行"双手改变命运"价值观的？（2）你认为成为一名好员工应具备哪些良好素质？

2）餐饮企业文化构成

餐饮企业文化由餐饮企业精神文化（经营宗旨、目标、价值观、企业道德）、餐饮企业行为文化（企业行为、制度、民主管理）、餐饮企业物质文化（企业环境、餐饮标识）三个部分构成。

☑ **课外阅读4-1**　　**2022 CCFA "抗疫保供"**
金牌店长（第二批）名单公布

2022年以来，各地新冠病毒感染疫情呈现出多点散发、间歇突发和不可预期的特点，给企业正常的生产经营和居民生活带来较大冲击。零售、餐饮等连锁企业克服重重困难，努力坚守岗位，积极发挥"保民生、稳就业、促发展"的重要作用。抗疫保供特殊时期涌现出一批批的优秀一线店长。为在行业广泛宣传这些店长的先进事迹，肯定其突出贡献，弘扬其吃苦耐劳、无私奉献的抗疫精神，中国连锁经营协会（CCFA）在充分调研并征询协会相关委员会意见的基础上，决定在与"保民生、稳就业、促发展"相关的餐饮、零售（超市、便利店）等行业组织开展"2022抗疫保供金牌店长"推选活动。继首批名单公布之后，又将"2022年度CCFA抗疫保供金牌店长（第二批）"名单向行业和社会公布。

资料来源　CCFA.2022 CCFA "抗疫保供" 金牌店长名单公布［EB/OL］．［2022-06-17］．http://www.ccfa.org.cn/portal/cn/xiangxi.jsp? id=443686&type=1&sharetype=1.

要进一步了解"2022年度CCFA抗疫保供金牌店长（第二批）"名单的详情，可以扫描二维码查看。

单元小结

一个企业是否优秀，能否长寿，不是看企业的领导人多么伟大，最重要的是看企业的组织结构是否能让平凡的员工通过不平凡的努力创造出伟大的业绩；反之，则会让优秀的员工仅仅做出平凡的业绩。其根本原因就在于组织结构不同，要素组合在一起的方式不同，从而造成了要素间配合或协同关系的差异。直线职能制是在直线制和职能制的基础上，取长补短，吸取这两种形式的优点而建立起来的，绝大多数企业都采用这种组织结构形式。这种组织结构形式把企业管理机构和人员分为两类：一类是直线领导机构和人员，按命令统一原则对各级组织行使指挥权；另一类是职能机构和人员，按专业化原则从事组织的各项职能管理工作。不同规模的连锁餐饮企业对组织结构的选择是不一样的。连锁餐饮企业文化对企业竞争力和战略的形成具有核心作用。成功的餐饮企业往往有与企业发展相匹配的且富有特色的企业文化。

主要概念

企业组织结构　企业文化

即测即评-4

单元测试

□选择题

1.对于劳动密集、机械化程度高、规模较小的企业，应采用（　　）组织结构。

A.直线制　　　　　B.职能制　　　　　C.矩阵制　　　　　D.事业部制

2.对"米、油、盐"等产品来说，其价值主要是（　　）。

A.市场价值　　　　B.实用性价值　　　C.商品价值　　　　D.紧缺性价值

3.下列关于职能制组织结构的说法中错误的是（　　）。

A.权力集中，命令统一　　　　　　　　B.信息交流多，控制严密

C.分散经营，风险多元化　　　　　　　D.适用于劳动密集、重复劳动的大中型企业

4.（　　）是企业精神的塑造者。

A.企业职工　　　　B.企业家　　　　　C.经营者　　　　　D.管理者

5.企业形象识别系统中的视觉识别系统具体包含的内容有（　　）。

A.标志　　　　　　　　　B.标准字和标准色　　　　　　　C.吉祥物

D.建筑物　　　　　　　　E.服装、名片

6.以下属于企业文化本质特征的有（　　）。

A.非强制性　　　　B.个异性　　　　　C.相对稳定性　　　D.社会性

7.从根本上说，企业文化的作用可以归结为（　　）两点。

A.培育企业适应外部环境的能力　　　　B.提高企业的利润率

C.增强企业的内部协调能力　　　　　　D.为员工提供精神寄托

□简答题

1.如何选择连锁餐饮企业组织结构？

2.连锁餐饮企业如何打造企业文化？

□案例分析题

麦当劳六成员工"95后"，七成择业看学习机会

作为一家有着60多年历史的大型企业，麦当劳中国的员工中"95后"却占了六成。5月24日，麦当劳企业开放日在济南举行，来自济南10多所高校的就业负责人走进麦当劳，与麦当劳一起共话大学生就业问题。在会上，麦当劳就《企业就业质量研究报告》以及《"00后"职业观白皮书》等进行了解读。在如今的中国麦当劳，超过60%的员工是"95后"甚至是"00后"；在餐厅的管理团队当中，有10%甚至更高的比例是"95后"的团队。麦当劳已经有超过15 000多名的"00后"员工，而麦当劳也一直向大众传递着"我们就相信年轻人"的品牌主张。调查显示，如今年轻人的择业观也与前辈们有着许多差异，在择业时，73.88%的受访者认为工作的团队氛围最重要，70.02%的受访者认为学习机会更重要，还有66.87%的受访者认为培养体系更重要。正是基于年轻人的就业理念，麦当劳在始终坚持以人为本的发展理念的同时，更加重视前瞻性人才阶梯建设和人力资本投资。除定期召开人才评审会外，麦当劳还着重打造了"麦苗计划""千里马计划""菁英计划""麦行天下计划"等多个人才培训发展计划，对员工进行多层次的专业技能和管理培训。

据了解，许多麦当劳员工的"麦苗"之旅都是从兼职开始的，无论是勤工俭学还是短期兼职，麦当劳都用它独特的"不拘一格降人才"的理念和"People-first"的企业文化，以及成熟的人才培养链条，从内部培育了一批优秀人才，也让许多原本内心忐忑、迷茫的年轻人看到了更加清晰的前进方向，成为麦当劳的忠实粉丝。在会上，麦当劳透露，如今麦当劳中国46.6%的员工拥有大专和本科学历；高中及以上教育程度的员工占比86.2%；93.2%的员工接受过培训；80.2%的餐厅员工表示"在麦当劳工作很好地满足了职业发展需求"；84.4%的餐厅管理者和84.2%的餐厅员工表示"公司提供了较多的发展机会"。麦当劳为年轻人提供培训的成果也在一个个年轻人的身上呈现着。年仅20岁的解子赏现在已经是餐厅的部门经理了，她的"麦苗"之旅是从学生兼职开始的。想要勤工俭学的她，误打误撞加入了麦当劳这个大家庭。进入麦当劳的工作岗位以后，她感受到了伙伴们的细心教导。参加值班经理大赛遇到问题时，餐厅的伙伴下了晚班也没有回家，而是留在餐厅一直翻阅各种资料帮她解答疑问。这让她更加珍惜朋友们的情谊，也让她决定毕业后留在麦当劳继续发展。在麦当劳工作了10年、仅有着高中学历的陈裕斌从一个学徒工变成了掌管一家3 000万元以上营业额的全国旗舰餐厅总经理。"只要你积极进取，勇于不断创新，不断挑战自己，麦当劳会为你提供最好的学习环境、最好的锻炼平台、最好的发展机会，帮你实现你的梦想。"这是他在麦当劳得到的最深的感触。10年陪伴，让陈裕斌与麦当劳共同成长，一起向着更好的方向发展。

资料来源 根据麦当劳网站资料整理。

分析：

（1）如何理解麦当劳的企业文化？

（2）结合案例谈谈你的择业观。

单元 5
连锁餐饮战略管理及风险控制

■ 学习目标

通过本单元的学习，达到以下学习目标：

知识目标：了解连锁餐饮企业战略管理的含义及作用，熟悉连锁企业的战略管理过程及连锁经营扩张的条件和风险。

能力目标：通过"双创"入课，学会分析连锁餐饮企业发展战略主要模式特点，识别和掌握各种连锁餐饮经营风险控制。

思政目标：结合教学内容、案例资料等，通过案例分析、思政入课等形式，引导学生树立企业经营的风险意识，帮助学生形成正确的职业行为和道德规范。

■ 单元框架

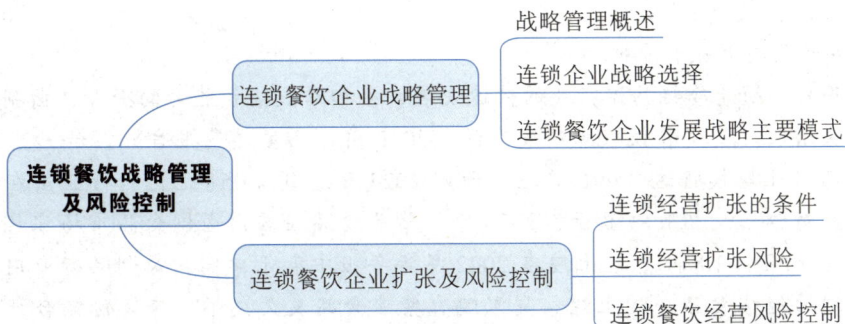

引例

卤制品头部企业相继上市　巨大的市场引资本"垂涎"

时隔 5 年，卤制品行业再度迎来 IPO。2022 年 9 月 26 日，有"佐餐卤味第一股"之称的紫燕食品在上交所挂牌上市，成为继煌上煌、周黑鸭、绝味食品之后的第四家卤制品上市公司。从 2022 年上半年业绩来看，与定位休闲卤味企业相比，聚焦家庭消费场景、侧重佐餐卤味的紫燕食品盈利能力更为突出。家庭佐餐卤味比休闲卤味消费黏性更强，受经济波动等因素影响更小。业内人士认为卤制品市场未来仍将保持稳定增长，由于整个行业较为分散，未来新老品牌仍有较大的成长空间。此外，卤制品行业还引得各路资本"垂涎"。2021 年以来，包括王小卤、麻爪爪等在内的多个品牌接连完成一轮或多轮融资。

1.佐餐卤味增长显韧性

与其他 3 家定位于休闲卤味的公司相比，紫燕食品虽然营收规模不够显眼，但盈利能力不弱。2022 年上半年，受原材料成本上涨、消费需求疲软等多种因素影响，卤制品企业经营面临较大挑战，净利润均大幅下滑。其中，绝味食品营收 33.36 亿元，同比增长 6.11%，净利润 9 859.27 万元，同比下滑 80.36%；周黑鸭营收 11.81 亿元，同比下降 18.71%，净利润 1 837.7 万元，同比下滑 91.99%；煌上煌营收 11.82 亿元，同比下降 15.98%，净利润 7 991.55 万元，同比下滑 46.70%。紫燕食品的业绩波动相对较小。招股书显示，紫燕食品 2022 年上半年实现营收 16.37 亿元，同比增长 16.52%，净利润 9 331.94 万元，同比下滑 27.16%。记者注意到，紫燕食品之所以能够取得如此的净利润表现，并不在于毛利率高于同行，而是费用更少。由于采取了较为独特的经销模式，经销商拥有特许经营许可，可直接从紫燕食品买断产品后自行设立发展下游终端门店。紫燕食品解释称，这样做有利于降低自行开发终端加盟门店在时间、成本上面临的不确定性，降低管理运营成本和难度，从而集中资源用于产品研发和供应链管理等环节。

2.连锁化打开成长空间

近年来，随着冷链物流行业的快速发展，叠加居民消费能力的提升，卤制品行业迎来较快增长。美团餐饮数据观发布的《2022 卤味品类发展报告》显示，2022 年中国卤制品行业规模将达 3 691 亿元，预计 2023 年达到 4 051 亿元。行业虽在稳定增长，但相对分散。招股书显示，2020 年，紫燕食品在国内卤制食品市场零售端的占有率仅为 1.48%~1.84%。煌上煌在 2022 年半年报中表示，国内卤制品行业内前五大企业分别为绝味食品、煌上煌、周黑鸭、紫燕食品及久久丫，市场份额合计占比约 20%，市场份额集中度仍然较低。相关人士认为未来连锁化率进一步提升是大势所趋，确定性极强。专业机构研报认为由于鲜货产品风味更佳，伴随连锁门店扩张与品牌化发展，未来连锁门店的短保产品是卤制品的发展方向。

资料来源　郑俊婷. 卤制品头部企业相继上市　巨大的市场引资本"垂涎"［N］. 上海证券报，2022-09-27（6）.

5.1 连锁餐饮企业战略管理

5.1.1 战略管理概述

1) 战略管理的概念

"战略管理"一词最早由美国学者安索夫于 1979 年在其所著的《战略管理》一书中提出。他认为，企业战略管理是确立企业使命，根据企业外部环境和内部经营要素设定企业目标，保证目标正确落实，并使企业使命最终实现的一个动态过程。这一观念被广泛运用于各种类型企业中。企业发展战略是企业战略管理活动中的一个环节。

2) 连锁经营企业战略管理的含义

连锁经营企业的战略管理是根据连锁经营企业的内外资源及能力确定企业战略目标及定位，制定企业的商业模式、发展及竞争战略，并对战略实施过程进行监督、评估与控制，从而促进、保障连锁经营企业顺利完成战略目标的动态管理过程。

3) 连锁餐饮经营企业的战略管理意义

在我国，越来越多的餐饮企业实行了连锁经营，不断壮大其规模和品牌。但是国内餐饮零售企业普遍存在规模小、发展水平低、布局不合理等问题，竞争力比较薄弱。尤其是跨国餐饮零售商在中国进入全方位扩张时代，在这种形势下，我国餐饮零售企业面临巨大冲击。针对这种内外部环境的变化，我国餐饮零售企业急需有针对性地制定相应的连锁经营规模扩张战略，构建有效的规模扩张内部支持体系，以提高企业对扩张风险的识别、控制与防范能力等，从而全方位提升我国餐饮零售企业的竞争力。

5.1.2 连锁企业战略选择

1) 连锁企业的战略管理过程

连锁企业的战略管理过程一般分为五个关键环节：明确企业使命与目标、企业环境分析、企业战略选择、企业战略实施、企业战略评估。

2) 连锁企业的战略选择方面及内容

连锁企业需从三方面进行战略选择，主要包括连锁企业的运营战略、连锁企业的竞争战略和连锁企业的发展战略，每一战略层面下又包括具体的战略方向。

（1）连锁企业的运营战略，是指连锁企业在经营过程中，针对运营中的各个环节确定目的标准、制定管理制度、确定经营规模、控制产品质量等问题而制定的长期的运营规划，主要包括顾客满意战略、商业化运作战略、规模化战略、标准化战略、企业形象战略。

标准化战略是指以外部标准（法律、法规或其他相关规则）和内部标准（企业所倡导的文化理念）为基础的战略管理体系。餐饮企业标准化是指原料采购、后勤生产、烹制设备、员工操作、加工标准五位一体的标准化，整套体系的应用能帮助连锁餐饮企业简化管理、缩短生产周期、提升食品质量、降低人力与资金的消耗、提高经济效益等。餐饮企业标准化应首先建立标准化管理手册，将各种工作细化至每个操作步骤，如配方物料称量到"克"，各种节日促销精确到"小时"，店内外广告牌的悬挂准确到"厘米"，店堂恒温控制到"度"，自动化的收银系统"账、款"精确到"分"，店员工资控制到"时"，成本及利润率控制到"小数点"，食品安全卫生等各岗位工种责任明确到"人"等。中国餐饮企业标准化管理水平整体落后于西方快餐企业，但实施了标准化管理的企业比没有实施的企业竞争力更强，规模发展的成功率更高。

（2）连锁企业的竞争战略，是指连锁企业在经营环境中突出自己的优势，弥补自己的竞争劣势，抢占市场，克制或回避竞争对手的企业经营战略，一般包括总成本领先战略、差异化战略、目标集聚战略。

（3）连锁企业的发展战略，主要是指连锁企业在经营过程中，根据企业特点和经营模式，针对连锁企业发展过程中的发展资金、发展方向、发展方式、发展速度等问题制定的一种连锁企业战略。连锁企业的发展战略是连锁企业战略选择的核心或主线，它的选择将影响连锁企业运营战略和竞争战略的具体选择，同时运营战略和竞争战略的实施又为连锁企业发展战略的实施提供了保障。三者相辅相成，相互影响，共同促进连锁企业整体的发展。

"思政"入课5-1   **餐饮业的绿色节约发展**

为落实习近平总书记关于"建立长效机制、坚决制止餐饮浪费"重要指示精神，越来越多的餐饮企业主动履行绿色发展社会责任，主动张贴和宣传反对浪费、适量点餐的提示，倡导节约消费和使用公勺公筷，落实分餐制、光盘行动、垃圾分类、节能减排、反对食品浪费和限制塑料制品使用等已成为餐饮行业发展的共识。相关政策的出台也推动了餐饮业的绿色节约发展，提高了商家和消费者节约环保的意识，2021年4月，《中华人民共和国反食品浪费法》公布实施。另外，餐饮企业也在高度关注安全健康的烹饪方式，引导低碳节约消费。麦当劳中国从供应链到餐厅运营，带动上下游供应链积极探索应用各种节水节电方案，2015—2021年共节约用电超过2.67亿千瓦时，节约用水约200万吨。此外，麦当劳中国通过超过95%的本土采购和可持续采购，配合节能物流方案，减少供应链碳排放。在绿色包装方面全面停止使用塑料吸管，减少包材和塑料材质的使用，并在行业中率先使用100%可持续认证原纸，每年减少约400吨塑料的使用。在绿色回收方面，麦当劳中国通过"重塑好物"等方式，将回收的废弃塑料产品制成餐厅和消费者需要的物品，让消费者真切地感受到资源循环利用带来的变化。

资料来源　编者根据相关资料整理。

请同学们结合资料分析：（1）餐饮企业是如何落实餐饮的绿色节约的？（2）作为新时代大学生如何践行餐饮的绿色节约？

5.1.3　连锁餐饮企业发展战略主要模式

连锁餐饮企业发展战略的主要模式及优缺点分别见表5-1、表5-2。各个企业在每种发展战略的具体模式选择上有所不同，即使同一企业，在不同发展阶段，其具体的模式选择也会根据环境变化进行适当调整。从理论上来看，每个具体发展战略的不同模式选择将有许多种组合，但实际上在一定的外界环境条件下更容易让企业健康发展的战略模式选择并不多，味千（中国）控股有限公司的战略选择就很有代表性（见表5-3）。

表5-1　　　　　　　　　连锁餐饮企业发展战略的主要模式

具体战略	主要模式
发展方式战略	直营连锁、特许连锁、联盟连锁、自由连锁
发展资本战略	自筹资金、股票上市、风险投资、兼并重组
发展方向战略	区域扩张、全国扩张、业态扩张、纵横向一体化
发展速度战略	快速、缓慢、稳健

表5-2　　　　　　　　连锁餐饮企业发展战略模式的优缺点

发展战略模式类型	优势	劣势
资本快速扩张型	企业管理更规范、社会透明度更高；获得资本后企业全身心投入日常管理；企业可快速发展	接受投资或上市需要较长时间准备
资本稳健扩张型	被兼并企业获得持续资本投入；企业全身心投入日常管理；减少快速扩张带来的外在风险	企业发展受兼并企业影响大；创始人对企业的决策权减弱；企业长远发展方向难以明确
加盟稳健扩张型	直营店获得稳定回报，便于管理；加盟店帮助扩大规模占领市场；加盟店分担企业发展风险	直营店与加盟店同时管理，难度加大；企业管理难以规范，市场透明度低；全国扩张难度大，加盟店成功率较低
区域缓慢扩张型	直营店管理更容易规范；具有独立决策权；区域发展便于有效控制资源	资金积累渠道狭窄；企业发展缓慢，市场占有率低；规模优势不明显，市场竞争力低

表5-3　　　　　　　　　　　味千发展战略选择

公司名称	发展阶段	具体战略模式选择			
		发展方式战略	发展资本战略	发展方向战略	发展速度战略
味千（中国）控股有限公司	初期发展（1996—1998年）	直营连锁	自筹资金	区域扩张	稳健
	中期发展（1999年至今）	直营连锁	自筹资金境外上市	全国扩张	快速

5.2　连锁餐饮企业扩张及风险控制

5.2.1　连锁经营扩张的条件

连锁企业的规模扩张是建立在其经营管理能力的基础上的，连锁企业发展的核心问题不在于规模扩张，而在于管理和服务。连锁企业的经营管理能力可分为：控制经营成本的经营能力；影响、决定经济规模的管理能力；技术开发和储备能力。以直营连锁模式进行扩张，主要是为了获取标准化管理优势、控制权优势与品牌优势；以加盟连锁方式进行扩张，主要是为了获取速度优势、委托-代理优势以及品牌优势。产品、技术与文化对公司的长期绩效会产生显著的影响，物流配送体系主要对公司的短期绩效产生显著的影响，人力资源与管理支持对公司的长短期绩效均会产生显著的正向影响。联合化和标准化是连锁企业应具备的基本条件，一体化和专业化是企业规模扩张的必要条件，管理的规范化和现代化是企业规模扩张的重要条件，建立现代化的配送体系是企业扩张的物质条件。

5.2.2　连锁经营扩张风险

1）连锁餐饮经营风险

（1）家庭情结与组织风险：

① 当企业发展到一定规模时，需要一大批相应的配套管理人才，由此员工的利益与企业的利益相一致的格局不得不被打破，容易引发利益矛盾冲突。

② 随着家族式企业的壮大，投奔企业的家族成员会越来越多，由于相互的利益倾轧，企业的向心力就会降低。

③ 家族式企业管理的内聚力只局限于亲信，其他员工没有归属感和主人翁感。

（2）餐厅竞争风险。

（3）餐厅财务风险。

（4）快速扩张追求规模等风险。

2）扩张风险与扩张战略的关系

扩张风险与扩张战略呈负相关关系，直营连锁模式主要与资源短缺风险、代理风险具有显著的负相关关系；而加盟连锁模式主要与信誉风险、整合风险具有显著的负相关关系，同时与代理风险也存在显著的负向关联性。连锁经营企业的扩张规模和速度必须与其内部的支持条件相匹配，严格把握扩张的阶段性，做到张弛有节、循序渐进。连锁经营企业一旦过度扩张，就会导致多米诺骨牌效应，引发较大的市场风险。

企业的经营环境随着社会经济的不断发展变得越来越复杂，使得企业面临的风险不断加大。虽然中国餐饮业一直处于稳定上升阶段，但是商机与风险并存，在市场变化多端的情况下，餐饮业在经营管理过程中也面临着很多的不确定因素。因此，企业要对风险进行评估，加强风险控制，积极创新，寻求突破，促进整个餐饮行业的良性健康发展。

✍ 课内阅读 5-1　　　　　　　　老乡鸡发展战略

2022 年 5 月 19 日，中国证监会官网披露安徽老乡鸡餐饮股份有限公司（简称"老乡鸡"）首次公开发行股票招股说明书（申报稿），拟在上海证券交易所上市。

2003 年，公司创始人束从轩在合肥市开设了第一家名为"肥西老母鸡"的门店，经营以招牌菜品"肥西老母鸡汤"为代表的餐饮服务。2012 年，肥西老母鸡进行品牌升级，更名"老乡鸡"。2016 年底，老乡鸡在安徽直营门店超过 350 家。2017 年，老乡鸡入驻南京、武汉，走出安徽、布局全国。2018 年，老乡鸡收购"武汉永和"部分门店，进一步加快了全国化的发展步伐。目前，老乡鸡门店遍布北京、上海、深圳、安徽、江苏、湖北、浙江等地。品牌创办至今，老乡鸡在全国拥有 1 000 多家快餐店，并处于持续高速发展中。此次招股书中也首次公开披露了老乡鸡加盟业务。根据招股书，老乡鸡自 2020 年开展加盟业务，截至 2021 年 12 月 31 日，老乡鸡共有 82 家加盟门店，其中安徽、江苏和河南分别有 54、26、2 家加盟店。

老乡鸡计划未来三年内在上海、南京、苏州、深圳、北京、武汉、杭州、合肥、六安等重点区域新开门店 700 家。据悉，老乡鸡计划斥资 6 亿元人民币在上海设立华东总部，且随着后续上海生产加工基地的建设并投入使用，预计将进一步加大华东和周边地区的市场覆盖。此次募集资金投资项目主要是在现有主营业务的基础上扩大中央厨房生产规模、加大全国门店布局、提升数据信息化水平，有助于壮大公司主营业务规模、提升市场占有率、提高供应链管理水平和信息化管理水平等。未来三年老乡鸡将继续专注于中式快餐服务业务，致力于直营门店拓展为主、特许加盟门店销售为辅的销售模式；加大力度提升产品产能、稳固优化菜品质量，积极开展门店在全国范围的布局，提高公司市场占有率，强化公司现有信息化建设、持续夯实整体管理力度。

资料来源　王晓峰. 老乡鸡拟在上交所上市［N］. 合肥晚报，2022-05-25（6）.

3）扩张风险控制五要素

扩张风险控制五要素包括控制环境、风险评估、控制活动、信息与沟通、监督控制。

（1）控制环境。控制环境主要包括员工的道德观与诚实性、员工对工作的胜任能力、公司的组织机构、公司的人力资源政策、企业文化、董事会等，这也是内部控制最基础的构成要素。

（2）风险评估。风险评估是指公司在面对来自内部或外部的风险时，管理层能够及时果断地采取相应的行动进行风险识别和风险分析，对公司的风险进行管理。风险评估的整个过程是动态的，需要定期更新。任何企业在经营过程中都不可避免地存在风险，这些风险随时可能出现，对企业的生存、竞争以及公众形象都会产生重大的影响，同时风险评估也是一种保证企业目标实现的政策和程序，其中政策因素是程序因素的前提和基础。在实际的经营中，没有办法把风险完全消除，因此，企业的管理层必须做好承担风险的准备，力争把风险维持在最低水平。

（3）控制活动。控制活动是对风险评估过程中确认的风险所采取的管理措施，是企业管理的一部分，为企业战略目标的实现提供支持。企业的不同部门内部都有相应的控制活动，诸如批准、授权等都属于控制活动的内容。

（4）信息与沟通。信息与沟通是指为了使员工履行自身的职责，在特定的时间段内对有关信息以某种形式加以识别和沟通，方便对内部控制中产生的信息进行管理，以实现顺畅的内外部信息沟通。信息与沟通的作用是，能把内部控制的各个要素互相联系在一起，保证内部控制的有效性和实时性，因此信息与沟通能够决定内部控制的实施效果，对企业的战略布局和经济目标的实现起到重要作用。

（5）监督控制。监督控制可以对内部控制的实施质量进行评价，以保证内部控制活动能够有效实现组织的目标。企业可以通过独立的评估和持续的监督对公司内部控制系统的实施质量进行考核。

＞ "双创" 入课5-1　　　　企业上市发展是加油站也是双刃剑

行业数据显示，2021年全国餐饮收入较2020年正增长18.6%，但尚未恢复至疫情之前的2019年水平，而近期国内多个城市不同程度地受到疫情影响，同时全球经济环境也存在诸多不确定因素，消费市场似乎正在经历一场"倒春寒"。对于餐饮行业来说，疫情的冲击是难以回避的话题，但这也恰恰倒逼更多企业加速资本化进程。企业上市发展是加油站也是双刃剑。资本化进程加速之下，大多数餐饮企业热衷于扩店。专业人士认为，新的消费需求正在推动餐饮行业变革，在消费升级的大背景下，新餐饮将朝着审美、品牌、消费体验、产品等全面升级的方向发展，基于人们对健康及品质的追求和企业更加重视抗风险能力，中国餐饮连锁化是未来的发展趋势。餐饮类公司中，也是连锁化、标准化的公司才更有可能去上市。上市和扩张就意味着高枕无忧吗？事实并不尽然。A股3家餐饮上市公司中，有两家公司2021年预亏，亏损背后是大规模地关店，从餐馆进阶为公司甚至获得投资和上市，除了产品竞争、门店竞争、品牌竞争、组织力竞争，还将面临资本层面的竞争。

资料来源　陈晴，可杨. 疫情倒逼资本化加速 万亿餐饮市场迎变局［N］. 每日经济新闻，2022-03-30（4）.

请同学们结合资料分析：（1）企业上市发展为什么是加油站也是双刃剑？（2）餐饮企业如何进行风险控制？

5.2.3　连锁餐饮经营风险控制

1）确立和调整发展战略与策略

高端餐饮企业应该与时俱进，适时改变企业发展策略，调整市场定位，大力发展大众餐饮。中小餐饮企业应该在价格优势的基础上提升食品的质量与口味，加强服务质量，形成良好的口碑效应。

2）创新餐饮模式，促进多元经营

当前的餐饮业想要提升行业的竞争力，创新是必不可少的核心要素。企业在生产的过程中要加大产品的创新力度，促进多元化经营模式的形成，改善单一化的产业结构，积极推出各种新产品，满足消费者对产品多样化的需求。企业也可以积极与各大

电商合作，如与美团、支付宝等开展合作，在创新促销模式的同时，使顾客足不出户就能吃到美味食品，从而增加企业产品的销量，提升企业业绩。

3）重视人才培养

员工素质的提升也是企业发展的关键之一。目前，我国的餐饮业从业人员的素质参差不齐，企业应加大培养力度，提高企业员工的素质，定期对员工进行培训，使其更加熟悉餐饮业的经营规则和管理模式，提升其食品安全卫生意识。

4）建立完善的内控和财务制度

餐饮企业有必要对企业的会计人员进行培训和监督，提高其防范财务风险的意识；要定期对各类财务信息进行对比分析，避免出现财务管理漏洞；要拓宽融资渠道，充分利用各种筹资方式，优化其资本结构。

5）强化食品安全管理

近年来，随着"明厨亮灶""阳光餐饮"工程的推进，食品安全风险得到有效控制，餐饮企业的核心竞争力得到提高。

单元小结

战略管理能力是连锁餐饮企业核心竞争力的条件之一。战略管理也就是针对公司整体战略目标的实现进行的相应管理活动，主要手段是通过相应的工作对公司的目标进行计划。战略管理能力是连锁餐饮企业管理者整合组织的资源，把资源转化为最终的产品，进而实现组织目标的能力。战略管理能力在连锁餐饮企业管理中主要体现在战略决策能力和战略执行能力两方面。

主要概念

连锁企业战略管理 扩张风险控制五要素

单元测试

□选择题

1.战略管理的目的是（　　）。

A.加强内部管理　　　　　　　　　B.拓展市场空间

C.提高企业的环境适应能力　　　　D.保证计划的落实

即测即评-5

2.风险评估是风险识别、（　　）、风险评价的全过程。

A.风险控制　　　B.风险分析　　　C.风险预防　　　D.风险评估

3.联合化和（　　）是连锁餐饮企业经营扩张应具备的基本条件。

A.一体化　　　　B.专业化　　　　C.标准化　　　　D.现代化

4.连锁餐饮企业中扩张风险与扩张战略之间呈（　　）关系。

A.正相关　　　　B.负相关　　　　C.弱相关　　　　D.强相关

5.连锁餐饮企业发展战略的主要模式有（　　）。

A.发展方式战略　　B.发展资本战略　　C.发展方向战略　　D.发展速度战略

6.连锁餐饮企业经营风险控制包括（　　）。

A.确立和调整发展战略与策略 B.建立完善的内控和财务制度

C.构建高效完善的组织结构 D.提高核心竞争力

□简答题

1.如何分析餐饮企业连锁经营的风险？

2.连锁餐饮企业如何进行市场扩张？应注意哪些问题？

□案例分析题

麦当劳的战略管理

麦当劳自1955年5月15日创立后，在60多年的时间里迅速完成了全球化的过程，全球有超过38 000家麦当劳餐厅，每天为100多个国家和地区超过6 900多万名顾客提供高品质的食品与服务。麦当劳成为全球最大的快餐连锁集团和食品集团，其完善高效的战略管理成就了它。麦当劳作为全球知名快餐品牌，其成功的战略管理可以为我国快餐业的发展提供极为有效的借鉴作用。

"品质、服务、清洁及物超所值"（QSC&V）是麦当劳始终坚持的经营理念。在全球任何一家麦当劳餐厅，顾客都能享用到标准一致的好味道。连锁经营是麦当劳获得成功的根本原因，这使麦当劳得以向全世界扩张自己的产业。为实施这一战略，麦当劳采取了以下的营销策略：第一，质量第一的产品策略，麦当劳把品质放到了四个标准的首位，这表示质量在麦当劳的营销策略中是重中之重。麦当劳为保障食品质量，制定了极其严格的标准，保证顾客在任何时间、任何地点所品尝的麦当劳食品都是同一品质的。第二，物美价廉的价格策略。快餐行业的竞争日益激烈，麦当劳针对连锁经营这种模式，统一了主菜单提供的食品价格。同时，大规模生产带来的成本优势使公司得以实施低价位策略，通过适时降价来确保在激烈的市场竞争中取得优势。这种低价位和统一价格的策略给麦当劳带来了更多的顾客。第三，清洁、快捷的服务策略。麦当劳的食品加工体现了一种干净的生产美学，着力于为顾客提供一个卫生状况值得信赖的空间。麦当劳制定了严格的卫生标准，并针对员工的礼仪举止进行了严格的行为规范。在麦当劳，没有复杂的菜单让顾客将时间花费在选择产品上，这为所有顾客节省时间。第四，以广告为主的促销策略。麦当劳每年斥巨资在全世界各地做广告，制造轰动效应，并定期与知名动画片、电影合作推出主题玩具，吸引儿童。《第一财经》公布"2022年金字招牌榜单"，麦当劳再次当选"金字招牌"，连续九年获此殊荣，位列快餐品类第一。

资料来源　编者根据相关资料整理。

分析：

（1）连锁餐饮企业战略管理包括哪些方面？

（2）如何理解麦当劳的战略管理？

单元6
特许加盟餐饮经营管理

■ 学习目标

通过本单元的学习，达到以下学习目标：

知识目标：掌握特许加盟餐饮经营条件、特许加盟餐饮经营体系选择、餐饮加盟程序及加盟合同、特许加盟餐饮经营管理等内容。

能力目标：通过"双创"入课，使学生熟悉餐饮特许人和受许人的基本要求、餐饮加盟程序及加盟合同；分析和掌握特许经营体系的含义及实质。

思政目标：结合教学内容、案例资料等，通过案例分析、思政入课等形式，引导学生树立特许人要坚守诚实守信的社会主义核心价值观，在合法合约的前提下从事经营活动，规范和诚信经营，有约必守；被特许人要理性创业，具有事前充分考察、事后理性维权的意识。

■ 单元框架

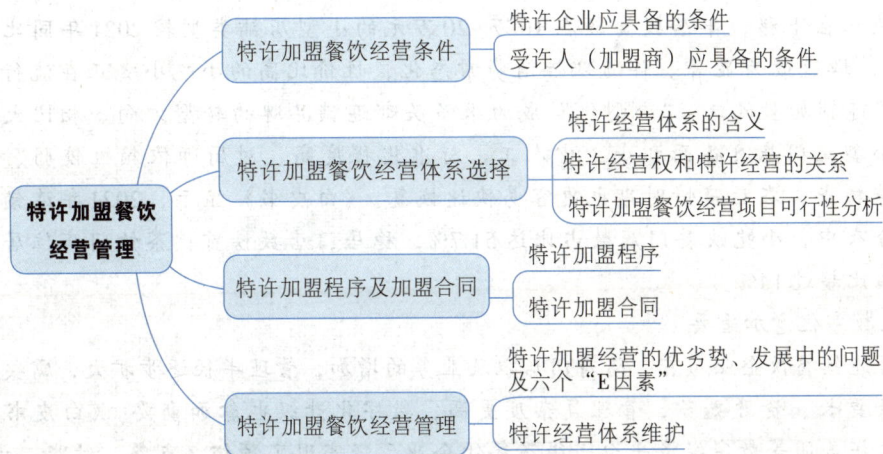

引例

《2022中国餐饮加盟行业白皮书》发布

餐饮业面临挑战，但餐饮连锁品牌、小店模式保持了强大韧劲。7月13日，中国连锁经营协会（CCFA）联合美团发布"2022中国餐饮加盟品牌TOP100"（简称"餐饮加盟TOP100"）、《2022中国餐饮加盟行业白皮书》（简称《白皮书》）。

以经营消费大数据为基础，2022年"餐饮加盟TOP100"入围标准从品牌成长力、加盟门店经营状况、消费者认可度三大维度综合评估，致力于为餐饮创业者和投资者提供科学的投资参考与决策辅助。"餐饮加盟TOP100"数据显示，从品牌来看，蜜雪冰城、鱼你在一起等42家品牌连续三年入选，夸父炸串、酒拾等27家加盟品牌首次入选；从地域分布看，上海入选的品牌数连续三年领跑，成都位居第二。伴随着消费下沉，加盟品牌的总部向无锡、嘉兴、福州等城市转移。

1. 连锁化率持续增长

中国餐饮市场连锁化进程不断加速。美团数据显示，从2019年到2021年，中国餐饮市场连锁化率从13%提高到18%，两年增长了5个百分点。其中，连锁品牌门店数涨幅最高的区间为3~10家店，同比增长了23%；其次，11~100家店和5 001~10 000家店区间，年增长分别达到了16.8%和16%。从不同规模区间的连锁门店数增长情况来看，中国餐饮连锁化正在呈现出两头活跃的U型发展态势：头部品牌持续冲击万店规模，小规模的连锁品牌开始如雨后春笋在各地出现。在数字化管理工具的支持下，一些地方的优秀中小餐饮经营者开始探索小规模连锁的经营模式，以求在疫情后进一步扩大门店优势。

2. 小店模式更受欢迎

街头巷尾的实体小店是城市商业运行的毛细血管，也是烟火气的象征。事实上，小店也是2022年最受欢迎的开店模式。"餐饮加盟TOP100"显示，20万~50万元仍是最吸引加盟投资者的单店初始投资区间，与此同时，加盟餐饮品牌的投资额均值正在下移，单店投资额在10万~20万元的小型店铺类型较2021年同比上涨47.6%，增速最为显著。伴随理性消费常态化，性价比高的小吃小喝正在流行，成为中国连锁加盟风口。"小型化"成为很多头部连锁品牌的转型方向。相比大型门店，小型化门店具备面积小、少人工、标准化程度高、对厨师依赖性较弱、易于管理等特点，在后疫情时期也更容易快速恢复。《白皮书》显示，2021年连锁门店品类分布中，小吃快餐门店数占比达51.7%，稳居门店数榜首；茶饮门店位居第二位，占比超过14%。

3. 数字化愈加重要

对连锁餐饮企业而言，随着门店以及业务的增加，管理半径逐步扩大，需要管理的链条更长、资源更多，管理复杂度更高，数字化升级也愈加重要。《白皮书》显示，依托美团等数字经济平台，很多餐饮企业已经实现了预订、点餐、结账、评价、会员等全流程的数字化；在管理上，餐饮企业的数字化已覆盖了食材采购、菜品更新、订餐收银、客户管理、口碑管理等各个环节。

资料来源 雷玄.《2022中国餐饮加盟行业白皮书》发布 连锁品牌、小店模式保持强大韧性 [J]. 中国质量万里行, 2022（8）.

6.1 特许加盟餐饮经营条件

6.1.1 特许企业应具备的条件

1) 特许经营概述

（1）特许经营的定义

单元1已经介绍过，特许连锁是指拥有注册商标、企业标志、专利、专有技术等经营资源的企业（特许人），以合同形式将其拥有的经营资源许可其他经营者（被特许人）使用，被特许人按合同约定在统一的经营模式下开展经营，并向特许人支付特许经营费用的连锁经营形式。

（2）特许经营的主要特征

① 特许经营是特许人和受许人之间的契约关系。

② 特许人将允许受许人使用自己的商号、商标、服务标记、经营诀窍、商业和技术方法、持续体系及其他工业或知识产权。

③ 受许人自己对其业务进行投资，并拥有其业务。

④ 受许人需向特许人支付费用。

⑤ 特许经营是一种持续性关系等。

> **"双创"入课6-1**　　　　**你真的了解特许经营吗？**

生活中经常可以看到，特许、加盟、连锁、经营这四个概念被人们任意组合使用。可以这样说，凡出现加盟字样的概念，其正式名称就是"特许经营"。"特许经营"是正规表述。"特许加盟"的说法，分别强调了特许人和受许人的行为特点。无论是直营还是特许经营，多门店体系形成后，对这个体系需要进行整体性、系统性管理，这种管理被形象地称为"连锁经营"。服务产品生产与销售不可分离的性质，使得加盟商销售服务产品时要同时生产服务产品，即加盟商要复制单店的运营过程。因此，特许人须将自己的商标、商号、服务模式等经营资源的使用权授予加盟商使用，从而实现加盟商对单店的复制。因此，在特许经营关系中，加盟商获得的是特许人所有经营资源的使用权和销售服务产品的经销权，而不仅仅是商标的使用权和产品经销权。那么，只授予商标使用权和经销权是一种什么方式呢？这是知识产品所有者规模化生产和销售自己的知识产品的方式。这种方式称为许可经营，以示与特许经营的区别。特许经营是服务产品规模化生产与销售方式。

资料来源 编者根据相关资料整理。

请同学们结合资料分析：特许经营与连锁加盟的区别是什么？是不是只要有商标权和经销权就可以叫特许经营？

2）特许人应具备的基本条件

（1）只有企业，而且是拥有注册商标、企业标志、专利、专有技术等经营资源的企业，可以作为特许人从事特许经营活动，其他单位和个人不得作为特许人从事特许经营活动。

（2）特许人从事特许经营活动应当拥有成熟的经营模式，并具备为受许人持续提供经营指导、技术支持和业务培训等服务的能力。

（3）特许人从事特许经营活动应当拥有至少两个直营店，并且经营时间超过1年。

（4）特许经营的产品或服务的质量、标准应当符合法律、行政法规和国家有关规定的要求。

3）特许人应具备的其他条件

（1）具备向受许人提供长期经营指导和服务的能力，保证为受许人提供开业前的教育与培训；同时具有一定的经营资源，保证长期提供特许经营合同规定的物品供应。

（2）具有被消费者认可的企业形象，保证向受许人提供代表特许经营体系的营业象征和经营手册，使特许经营体系在统一的企业形象中运作。

（3）产品、服务或经营模式具有良好的获利能力或潜力。

（4）具有对整个特许经营系统的运作进行管理和控制的能力。

（5）具有完整、科学的投资计划和盈利模式。

（6）具有为受许人提供广告策划和促销服务的能力。

（7）具有高效可靠的物流配送和信息管理系统。

6.1.2　受许人（加盟商）应具备的条件

特许连锁经营是通过发展加盟商、新开加盟店，使品牌效益最大化，从而产生最大的经济效益，使特许人、被特许人双方都能够获得利益。同时，在特许连锁经营的过程中产生一套通用的标准化管理制度和制度执行标准，如标准化的生产线、标准化的服务规范、标准化的产品质量以及标准化的操作流程。一旦在特许连锁经营中能够达到上述要求，那么既能压缩企业成本，同时又能够提高生产效率，使得特许人、被特许人（加盟者）获得的利益实现最大化。被特许人（加盟者）应具备的基本条件：加盟者经济实力；加盟者经营水平；加盟者管理能力；加盟者信用能力。

课内阅读6-1　　　2021年中国特许连锁Top100

根据"2021年中国特许连锁经营行业基本情况调查"统计结果，中国连锁经营协会（CCFA）公布"2021年中国特许连锁Top100"。调查统计结果显示："特许连锁Top100"2021年销售规模为5 885亿元，同比增长23.6%，占社会消费品零售总额的1.3%。门店总数36.6万个，同比增长9.9%，提供就业岗位约500万个。参与2021年度特许连锁行业调查的企业包括餐饮、酒店住宿、汽车后市场、培训教育、房屋中介、房屋装修、美容美发、康体健身、食品专卖、非食品专卖、家庭服务、商务服务以及便利店等十余个行业、业态。其中，餐饮特许连锁企业的统计结果见表 6-1。

表6-1　　　　　　　2021 年中国特许连锁 Top100中餐饮特许连锁企业

行业	业态	企业名称	主要品牌	2021 年销售规模（万元）	2021 年门店总数（个）	2021 加盟店（个）
餐饮	西式快餐	百胜中国投资有限公司	肯德基、必胜客等	6 404 450	11 788	1 737
		金拱门（中国）有限公司	麦当劳	3 105 000	4 388	856
		天津顶巧餐饮服务咨询有限公司	德克士	766 000	3 060	2 695
		汉堡王（中国）投资有限公司	汉堡王	456 752	1 379	306
		CFB 集团	DQ、棒约翰等	233 581	1 100	562
	中式快餐	上海众福餐饮管理有限公司	杨国福	758 386	6 012	6 008
		杭州味捷品牌管理集团有限公司	牛家人、粥员外等	330 000	2 261	2 229
		无锡爱多餐饮管理有限公司	N 多寿司	281 186	3 526	3 512
		快乐蜂（中国）餐饮管理有限公司	永和大王	240 084	461	108
		百福控股有限公司	和合谷、新辣道等	238 470	771	295
		江苏和府餐饮管理有限公司	和府捞面	173 158	395	19
		上海世好食品有限公司	吉祥馄饨	121 223	2 240	2 097
		北京庆丰餐饮管理有限公司	庆丰包子铺	85 438	289	266
		天津七惑和他的朋友餐饮管理有限公司	犟骨头	70 000	494	484
		北京心有炸念餐饮管理有限公司	夸父炸串	65 000	1 080	1 028
		北京嘉和一品餐饮管理有限公司	嘉和一品	50 675	114	52
		长沙市香他她餐饮管理有限公司	香他她	29 407	630	624
	正餐	湖南韶山毛家饭店发展有限公司	毛家饭店	98 600	206	14
		中国全聚德（集团）股份有限公司	全聚德	97 000	102	60
		陕西阿瓦山寨品牌投资有限公司	阿瓦山寨	68 016	199	197
	休闲饮品	上海快乐柠檬餐饮管理有限公司	快乐柠檬	88 618	739	678

资料来源　中国连锁经营协会. 2021 年中国特许连锁 Top100〔EB/OL〕.〔2022-05-30〕. http://www.ccfa.org.cn/portal/cn/xiangxi.jsp? type=10003&id=443623.

6.2   特许加盟餐饮经营体系选择

6.2.1   特许经营体系的含义

特许经营体系是指在统一的品牌和经营模式下，由特许人和被特许人共同经营的一个管理和运营系统。例如，百胜集团旗下有若干个特许经营体系，包括肯德基、必胜客、塔克钟等。如果一家特许企业有多个特许体系，在商业特许经营信息管理系统中进行备案资料填报时，要按照不同的特许体系分别进行填报。

6.2.2   特许经营权和特许经营的关系

1）特许经营权

特许经营权的实质是无形资产的有偿转让，其主要形式包括：

（1）普通特许经营，即总店将特许经营权授予加盟者，由加盟者使用这些特许经营权进行经营。

（2）委托特许经营，即总店将特许经营权出售给一个代理人，由代理人负责某个地区的特许经营权授予。

（3）发展特许连锁，即加盟者向总店购买了特许经营权，同时也购买了在一个区域内建立若干个分店的特许经营权，若将来事业发展，需要再建分店时，则不必再向总店申请。

（4）所有权合作特许经营，即总店与加盟者合营，共同持有分店股份。

2）特许经营关系的实质

（1）经济利益关系。

追求经济利益是任何一个市场主体存在的根本动因。只有双方都通过这种关系的发展追逐到自己预期的利益，即获得双赢，双方的关系才能健康地存在和发展。同时，双方的关系还需长时间处于平衡的状态，否则，特许关系会面临破裂的危险。这种经济利益关系的性质要求特许人不能把加盟商仅仅看作赚钱的工具，而应当优先保证加盟商的利益。只有这样，特许人才能在更大程度上获得成功。

（2）合作共赢关系。

市场交易应该建立在自愿性和重复性的基础之上，双方以互惠互利和不损害双方的利益为原则，并能够在不断重复的交易中始终考虑对方的利益。特许人作为拥有管理经验、注册商标、企业标志、专利或专有技术的企业，具有市场推广和组织能力方面的优势。通过授权的方式，将这些经营性资源许可给被特许人使用，使双方形成一种良好的产权分配关系。这种合作共赢关系要求特许经营体系内进行合理分工、科学管理、加强沟通、互相协作、不断创新。因为特许经营的成功依赖于特许双方紧密的合作和协调。特许人需要贡献自己的商业技能、专业知识和经验，需要提供开展特许经营运作所需要的商业模式，而被特许人需要贡献自己的资金、努力地工作，并遵守特许经营体系标准和控制要求。

（3）合同法律关系。

特许经营法律关系的契约性质决定了其实质是独立民商事主体之间的合同关系。特许人与被特许人为了各自的利益缔结特许协议，进行商业活动，各自独立承担相应的民事责任，这既不同于合伙，也不同于代理，更与雇用有所区别。特许人与被特许人之间的关系及责任主要是由特许经营合同的内容决定的，以特许权转让为核心的合同关系就成为规范特许人与被特许人权利义务以及被特许人对第三人责任的主要依据。

6.2.3　特许加盟餐饮经营项目可行性分析

1）可行性分析

可行性分析的具体项目包括：

（1）经济可行性。

（2）政策可行性。

（3）技术可行性。

（4）模式可行性。

（5）组织和人力资源可行性。

> **"双创"入课6-2**　　　　　　　**加盟自检清单和加盟考察清单**

美团点评联合中国连锁经营协会发布《2019中国餐饮加盟行业白皮书》，利用大数据客观反映了餐饮加盟品牌的持续经营水平。在选择加盟品牌时，投资者需进行全面、周密的考察，一方面需要了解加盟品牌的经营情况、管理运营与支持体系；另一方面需要了解品牌的发展历程及价值观，判断品牌商是否以长期经营的理念在运营品牌。在考察品牌总部的同时，投资者更需要进行实地考察，从已经加盟的投资者处获取第一手资料，了解加盟店实际经营情况、总部支持力度、产品及服务标准化程度，从而确定品牌商的加盟体系是否完善。加盟自检清单和考察清单具体见表6-2和表6-3。

表6-2　　　　　　　　　　　　　　加盟自检清单

自身匹配度			所在地餐饮市场调查		
序号	列表	确认	序号	列表	确认
1	个人经济实力与资源		1	餐饮行业发展趋势调查	
2	对餐饮行业兴趣		2	餐饮新兴/热门品类调查	
3	是否有足够时间投入经营		3	所在地餐饮市场结构调查	
4	学习相关法律法规，如《商业特许经营管理条例》等		4	所在地消费者口味调查	

表6-3			加盟考察清单		
现有门店考察			品牌总部考察		
序号	内容	确认	序号	内容	确认
门店经营状况考察			1	确认商标已注册	
1	门店客流量		2	确认加盟方式	
2	菜品定价及客单价		3	确认加盟成本及后期费用	
3	预估门店收入及成本支出		4	确认利益分配方式	
4	门店菜品种类、搭配及口味		双方权责确认		
现有加盟商沟通			1	培训：确认总部对加盟商培训的内容、方式及周期	
1	加盟店运营情况		2	供应链：确认总部对加盟店供货品类、价格及方式	
2	品牌总部支持力度		3	加盟商保护措施：商圈保护等	
3	产品及服务标准化程度				

资料来源　摘自美团点评与中国连锁经营协会联合编撰的《2019中国餐饮加盟行业白皮书》。

请同学们结合资料分析：如果你是餐饮创业者，如何利用加盟自检清单和加盟考察清单做出更合理的选择？

2）特许加盟考察要素

特许加盟考察的要素包括：

（1）行业前景。

要通过各种渠道了解项目所在行业的发展前景和成长空间，并对处于不同发展时期的行业进行分析。创新期的项目竞争少，但风险较高；成长期的项目比较理想，在竞争相对少的情况下，利润空间较大；成熟期的项目比较有保障，但加入条件也较为严格，加盟网点也可能比较饱和。

（2）项目规模与历史。

必须了解总店开展特许经营的时间、营业额、加盟店数、近三年的销售额增长情况、与加盟商的关系等。一般来说，拟选项目历史越长、加盟商越多，加盟体系会越成熟，风险相对越小。

（3）项目的市场定位。

要了解该项目是否适合在您所选区域经营，目标客户群体是否充足，区域性消费能力，加盟品牌是否合法、是否备案等。

（4）加盟体系情况。

要了解总店是否具备营业执照、注册商标、专利授权书等证明总店有发售特许经营权的法律文件；是否具备完整的加盟发展手册，其内容至少包括特许人的基本情况、合同基本内容、已开店铺的运营情况、加盟所需投资额、收益预测、加盟费及其构成等。

（5）总店提供的商品、产品与服务。

（6）特许合同协议。

（7）总部的培训情况。

了解总部是否有一套完善的培训体系，包括商铺选址、人事、财务管理、销售技巧与推广、开店运营、日常督导等相关指导。

（8）要进行经营、盈利分析。

要了解所要加盟企业的持续盈利能力和运营能力。

课内阅读 6-2　　　样板店的建立、试运营和完善

样板店是公司总部所建立并管理的整个特许经营体系的最原始的店铺，它是所有特许经营体系的复制"原件"，是特许经营网络的原始节点，是特许人工业产权和（或）知识产权浓缩后的外化组合体，是特许人继续研究开发更先进的工业产权和（或）知识产权的基地，是检验前期特许经营设计实效性的最佳地点，是受许人及其余相关人员接受培训、实习、参观的样板，是潜在受许人认识特许经营体系的一面镜子，是促使潜在受许人下决心加盟的关键，是特许经营体系核心竞争力的源泉和表现形式，是企业验证单店魅力并增强特许经营项目工作组实施特许经营战略信心的机会。

资料来源　编者根据相关资料整理。

6.3　特许加盟程序及加盟合同

6.3.1　特许加盟程序

1）餐饮特许加盟流程

（1）加盟方落实加盟门店。

（2）填写申请表格。各项内容据实填写，并提供有关方面证明（租赁协议或产权证明、户口簿或身份证等）。

（3）网点考察确定。特许方为加盟商统一安排时间勘察门店商圈地理位置，提供开店可行性咨询。

（4）加盟方资质审核和评估。结合加盟方提供的资料、证明，网点勘察结果以及其他各方面情况进行综合评估，并上报总经理室审核批准。

（5）双方签订加盟协议。在签订加盟协议的同时，加盟保证金、开业准备金、第一期品牌使用费必须到位。

（6）加盟方开业资金到位。

（7）开业程序：①加盟方资金到位后，特许方提供授权书。②特许方安排培训。③特许方进行开业装修指导。④加盟方进行开业装修，开业前水、电、电话等必须安装到位。⑤加盟方申办各类证照。⑥双方确定商品配送数量和日期。⑦其他准备

工作。

（8）开业装修。特许方向加盟方提供门店布局、商品陈列、环境设计方案，提出店招、卖场环境布置等要求，加盟方必须按照特许方的要求装修装潢。

2）餐饮特许加盟相关费用

（1）加盟费。特许方将特许经营权授予加盟方时所收取的一次性费用，包括加盟方使用特许方的商标、专有技术等所支付的费用等。

（2）特许权使用费。被特许者在使用特许经营权过程中，按一定的标准或比例向特许方定期支付的费用。

（3）保证金。为确保被特许者履行合同，特许方可要求加盟方交付一定的保证金，合同期满后，加盟方没有违约行为时，特许方将保证金退还给加盟方。

（4）其他费用。一些特许方会根据特许经营合同为加盟方提供相关服务，并向加盟方收取费用，如店铺设计施工费、设备租赁费等。

6.3.2　特许加盟合同

1）特许经营加盟招募时的相关文件

特许经营加盟招募时的相关文件有加盟申请表、加盟指南、特许经营加盟意向书、特许经营合同、合同附件、特许经营授权书等。

（1）加盟申请表。

加盟申请表是收集一般的资料，在法律上不会对公司或申请人构成任何约束。

（2）加盟指南。

特许人应按照相关原则和要求设计加盟指南，实际设计和撰写时应根据自己的具体情况予以增删修改。

（3）特许经营加盟意向书。

一般在双方签订正式的特许经营合同之前都要签署一份特许经营加盟意向书，其目的是给潜在受许人一定的时间来慎重考虑最后加盟的决定，在此期间特许人不能将潜在受许人意欲加盟的区域单店特许权再授予他人。

（4）特许经营合同。

此合同又分为区域特许经营合同和单店特许经营合同。

（5）合同附件。

合同附件的内容为特许人或加盟商认为在加盟合同之外还需说明的事项，根据与每个加盟商谈判情况的不同，附件的内容也有所不同。

（6）特许经营授权书。

特许人通常将特许经营授权书做成牌匾或挂件的形式。

2）特许经营合同的主要内容

特许经营合同主要应当包括下列内容：

（1）特许人、被特许人的基本情况。

（2）特许经营的内容、期限。

（3）特许经营费用的种类、金额及支付方式。

（4）经营指导、技术支持以及业务培训等服务的具体内容和提供方式。

（5）产品或者服务的质量、标准要求和保证措施。

（6）产品或者服务的促销与广告宣传。

（7）特许经营中的消费者权益保护和赔偿责任的承担。

（8）特许经营合同的变更、解除和终止。

（9）违约责任。

（10）争议的解决方式。

（11）特许人与被特许人约定的其他事项。

餐饮特许加盟合同范本

为提高×××的市场占有率，满足广大消费者的需求，本着互赢互利的原则，明确双方在经营中的权利和义务，特制定以下合同：

一、餐饮加盟的合同当事人

特许方：安徽×××有限责任公司（以下简称甲方）

法人代表：（略）

地址：合肥市×××区××街××号

联系电话：（略）

传真：（略）

受许方：（略）（以下简称乙方）

地址：（略）

联系电话：（略）

二、餐饮加盟的合同期限

1.本合同自××××年××月××日起至××××年××月××日止，期限××年。

2.如需续签合同，乙方在合同到期前一个月向甲方提出申请，双方协商续签，乙方享有续签优先权。

三、餐饮加盟的特许范围

安徽×××有限责任公司生产的×××产品销售、×××商标、品牌标志、形象使用；旺铺营销技巧；×××专柜的各类道具、包装物、各类报表。

四、餐饮加盟条件与要求

1.必须是具有一定经济实力的合法公民。

2.必须是具有独立承担民事能力的自然人，有足够的加盟资金及前期经营资金。

3.受许方的经营场所选择可以是购物中心、美食广场或单独店。要求有×××人/天的人流量，并且能留住顾客。

4.有风险意识，有一定的管理经验，能维护特许方的名誉和形象，有良好的沟通协调能力。

5.有服从和接受特许经营体系管理的意愿和决心。

6.可以提供5℃～8℃的低温储存仓库。

7.首次不特许区域代理，只允许受许方经营一个专柜，如有区域代理意向，经甲方考察三个月后，根据受许方的实际能力决定是否授权区域代理。

五、餐饮加盟的使用与管理

1.乙方在合同期内必须执行甲方规定的四个统一：

（1）统一市场零售价格，不得私自涨价、降价，如有违反，每个品种罚款人民币××元；

（2）统一营销员培训、服装、调配；

（3）统一柜台道具（灯箱、招贴画、POP等）；

（4）统一货源生产调配，不得私自进货，如有违反，每个品种罚款人民币××元。

2.特许经营的营销员执行全国统一工作规范，特许店面必须每月向市场管理部提供各类准确的报表及资料，乙方不得在特许经营中搭售其他任何同类产品。

3.受许方首次需向特许方预交加盟费人民币××××元、合同保证金人民币××××元，每年底按净利润的1/3收取加盟费用。根据前一年销售情况确定第二年应预交的加盟费；甲方派员考察受许方，受许方需缴纳市场考察费。

4.乙方应在合同规定的地点进行特许经营，不得异地经营。乙方如确需扩大特许经营店面，应征得甲方同意，另行签订合同。乙方不得将特许经营权私自转让。

六、利益分配及送货

1.甲、乙双方按总营销额的××：××分配。体现形式：乙方从甲方进货时，按市场零售价的××%支付现金给甲方。

2.乙方订货，以现金方式支付给甲方，或乙方有存款在甲方设定的乙方专柜账户上。甲方在款到后发货，500千米以内5日内到达，500千米以上10日内到达。每延误一天，乙方在甲方分配额中扣除×××元。（有不可抗拒的原因除外）

七、促销

乙方如遇促销活动，应提前向甲方申请，经甲方同意后方可实施。乙方完全执行甲方的所有促销方案，每年促销时间不低于120天。

八、财务制度

乙方应按照甲方规定，以统一方式记账，填写报表，定期报告经营状况和财务状况，定期盘点并将盘点表在盘点后立即寄往甲方。甲方向乙方提供所供货款的增值税发票。

九、合同终止违约

1.双方中任何一方遇不可抗拒原因需终止合同时可终止合同。

2.乙方开业经营两个月内严重亏损，难以继续经营，经甲方考察后，为考虑乙方利益，可将加盟费及合同保证金全额退回。

3.乙方出现下列情况之一甲方有权终止合同：（1）乙方违反合同约定的条款。（2）乙方未经甲方书面同意关闭店面或在同一场地经营同类产品。（3）乙方人员阻止甲方管理人员介入加盟店经营管理。（4）乙方未经甲方书面同意利用甲方的品牌生产、分销货品。（5）乙方严重破坏了甲方的商业信誉及形象。（6）乙方从事超出甲方特许经营合同限定范围的业务。（7）乙方超越甲方的准许范围私自进行批发业务。（8）乙方有违法行为。

4.如甲方因乙方的经营活动造成第三者索赔时，乙方应承担相应责任，此项延伸至合同终止后六个月。

十、本合同未尽事宜，双方协商解决。

该协议一式三份，双方签字后生效。

6.4　特许加盟餐饮经营管理

6.4.1　特许加盟经营的优劣势、发展中的问题及六个"E因素"

特许经营是快速实现低风险资本扩张和规模经营的一条途径，但是如果运用得不好，也将成为连锁餐饮企业失败的导火索。正确认识特许经营的优劣势和特许经营发展中的问题是处理好双方关系的基础。

1）特许经营的优劣势

（1）特许经营的优势。

① 从特许人的角度看，特许经营具有融资功能。特许人通过经营权的转让，将无形资产变成有形资产，积累大量资金，从而增强公司的实力和发展能力，实现以较少的资本投入迅速扩大公司规模的目的。

② 从受许人的角度看，特许加盟方式对于具有一定资本，但又没有经营技术和管理经验的企业和个人来说是一个从事商业活动的好机会。因为通过加盟一方面可获得总公司技术、品牌和信誉等无形资产的使用权，另一方面可获得总公司全方位的帮助，在降低经营风险的同时获得较稳定的利润。

（2）特许经营的劣势。

特许经营对总公司的品牌、形象、管理等依赖性较大，如果总公司片面追求品牌授权利润，一味追求特许加盟店数量的增长，却又缺乏有效管理和强有力的服务能力，这样不仅会严重损害企业形象，而且会出现侵害投资者利益的情况，最终导致整个特许连锁经营系统受损。

2）餐饮特许经营发展问题

我国餐饮业的特许经营发展存在的问题有：

（1）餐饮企业自身存在不足，特许经营理念不正确，没有树立品牌意识，对受许方的管理不善，物流配送技术落后。

（2）宏观环境限制发展，市场开放形成激烈的竞争态势，竞争者日益增多。市场上存在盲目特许现象，技术水平不高，没有与之匹配的成熟的政策法律体系支持我国餐饮业特许经营发展。

（3）微观环境面临挑战，餐饮企业自身体系建设不完善，受许者众多，供应商管理不善等。

3）餐饮特许经营的六个"E因素"

一般来讲，特许商和加盟商之间是一荣俱荣、一损俱损的双赢双失的合作关系，这种利益关系的结盟需要建立在长期合作的信任和互利的基础之上。专业人士将这种特许经营关系的发展过程分为六个界限非常明晰的阶段。这六个阶段被称为特许经营的六个"E因素"（因每个阶段名称的最后一个字母是E）。这六个阶段分别是：快乐阶段（glee stage）、交费阶段（fee stage）、自我阶段（me stage）、自由阶段（free stage）、明白阶段（see stage）、我们阶段（we stage）。这六个"E因素"是被特许人处理好与特许人的关系而自然发展成熟的过程。

（1）快乐阶段。

在开始加盟特许经营体系的时候，被特许人通常都是充满希望和快乐的。他们所预期的是他们的事业能获得成功并且可以获得预期的利润。他们的想法和情感是完全积极的，因为他们觉得：特许人非常关心我们的成功，我对加入这个特许经营体系非常激动，对未来充满希望，我对我们的关系感到非常高兴和满意。这个阶段通常要经历3～12个月的时间。

（2）交费阶段。

在获得一定的经营业绩的时候，被特许人开始进入交费的阶段。在这个阶段他们会对特许使用费和广告费变得特别敏感，因为他们觉得"虽然我赚了钱，但这些特许使用费却刮走了我所获取的蛋糕的顶层部分，那么我应该获得的利润又在哪里呢？"他们认为这些特许使用费和广告费是非常令人讨厌的，对于交费，他们的心情并不那么舒畅。这样，他们对特许经营体系的满意度开始下降。

（3）自我阶段。

被特许人在进入到自我阶段的时候，会认为他们的成功纯粹是他们辛苦劳动和努力的结果。"是的，我成功了，但我的成功是我辛勤工作的结果。没有特许人，也许我同样能获得成功。"

（4）自由阶段。

在被特许人的商业信心增强的时候，他们想摆脱特许人的束缚而要求自我独立的想法会越来越强。"因为我真的不喜欢特许人对经营的种种限制。对他们的不断干预，我感到灰心和厌烦。我要做我自己的事情，表达我自己的思想。"很显然，矛盾冲突是这个阶段最突出的特点。

（5）明白阶段。

如果忽略矛盾，双方的冲突是无法解决的。只有经过直率的、开诚布公的协商讨论，倾听彼此的声音，特许双方才能进入到相互明白的阶段。毫无疑问，在双方的合作中错误和误解总会发生，但只要双方相互接受，在被特许人未来的发展规划和具体需求上，特许人给予更多的帮助，特许经营体系会得到有效合理的发展，被特许人终会明白，如果不保持对特许经营体系的一致性和忠诚度，整个特许经营体系的优势将会丧失。

（6）我们阶段。

从明白阶段到我们阶段是一个由独立到相互依存的思考过程。要步入我们阶段，被特许人要做到思想成熟、不带偏见、具有商业头脑，更重要的是，要能够盈利。因为他们所考虑的是我们需要相互合作以最大限度地建立起我们之间的业务关系。我在某些领域需要一些具体的协助，以发展我的企业，但我还有一些想法，需要特许人加以考虑。这些通过特许经营关系的发展步入到我们阶段的被特许人，可以说是特许经营网络的最大财富。他们将成为成功者，他们一方面关注他们要获得的利润，另一方面注重培养健康的业务关系，这种关系不只是与特许人的关系，而且包括与他们的供应商和客户的关系。

6.4.2　特许经营体系维护

"思政"入课 6-1　　　　　　　　**特许经营之"特"应依法依约框定**

特许经营作为以知识产权为重要资源的合作模式，以其独特的运行机制，规模化、低成本的扩张模式，致力双赢的获益方式，带动了大众的创业热情。但当特许人存在违约违规的情况时，被特许人应当如何维护合法权益？在湖南省长沙市天心区人民法院近期审理的一起案件中，特许人因违反合同约定，依法被判向被特许人赔偿 4 万元损失。法官对该案进行了释法析理，并呼吁特许人要坚守诚实守信的社会主义核心价值观，在合法合约的前提下从事经营活动，被特许人也应理性创业，事前充分考察，事后理性维权。

1. 特许人在加盟店旁再开店，被特许人要求赔偿相应损失

某熟食公司成立于 2019 年 11 月 13 日，拥有某熟食品牌，该品牌在湖南省零售熟食行业中有较高的名气，该品牌与诸多商家签订了特许经营合同，建立加盟关系，并收取了一定的加盟费，截至 2021 年一共授权了 50 多家加盟店。2020 年 5 月 6 日，王先生与该公司建立加盟关系，双方合同约定：公司对王先生合作店铺所在经营地限额开设其他合作店，即以该合作店铺为中心，半径一公里内不再开设该品牌其他合作店铺，确保王先生合作店铺的经营利益等，合同期限为 2020 年 5 月 6 日至 2022 年 5 月 6 日。合同签订后，王先生于 2020 年 5 月 27 日开设了"某牌"佳美紫郡店。2020 年 7 月 7 日，该公司授权第三人在距离王先生经营的店铺直线距离 690 米处开设了"某牌"康桥长郡店。该店开业后，王先生经营的门店销售额明显下降。王先生在庭上陈述，在康桥长郡店开业之前，经常有康桥长郡小区的客户在他这里消费，他也经常去康桥长郡小区送外卖，在"某牌"康桥长郡店开业之后，这部分客户基本上就流失了，王先生多次找公司协商未果。这让王先生感到十分委屈，制作熟食需要较长时间，工作量很大，他起早贪黑辛辛苦苦经营店铺，却在开业不满两个月时就面临着客户流失、销售额下降的困境。

2. 特许人某熟食公司辩称

被告某熟食公司辩称，王先生因没有餐饮经营的相关经验及开业后疏于宣传等多种因素，造成开业后利润未达到预期。王先生投资时应当预计到投资有风险，且王先生的门店至今仍在盈利，但王先生将生活的压力转变为对被告的不满情绪，并将没有赚大钱的原因完全归咎于其公司，甚至要求按照开业时营业额峰值计算损失、主张赔偿，实在荒唐。其公司已经按合同约定提供了服务，仅是在后续加盟商选址时未尽到审慎义务，王先生要求被告赔偿巨额损失，有违公平原则，请求驳回王先生的全部诉讼请求。

3. 裁判解析：引导树立正确市场价值导向

本案是典型的特许经营合同纠纷。首先，特许经营合同不同于一般合同。特许经

营合同的一个主要特征是特许人与被特许人在信息获取上的不对称，被特许人很大程度上处于被动的地位，如本案的王先生，在公司授权第三人开设加盟店时处于被动地位，新开设的加盟店会对王先生开设的门店造成不良影响。某熟食公司发展新加盟店获取了利益，而王先生因此遭受了损失。司法机关须充分考虑双方之间的利益平衡，引导特许人合法合约开展经营活动。特许人作为特许经营合同法律关系中的主动方，只有规范好自身的特许经营行为，完善经营资源和模式，才能有效提升其品牌效益及市场竞争力，从根源上减少纠纷的产生。对于被特许人而言，双方产生纠纷时仍应以诚信公平为原则，协商处理。被特许人在明确自己的诉求后，应当准确向特许人表达，沟通化解矛盾的方案。双方无法自行协商起诉至法院的，被特许人也应当理性维权，合理考量自身履约行为，确定符合实际的诉讼请求，不夸大自身损失。其次，本案是典型的履行合同义务不符合约定的情形。违约损失一方面是为了规制合同当事人信守合约，另一方面是为了保护守约方的利益，实质是对有约必守原则的维护、提倡和贯彻，是以司法之力强制推进合同按约履行。

4.专家点评

市场主体要在法律框架内行使权利。特许经营模式不仅涉及合同双方当事人的经营利益，更会影响其他相关经营主体的经营利益，关乎市场公平竞争。在维护、提倡和贯彻诚实信用原则的同时，要致力于营商环境的不断优化。本案判决既彰显了法律对有约必守行为的价值引导，也体现了对市场主体经营利益的保护。只有厉行法治，不断规范市场主体的经营行为，才能不断优化营商环境，实现公平正义目标。

资料来源　刘沁，魏立宇，郭兴娟.特许经营之"特"应依法依约框定［N］.人民法院报，2022-03-14（3）.

请同学们结合资料分析：（1）如何理解特许人要坚守诚实守信的社会主义核心价值观，在合法合约的前提下从事经营活动，规范和诚信经营，有约必守？（2）被特许人如何理性创业，事前充分考察，事后理性维权？

1）完善特许经营制度

完善的特许经营制度不仅是加盟总部开展管理、沟通、协调和控制的主要依托，也是特许加盟双方进行利益分配的依据。在特许经营中，加盟商一般都不具备特殊的技能或商业经验，但特许经营又涉及许多专业且范围广泛的知识与技能，总部应当为各分店提供完善的服务体系。总部应当在各加盟商选址、店面设计和布局、产品制作技术的培训、新产品的研发和店面管理工作等方面提供一系列的服务和指导，只有建立完善的服务体系，才能保证连锁经营的高水平运转。

2）加盟商之间协作

应当加强特许方与加盟商之间的沟通，保证销售数据、财务数据等上报数据的准确度和及时性。应当通过双方信息共享提高总部特许商对加盟商的支持，提升双方的信任度，增强加盟商的归属感，以便于双方更好地合作。

3）加盟体系自治和法律法规约束

总部应对各加盟商进行及时到位的监督管理，建立全面完善、全经营周期的监管体制。总部对各加盟商的监管，既要确保盈利以完成总部投资收益计划，也要采取相关措施保证连锁经营业务的顺利开展。当加盟双方就核心问题产生重大分歧和争议时，要采用合同协议条款来进行约束和解决。特许人作为特许经营合同法律关系中的主动方，只有规范好自身的特许经营行为，完善经营资源和模式，才能有效提升其品牌效益及市场竞争力。

特许经营在我国一直发展迅猛，越是发展迅速，越要注意精细化的经营管理和对特许经营体系的维护。特许人要坚守诚实守信的社会主义核心价值观，在合法合约的前提下从事经营活动，加盟商也应理性创业，事前充分考察，事后理性维权，在法律框架内行使权利。特许经营模式不仅涉及合同双方当事人的经营利益，更会影响其他相关经营主体的经营利益，关乎市场公平竞争。在维护、提倡和贯彻诚实信用原则的同时，也要致力于营商环境的不断优化。

☑ 课外阅读6-1　《2021年度中国特许经营合同纠纷裁判白皮书》发布

由中伦律师事务所、中国连锁经营协会（CCFA）联合发布，中伦律师事务所合伙人王红燕律师撰写的《2019—2020年度中国商业特许经营合同纠纷裁判白皮书》正式出炉，报告基于检索到的千余份特许经营合同纠纷裁判文书进行了一系列大数据统计和归纳解析，囊括了2019、2020年度有关特许经营合同纠纷案件的争议焦点问题，包括特许经营法律法规的规定、冷静期的约定、特许人的信息披露义务、合同解除等，同时梳理了法院在审理类型案件时遵循的裁判要旨及裁量标准，总结了特许经营合同纠纷案件的主要特点，并为特许经营行业未来持续的合规、健康发展提出了宝贵建议。2022年更新的《2021年度中国特许经营合同纠纷裁判白皮书》在2021年的基础上，围绕2021年《中华人民共和国民法典》颁布实施下的新法律环境，聚焦于餐饮、酒店行业特许经营状况，对相关内容做出了更新和增加。

资料来源　中国连锁经营协会.《2021年度中国特许经营合同纠纷裁判白皮书》发布［EB/OL］.［2022-06-07］. http://www.ccfa.org.cn/portal/cn/xiangxi.jsp? id=443635&ks=2021%E5%B9%B4%E5%BA%A6%E4%B8%AD%E5%9B%BD%E7%89%B9%E8%AE%B8%E7%BB%8F%E8%90%A5%E5%90%88%E5%90%8C%E7%BA%A0%E7%BA%B7%E8%A3%81%E5%A4%E7%99%BD%E7%9A%AE%E4%B9%A6%E3%80%8B%E5%8F%91%E5%B8%83&type=1.

要进一步了解2022年更新的《2021年度中国特许经营合同纠纷裁判白皮书》的详细情况，可以扫描二维码查看。

◈ 单元小结

本单元主要介绍了特许经营的含义和主要特征、特许人和受许人应具备的条件、餐饮加盟程序及加盟合同，分析了特许经营权和特许经营关系、餐饮特许经营管理和维护。

◈ 主要概念

特许经营体系

◆ 单元测试

□ 选择题

1.特许人从事特许经营活动应当拥有（　　）并且经营时间超过1年。

A.至少1个直营店　　　　　　　　　B.至少2个直营店

C.至少3个直营店　　　　　　　　　D.至少4个直营店

2.在特许经营活动中不属于特许经营权的是（　　）。

A.经营模式　　　　B.商标　　　　C.商号　　　　D.固定资产

3.连锁餐饮加盟中特许经营权的实质是（　　）有偿转让。

A.店铺　　　　B.商品　　　　C.有形资产　　　　D.无形资产

4.在连锁体系中能够维系特许经营制度最重要的是（　　）。

A.系统化　　　　B.科学化　　　　C.信息化　　　　D.标准化

5.所有权独立、经营权高度集中的连锁经营类型是（　　）。

A.直营连锁　　　　B.特许连锁　　　　C.自由连锁　　　　D.正规连锁

6.下列不属于连锁餐饮加盟者义务的是（　　）。

A.维护连锁体系统一形象　　　　　　B.按照合同支付特许权使用费

C.制定经营手册　　　　　　　　　　D.接受特许者的指导和监督

7.特许连锁经营体系中特许人通过合同可以转让（　　）等的特许经营权。

A.商标　　　　B.商号　　　　C.投入资本　　　　D.经营模式

8.餐饮加盟者应具备的条件有（　　）。

A.经济实力　　　　B.经营水平　　　　C.管理能力　　　　D.信用能力

□ 判断题

1.特许人通过合同可以转让包括使用自己的商标、商号等在内的特许经营权。

（　　）

2.特许人与被特许人之间关系及责任主要是依特许经营合同内容决定。（　　）

3.连锁餐饮特许经营体系可以通过加盟关系协作、沟通、加盟体系自治以及法律法规约束来维护。（　　）

4.六个"E因素"是在被特许人处理好与特许人关系中自然发展成熟的过程。

（　　）

5.连锁餐饮的特许经营权实质是有形资产的有偿转让。（　　）

6.特许人从事特许经营活动应拥有至少1个直营店且经营时间超过1年。（　　）

7.在特许经营活动中，对加盟者信用能力没有要求。（　　）

8.被特许人按照合同约定向特许人支付特许经营费。（　　）

9.在特许经营关系中应是合作共赢关系。（　　）

10.一般来说特许人经营时间越长，加盟商越多，体系越成熟，风险相对越小。

（　　）

即测即评-6

□简答题

1.如何理解特许连锁经营体系？

2.连锁餐饮特许人应具备哪些基本条件？

3.如何开展餐饮特许经营体系维护？

□案例分析题

特许有风险　加盟需谨慎

北京市丰台区人民法院辖区内西站南广场、总部基地等地区特许经营企业聚集，因经营不规范引发了较多纠纷，给特许经营双方带来巨大损失的同时，也损害了特许经营行业发展。从受理的案件看，原告绝大多数为被特许人，诉讼目的为脱离合同约束；涉及行业较广泛，餐饮服务业占比大；特许经营模式以"商标+销售"模式居多；特许经营合同约定期限较短现象突出。

1.特许人未按照《商业特许经营管理条例》规范开展特许经营业务。徐某于2017年9月与某投资公司签订具有特许经营性质的《餐饮业服务合同》，加盟某投资公司开发并管理的"某烤鱼馆"餐饮技术服务项目。合同签订后，徐某依约向某投资公司支付服务费用。经营期间，徐某发现某投资公司无特许经营资质，不具备"两店一年"条件，且未进行特许经营信息的披露，同时对公司自身及品牌存在夸大宣传行为。故徐某诉至法院，要求解除合同并返还全部费用及赔偿损失。

2.法院裁判。《商业特许经营管理条例》规定了特许人从事特许经营活动应当满足"两店一年"的条件；特许人应当在订立特许经营合同之日前至少30日，以书面形式向被特许人提供法律规定的信息，并提供特许经营合同文本；特许人隐瞒有关信息或者提供虚假信息的，被特许人可以解除特许经营合同。本案中，某投资公司未提供以上证据，其不具备成熟的经营模式和提供持续经营指导的能力，也未按照《商业特许经营管理条例》的规定向徐某进行相应的信息披露，故对于徐某的主张法院予以支持。

3.法官提示：在签约加盟前，要对加盟项目充分了解。首先，要了解是否满足"特许经营合同"三大特征，即特许人须拥有经营资源，包括注册商标、企业标志、专利，也包括字号、商业秘密、具有独特风格的整体营业形象，以及在先使用并具有一定影响的未注册商标等能够形成某种市场竞争优势的经营资源；被特许人按照合同约定在统一的经营模式下开展经营；被特许人获得特许人的经营资源是有偿的。其次，要做好"尽职调查"，通过国家企业信用信息公示系统等网站，核实校验特许人主体信息、确认特许经营资源真伪、查询了解特许人实际经营情况等。最后，实地走访考察特许人和其他被特许人经营情况，审慎加盟。

资料来源　刘琳琳.特许有风险 加盟需谨慎［N］.人民政协报，2021-04-27（12）.

分析：

（1）特许经营合同主要有哪些特征？

（2）如何依法开展餐饮的特许经营？

单元7
连锁餐饮企业总部管理

■ **学习目标**

通过本单元的学习，达到以下学习目标：

知识目标： 了解总部的地位和作用，熟悉连锁企业总部的职能，掌握连锁餐饮企业总部业务职能。

能力目标： 通过"双创"入课，使学生学会思考和分析连锁餐饮企业总部管控的主要内容和方法。

思政目标： 结合教学内容、案例资料等，通过案例分析、思政入课等形式，引导学生树立连锁餐饮企业总部是企业的核心和中枢机构的观念，应带头践行企业社会责任。

■ **单元框架**

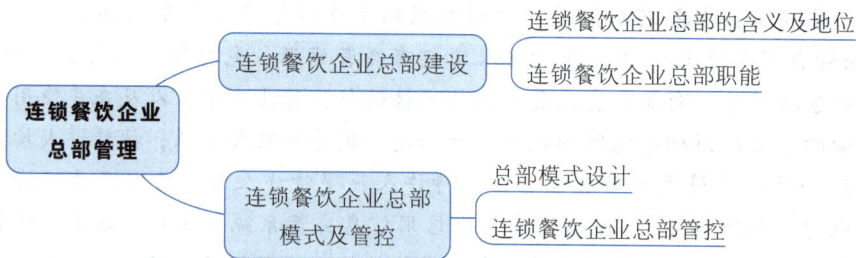

引例

连锁餐饮企业总部问题

中国烹饪协会报告数据显示，50%以上的中国餐饮企业的总部不清楚自己的职责与定位，85%的企业经营者为总部建设发愁。

例如，重庆某主营精品川菜、火锅的连锁餐饮集团，创立至今已11年有余，从最初的十来张台，发展到拥有3个品牌、14家直营店的连锁企业，且拥有一间配置齐全、已成立8年多的总部办公室：这是一间占地1 200m²、功能齐全的综合办公室，包括一间可同时容纳上百人的培训室以及一个融采购、加工、配送、研发为一体的中央厨房。

总部从成立至今，装修、运营已耗资近千万元，这对于民营企业来讲实属少见。该企业所打造的总部完全可管理至少30家直营店，但目前只服务于14家直营店。原来，从总部成立之日起，与分店间的争议就一直存在，不过之前那些都是立场、角度不同而导致的日常琐事。最近，下属各店纷纷表达对总部的不满，甚至公然违抗总部的指令，虽然拥有如此强大的总部支持，但各店生意却日渐惨淡，企业整体效益也逐日下滑，管理团队都忙于解决内部矛盾。

问题一：总部建设过快，造成企业不必要的损耗。

问题二：总部核心职责之"支持分店增值"未能履行，工作中各分店一致出现重管理、轻经营现象，致使企业陷入因"管理"方向不当而再次受创的困境。

问题三：支持、服务不及时，引发分店对总部系统的信任危机及内耗。（1）总部各部门成了审批、核转、协调部门，而非支持与服务部门，引发分店管理人员非议。（2）各类标准未能及时更新，致分店因经营需要不得不自行拟制。（3）分店所需支持及服务不到位，致分店对公司各部门工作效能及存在的价值产生怀疑。

问题四：总部考核不合理，导致岗位关键职责无法履行。理想的区域经营加盟总部应该是在业务体系和行政体系方面对店铺营运直接进行领导和提供支持——业务体系的若干功能部门设计与总部业务体系直接对接，行政体系的若干职能部门设计与总部行政体系直接对接。

资料来源　编者根据相关资料整理。

7.1　连锁餐饮企业总部建设

7.1.1　连锁餐饮企业总部的含义及地位

1）连锁餐饮企业总部的含义

连锁餐饮企业总部是指在连锁餐饮企业体系中，具有科学的战略设计、合理的组织架构和完善的管理体系，扮演核心和主导的角色，并能推动各项战略有效实施的中枢机构。

2）连锁餐饮企业总部的地位和作用

总部通过标准化、专业化、集中化的管理使餐饮门店作业简单化、高效化。

连锁餐饮企业总部的基本职能主要有政策制定、新店扩张、产品开发及管理、品牌塑造等，由不同的职能部门分别负责。总部是连锁企业经营管理的核心组织，是企业的"最强大脑"，是连锁企业标准化的制定者和督导者。其负责向各分店提供企业文化、企业愿景、职业生涯规划等方面的培训，以改进分店员工的经营管理能力、服务方式和技巧，使消费者光顾任何一家门店，都能买到同样的商品，享受到同样的服务。只有这样，门店才能盈利，总部才能因此而产生综合绩效。

集团总部管理的定位为：①战略管理责任中心。②资本运营责任中心。③财务监控责任中心。④资源管理责任中心。⑤运营协调控制责任中心。⑥人才培训中心等。餐饮集团公司总部各职能部门是实现公司发展战略目标的支持体系，是连接集团公司与各业务单元的桥梁和纽带，只有充分发挥总部各职能部门的作用，才能保证餐饮集团公司各项工作的顺利开展。

7.1.2　连锁餐饮企业总部职能

1）总部战略设计职能和行政管理职能

（1）总部战略设计职能主要包括战略管理职能和投资管理职能。

① 战略管理职能。实行公司战略管理，必须建立一整套科学的、系统的战略分解和实施方案，充分发挥集团总部的战略指导作用，才能使连锁餐饮企业健康发展。

② 投资管理职能。目前，中餐企业到海外开店越来越普遍。数据显示，2017年至少有16个中餐知名品牌奔赴海外开店。目前海外中餐厅众多，许多美国人每月至少吃一次中餐，中餐企业海外投资的机会比较多。

（2）总部行政管理职能主要包括运营协调管理职能、市场开发与加盟职能、产品技术管理职能、人力资源及绩效管理职能等。

① 运营协调管理职能。其主要任务是负责公司整体服务品质的提升和区域资源的整合，具体包括：各分店营业目标和总部营业目标的拟定及督促执行；对分店的经营进行监督和指导，店务督导走访及店务专案执行；编制、更新营业手册，并监督、检查其执行情况；店长升迁的考核、调配及工作分派；掌握门店经营情况并提供合理化建议；新店开业筹办、开店流程安排及进度控制；新开分店的投资效益评估；新开分店的设备采购与各分店设备的维修保养等。

② 市场开发与加盟职能。其主要任务是新店店址调研、加盟事宜接洽等，具体包括：开设新店或发展加盟店时进行商圈调查；制定选址标准、设备标准和投资标准；决定自行建店、买店或租店；与媒体、政府机关建立良好的关系；提供加盟业务咨询接洽，实地勘察，制作讲解投资评估报告；加盟跟进，促进合同签订；协助办理各种相关证照；新店开业，定期走访顾客及顾客服务系统维护等。

③ 产品技术管理职能。其主要职能包括：负责餐饮新产品的研发；现有餐饮产品的维护；产品生产安全监督及品质管理监督；餐牌的设计和更新；产品营养成分研

究和分量的合理调整；产品成本的核算和利润保障；新食材的研究开发等。

④ 人力资源及绩效管理职能。其主要职能包括：企业组织制度的确定；人事制度的制定及执行；员工福利制度的制定与执行；人员培训材料的编制和培训执行；考核和派遣；建立人才储备库；奖惩办法的拟定与执行等。

⑤ 市场企划和信息规划管理职能。其主要职能包括：公司整体形象的规划及宣传；公司期刊编辑和宣传推广；公司和门店的形象设计；加盟的宣传推广与信息反馈；门店的营销企划；网站更新和信息发布；公司网络维护和软件更新等。

⑥ 品牌及法务管理职能。其主要职能包括：维护企业的品牌资产和技术资产等企业自身的权利；处理与加盟商的纠纷；维护自己的知识产权；处理总部和门店在经营中遇到的各种法律问题等。

⑦ 物流配送管理职能。其主要职能包括：为加盟业主提供初次物料配送；连锁店日常订货配送；市场信息的了解及完善；制订完善的供应商管理计划；市场询价和合同签订；配合研发中心采购，将新材料运用到新产品创新中；制订物流中心的成本核算和仓库管理计划；各种物料在门店的推广运用等。

📝 课内阅读7-1 　　　　快餐连锁企业总部职能

快餐连锁企业通常由连锁总部和连锁分店组成。总部是连锁经营管理的核心，其职能主要是市场调研、产品开发、促销策划、采购配送、财务管理、质量管理、经营指导和教育培训等（如图7-1所示）；连锁分店在理论上应具备六个共同特征：统一经营理念、统一企业识别、统一产品组合、统一服务模式、统一经营管理、统一扩张渗透。连锁分店是连锁经营的基础，其主要职责是按照总部指示和服务规范要求，承担日常经营业务。

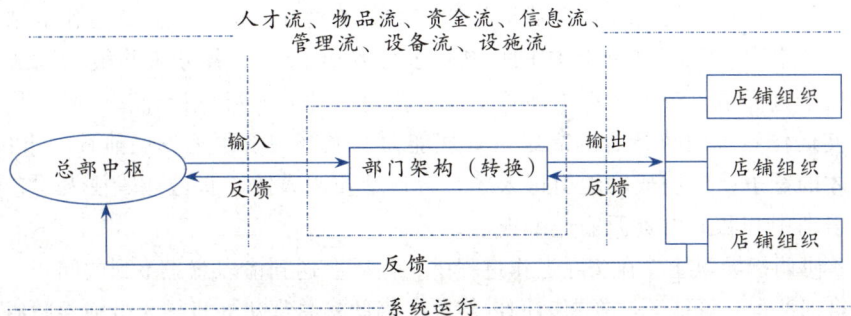

图7-1 快餐连锁企业总部架构及职能

连锁总部和店铺组织是快餐连锁企业总部的主干，其中连锁总部体系包括总部中枢和部门架构。总部中枢是连锁经营体系的中枢，承担着连锁经营战略体系设计、架构设计、培训设计、制度设计、文化设计、资源配置、盈利模式设计功能；部门架构是总部中枢与店铺组织的中间环节，主要功能是将总部拟定的战略目标分解为部门计划目标，其次将计划目标分解到不同单元、不同职位、不同个人，最后清晰界定部门目标、单元目标和个人目标；店铺组织既是连锁经营体系运行终端，又是价值链运行销售终端，包括服务体系、厨务体系、行政体系，三大体系在业务体系直接支持、行政体系间接支持、物流体系物流支持的背景下实现有效运行。

资料来源 编者根据相关资料整理。

2）总部业务职能

（1）样板店展示运作职能。从某种程度上说，连锁企业销售的其实是连锁运作体制。如何将这套连锁运作体制推销出去，同时又使门店与总部双方都能获利，是总部的首要任务，以奠定连锁体系日后发展的基础。因此，总部必须设计出真正符合自身具体情况的开店策略，包括整体开店计划、市场潜力分析与计算、商圈调查与评估、开店流程制定与执行、开店投资效益评估、门店配置规划等，总之要设法达到高且精准的开店成功率。

（2）产品技术研发职能。连锁企业总部的研发功能非常关键。在经历了创业阶段后，连锁企业需要不断研发出适合目标顾客的品类结构和服务，改善管理流程和运营技术等。总部在发挥研发功能时，必须考虑针对差异化的商品和服务的研究。产品技术研发职能主要包括：加强产品技术部人员力量，发挥产品技术部的"中心"作用；制定菜品长期发展规划，不断研制开发新的菜品，调整改良老产品，创造餐饮集团公司自己的专利产品，建立产品专利、保密系统，以满足连锁餐饮企业长期生存和可持续发展的需要。

（3）营销企划职能。营销的含义较广，包括利用商品采购、门店促销、整体形象塑造、广告媒体等工具、方法来提高门店的营业额。在市场经济飞速发展的今天，营销企划显得更为重要。营销企划职能主要包括：总部的市场规划；市场信息的传递；企业内部和外部环境的调研分析；企业营销资源的整合；编制总部年度、季度、月份、节假日统一的营销计划和活动方案；各种宣传媒体的利用；具体营销方案的组织开展、落实、追踪、总结等。

（4）教育培训职能。连锁企业运作的成败，关键在于能否将连锁运作的精华嫁接到门店，也就是能否把连锁运作的成功经验系统地传授给各分店并很快地被分店运用。在这个过程中，教育培训扮演着重要的角色。此方式可以让经验少的人尽快进入角色，使运作熟练的执行者提高经营管理能力，让管理者预见发展前景。市场竞争，就是人才的竞争，应该成功地引进人才，合理地使用人才，真诚地留住人才，建立人力资源培训中心和人力资源输送基地。

（5）协调指导职能。在实际运作过程中，门店会遇到诸多意想不到的问题，如果仅靠教育培训课程，可能无法在短时间内解决，因此，总部建立指导人员辅导门店机制是有必要的。总部派人辅导、监督门店，一是可以作为总部与门店之间的桥梁，避免断层；二是指导人员可以快捷地为门店提供成熟的经营方法，协助门店更有效地运作。

（6）财务职能。财务和融资是连锁发展的关键因素，包含账务与会计系统、税务处理系统、防舞弊与稽核系统等。财务扮演着管理与服务的角色，若能充分发挥该功能，就可以避免不少营运危机。总部的财务部必须真正行使财务管理、财务监督、会计核算及成本核算的职能。其主要任务有：筹措资金、全面预算、拟定连锁企业及所属各店计划指标；提供决策依据；审核各项物资、物品采购价格及合同；组织收缴业务款；承担应收账款及应付账款核算、成本核算及会计核算；制作各种财务报表、年终决算、年初预算；随时预测指标的完成结果及进度数据；保证财务信息的畅通；利用财务分析和数据资料，监督、控制连锁企业及所属各店经营业务活动顺利开展，为连锁企业及所属各店组织经营业务活动、增加收入、降低成本提供决策依据等。

"思政"入课7-1　紫燕食品荣获2022年度"上海市民营企业总部"认定

上海紫燕食品股份有限公司是一家全国性的熟食连锁企业，发源于四川，发展于江苏，现总部位于上海。经过30多年的潜心耕耘，紫燕食品现已在全国20个省、自治区、直辖市，180多个城区开设"紫燕百味鸡"品牌连锁店超5 300家，建成多座大型标准工厂，旗下还开设多个涵盖休闲餐饮、休闲卤味品类子品牌。依托丰富的产品线、供应链管控、软硬件设施建设等优势，紫燕食品在原料采购溯源、生产工艺控制、危害关键点控制、产品检验控制、冷链配送等方面建立了规范的管理体系。凭借精选的原料、特色的配方、严谨的工艺，创出以百味鸡、夫妻肺片、藤椒鸡、紫燕鹅为主的百余道特色菜肴，并确立了"紫燕百味鸡"品质好、美味、健康的良好品牌声誉。30多年来，紫燕食品在发展壮大的同时，一直以专业创造价值，秉爱心回馈社会，以多种方式践行企业社会责任：疫情防控期间，紫燕食品快速筹措捐赠物资，积极承担保障供应任务，并通过"紫燕公益基金"账户捐款助力抗疫。紫燕食品荣获2022年度"上海市民营企业总部"认定，成为上海市民营经济发展的代表性企业之一。上海市民营企业总部证书由上海市商务委员会、上海市发展和改革委员会、上海市经济和信息化委员会、上海市工商业联合会共同认定和颁发。四部委印发的《上海市鼓励设立民营企业总部的若干意见》明确表示：民营企业对于稳定经济增长、促进创新发展、增加就业岗位、增强市场活力具有重要作用。

资料来源　紫燕百味鸡. 紫燕发展历程［EB/OL］.［2022-10-28］. https://www.ziyanfoods.com/blank1.html#page1.

请同学们结合案例分析：连锁餐饮民营企业总部应如何践行企业社会责任？

7.2　连锁餐饮企业总部模式及管控

我国的餐饮企业向集团化发展，大部分是由单个餐饮企业经营成功之后迅速发展壮大而形成的，这个过程是经历了由自由发展到自觉发展，由量的积累到质的升华的过程。餐饮业已经逐步迈入了以规模化、标准化、多元化、主题化为特征的发展阶段，连锁餐饮企业总部的控制能力更为重要。

7.2.1　总部模式设计

1）总部模式设计原则

总部模式设计的原则包括：

（1）控制性。

（2）高效性。

（3）复制性。

（4）差异性。

2）总部模式设计分类

（1）初级总部模式，是指随着连锁店数量的增加而形成的为连锁店提供支持和服务的具有专业分工与协助特点的总部模式。初级总部是连锁经营在形成阶段所组建的最简单的总部组织形式。

（2）**发展总部模式**，是指随着连锁店数量和规模不断扩张，初级总部模式已经不能适应连锁经营体系管理的要求，为使连锁经营总部的等级与连锁店数量和规模相匹配，连锁经营总部的等级会发生功能分化与转型，从而形成发展总部模式。连锁经营发展总部模式的显著特点是总部的部门分工化。

（3）**高级总部模式**，是指在总部规模及等级设计上表现出鲜明的地区总部特点，而地区总部是根据进入城市或地区体量所进行的规模与等级定位和选择。高级总部模式的显著特点是综合办公功能发生分化，生产加工模式发生转变等。国际餐饮品牌进行海外扩张时多采用高级总部模式。

> **"双创"入课7-1**　　　　　　　　**事业部制企业总部管控模式**

事业部制企业总部管控模式是指企业在事业部体制下所采取的事业推动、监管与运营方式，具体见表7-1和表7-2。

表7-1　　　　　　　　　　　　　　　**基本管控模式特征对比**

对比方面		深度控制型	目标计划型	增值运营型
总部目标		全面、深度掌控事业部情况，紧密指导、推动并控制事业部各项业务工作进展	推动并管控事业部完成战略计划、经营计划与预算目标	在完成经营目标、计划的同时，指导并推动事业部业务的创新发展
总部与事业部功能定位		总部为事业部的决策和管理中心，事业部为执行中心	总部为事业部目标与计划管控中心，事业部为目标与计划的规划与执行中心	总部为事业发展的推动中心，事业部为事业规划和执行中心
事业部业务自主性		在主要业务事项审批与全面预算框架内，具有具体业务执行的决定权	在经营计划与预算框架内，具有业务规划与执行的决定权	在经营计划与预算框架内，具有业务规划与执行的决定权
职能管理	战略管理	事业部制定，总部审批，事业部执行，总部监管		
	组织管理	事业部制定，总部审批，事业部执行，总部监管		
	经营计划与预算管理	事业部制定，总部审批，事业部执行，总部监管		
	人力资源管理	事业部中层由总部直接管控	总部管到事业部班子层面	总部管到事业部班子层面
	财务管理	总部财务集中管理，甚至事业部不设财务部	事业部可设财务部，总部派驻财务总监，财务人员接受总部财务部考核	事业部可设财务部，总部派驻财务总监，财务人员接受总部财务部考核
	业务管理	总部出台业务政策，审批管控关键环节	总部出台宏观业务政策，按照经营计划中的业务计划实施管控	总部出台宏观业务政策，按照经营计划中的业务计划实施管控；对业务创新、增值发展实施管理
	后勤服务	总部托管或进行内部市场有偿服务交易		

序号	企业总部价值	价值内涵
表7-2		事业部制企业总部的价值内涵
1	分权格局部署	合理配置权力资源，使企业总部与事业部的权力划分明确、适度、清晰
2	发展驱动	通过孵化新事业部推动企业规模化发展
3	打造企业竞争力	通过事业部间的业务配合、相互支撑、内化服务，使企业产生新的竞争力
4	降低运营成本，提高运行效率	有效整合资源，减少重复建设
5	整体发展战略规划	确定企业整体发展的范围、主业定位、体制机制、经营模式与事业结构等原则
6	事业部业绩与业务管控	关注事业部发展，对其实施目标管理与过程管控

资料来源　韩鹏飞. 事业部制企业总部价值与管控模式探讨［J］. 管理观察，2018（3）.

请同学们结合案例分析：事业部制企业总部管控模式有何特点？

7.2.2　连锁餐饮企业总部管控

1）总部管控要求

总部管控的要求是可以提高企业内部的经营效率，使得企业制定的战略得以实施，同时可以合理保护企业经营管理合法合规、资产安全、财务报告的真实完整，从而使公司的各项经营制度能够贯彻实施，实现连锁经营的标准化、专业化、简化。

（1）总部管控系统的完善性。

①需根据实际的发展情况积极构建切实有效的内控系统目标，每一家连锁餐饮企业都需要将其设定为主要的控制目标，无论是总店还是分店都要加以落实。

②需要进一步提高风险评估的整体质量，在考核期间需要由管理层对风险进行识别，并采取相应的措施进行规避。

③需要构建关键控制点，餐饮企业针对经营管理的各个流程与环节做好关键点的有效控制，才能起到事半功倍的作用。

④做好信息情报的传递工作，只有从根本上保证信息传递与沟通的完善性，才能实现部门之间的相互流动，掌握各个门店的经营情况，对门店问题进行指导与分析。

（2）构建内部监督与评价机制。

在内部监督与评价机制构建方面需要做到事前监督与事后评价相结合。其中，事前监督是预防性监督，由各个门店的负责人根据情况制定出科学的建议与对策，发现问题需及时解决；事后评价则属于总结性评价，要由专门的部门（包括审计部门、监察部门）负责，并且从全局角度进行恰当评价，如果存在问题需及时解决与处理。

2）总部管控内容和方法

（1）品牌和文化管控。

①品牌管控主要是通过品牌的策划、营销宣传、品牌的授权等方式掌握品牌的主导权，通过品牌来凝聚和管理连锁店。

②文化管控主要是通过总部在直营或加盟系统内部建设和营造统一的文化氛围，塑造共同的经营理念、价值观等，并以此推动连锁店共同行为标准的形成。

（2）技术和信息系统管控。

①总部通过掌握的特殊专利技术方式实现对连锁店的管控。专利技术可以是特定的技术设备和服务设施，也可以体现为菜品方面的特殊工艺或配方。

②信息系统管控主要是总部通过标准化的信息系统建设，在提升连锁店经营效益的同时，实现对连锁店信息系统的规范管理。例如，建立完善的餐饮业防损管理系统（如图7-2、图7-3、图7-4所示），不仅可以规范餐饮企业服务行为，提高管理效率和内控机制，降低企业运营成本，增强企业竞争力，而且能够在降低企业不必要损失的同时增加营业收入，这对企业可持续发展有重要意义。

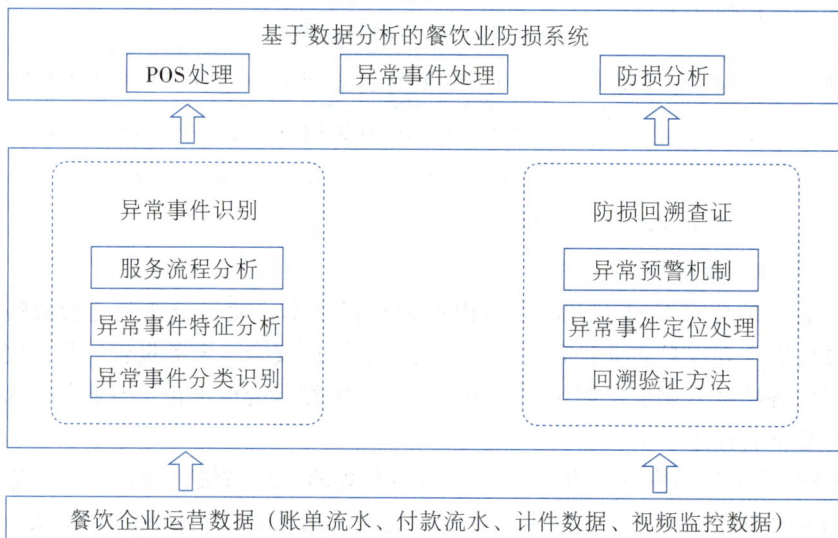

图7-2　防损管理系统框架

图7-3　总部对分店巡视

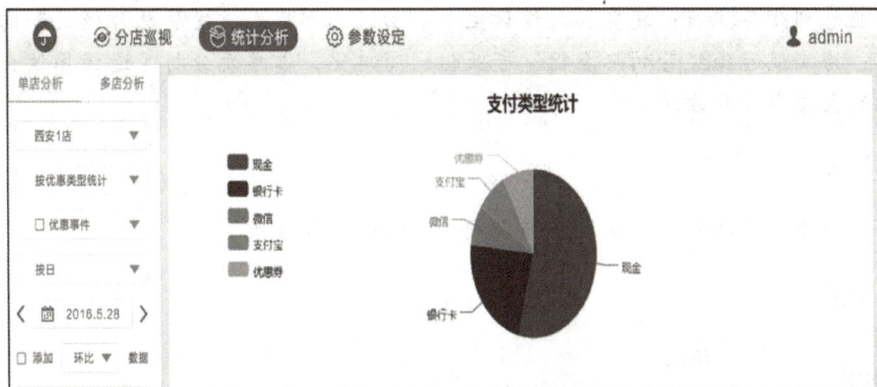

图7-4　总部对支付方式统计分析

资料来源　王倩，周鸿屹，孙钦东，等．基于大数据分析的餐饮业防损管理系统［J］．软件，2018（3）．

（3）成本和供应链管控。

① 成本管控主要包括建立控制系统、控制过程的监测、采取纠偏措施、目标动态控制。连锁餐饮业成本管控的具体措施包括制定标准成本、加强配送成本控制、加强采购成本控制、加强销售和服务控制。

② 供应链管控主要是指总部通过统一采购、统一原材料配送等方式对连锁店进行支持和管理。

课外阅读7-1　　　禅城发布支持连锁经营行业发展"升级版"
加大吸引连锁企业总部落户

近年来，禅城连锁经营行业持续稳步向前发展，规模不断扩大，有力推动禅城商业实现高质量发展。伊丽汇、广东益康医药、朴朴网络科技有限公司、盒马鲜生、卡地亚（Cartier）、欧米茄（OMEGA）等一批知名连锁品牌已在禅城区设立总部或佛山首店。为进一步延续政策促进效果和响应企业在新形势下的发展需求，禅城区经济和科技促进局牵头对《佛山市禅城区连锁经营行业发展促进办法（试行）》进行修订，并形成了《佛山市禅城区连锁经营行业发展促进办法（暂行）》（简称《促进办法》）。本次修订的《促进办法》，是新形势下支持连锁经营行业发展的"升级版"，禅城对连锁经营行业企业的支持依旧保持极大力度。本次修订的《促进办法》坚持促增量与稳存量相结合，既加大力度吸引连锁企业总部和知名品牌落户，也力求通过政策杠杆作用促使存量企业做大做强。

资料来源　罗艳梅，杨环．禅城发布支持连锁经营行业发展"升级版"　连锁企业总部落户最高奖励2 000万元［N］．佛山日报，2022-04-27（B06）．

要进一步了解禅城发布支持连锁经营行业发展"升级版"的详细情况，可以扫描二维码查看。

单元小结

本单元主要介绍了连锁餐饮企业总部地位和作用、连锁企业总部基本职能、连锁餐饮企业总部业务职能；总部模式设计主要有初级总部模式、发展总部模式和高级总部模式；为实现连锁经营的标准化、专业化、简单化，本单元分析了连锁餐饮企业总部管控的主要内容和方法。

🔷 主要概念

连锁餐饮企业总部　　　发展总部模式　　　高级总部模式

🔷 单元测试

□选择题

即测即评-7

1.在连锁餐饮企业体系中扮演核心和主导的角色，推动各项战略有效实施的中枢机构是（　　　）。

A.连锁企业总部　　　　　　　　B.连锁餐饮店

C.连锁企业分公司　　　　　　　D.连锁企业加盟商

2.下列不属于连锁餐饮企业总部模式设计原则的是（　　　）。

A.控制性　　　　B.开放性　　　　C.高效性　　　　D.复制性

3.在我国的餐饮企业向集团化、连锁化发展过程中，（　　　）的控制能力更为重要。

A.总部　　　　　B.门店　　　　　C.加盟商　　　　D.分公司

4.强化连锁餐饮操作过程标准化管理的主体责任属于（　　　）。

A.门店　　　　　B.加盟商　　　　C.分公司　　　　D.总部

5.连锁企业经营管理的核心部门是（　　　）。

A.财务部门　　　B.连锁总部　　　C.配送中心　　　D.门店

6.连锁餐饮企业总部的业务职能包括（　　　）。

A.研发功能　　　B.样板店功能　　　C.指导功能　　　D.培训功能

7.连锁餐饮企业总部管控内容和方法有（　　　）。

A.品牌和文化管控　　　　　　　B.技术管控

C.信息系统管控　　　　　　　　D.成本和供应链管控

□判断题

1.总部不是连锁企业经营管理的核心组织。（　　　）

2.在连锁餐饮企业规模化、标准化发展过程中，总部的控制能力更为重要。

（　　　）

3.连锁餐饮企业的总部模式设计主要有初级总部模式、发展总部模式和高级总部模式。（　　　）

4.连锁餐饮企业总部对连锁店的人员起到教育培训功能。（　　　）

5.总部通过掌握的特殊专利技术方式实现对连锁店的管控。专利技术可以是特定的技术设备和服务设施，也可以是体现在菜品方面的特殊工艺或配方。（　　　）

□简答题

1.如何理解总部的地位和职能？

2.如何选择连锁餐饮总部模式？

3.如何加强连锁餐饮总部建设？

□案例分析题

悸动烧仙草管理学院——搭建总部人才培养与发展体系

悸动培训中心于 2020 年 1 月 1 日正式成立，该中心紧密结合企业价值观和公司战略，致力于成为门店输出标准、稳定标准、持续赋能的机构，立志于成为全员学习练兵场、能力提升训练营、组织长青的孵化器。悸动培训中心主要有新训部、组训部、返训部三个职能模块。新训部主要负责新店操作、理论、基础管理的系统培训；组训部主要负责全国培训示范店管理，助力门店标准规范化建设；返训部主要负责为老店持续赋能，助力门店稳定运营。如今，新中式茶饮已经在中国遍地开花，深得消费者青睐，各品牌与门店数量逐年上升，所以竞争也越来越激烈，要想做到千店如一，满足消费者的需求，门店和品牌都需要精修内功。

1.悸动门店存在以下急需解决的问题：（1）门店人员流动性大；（2）门店店长缺乏高效管理能力；（3）门店训练员缺乏科学带训方法；（4）全国门店管理能力参差不齐等。

2.悸动培训中心于 2021 年开始组建管理学院团队，致力于搭建门店运营教育训练体系和总部人才培养与发展体系，以提升门店运营管理能力及精细化运营，为门店培养更多合格的"管理"人员。（1）基于门店现阶段的对人员能力的需求，设计多个学习项目。根据全国门店的现状，按照岗位胜任能力的要求，找出差距。设计了："明星训练员打造营"、"店长入门训练营"、"超级店长启航训练营"、"悸动连锁餐饮管理高级 EMBA 研修班"及"春季/冬季区域座谈会"6 个学习项目；学习模式为"测、教、学、练、考、评、追"+大班小组的组织形式，满足 Z 时代学员的学习需求。（2）基于学员开发多门课程，着力打造以主动学习为主的教学模式。根据学员分析及课程需求，研发多门培训精品课程，研发以主动学习为主的教学设计，采用小组讨论、游学、实操等多种形式，提高学员的积极性，确保学习效果。（3）三线、四刻、五感，打造愉悦学习体验。根据三线、四刻、五感进行培训运维设计，确保学员有一个愉悦的学习体验，促进课前、课中、课后学习效果的转化。三线即情感线、认知线、实践线，根据训练营开班的时间与节日结合，穿插设计主题培训活动，如六一儿童节、七一建党节等；四刻即欣喜时刻、认知时刻、荣耀时刻、连接时刻，如小组 PK、证书认证、颁奖等；五感即视觉、味觉、听觉、触觉、嗅觉，如学习材料、音乐、视频素材、茶歇等。每一场培训都以"你想如何被他人对待，就如何对待他人"的要求，服务好每一位学员，力求打造愉悦的学习体验。

资料来源　中国连锁经营协会．《2022 CCFA 连锁餐饮、新茶饮创新案例集》发布［EB/OL］．［2022-07-06］．http://www.ccfa.org.cn/portal/cn/xiangxi.jsp? id=443730.

分析：

（1）悸动门店存在哪些急需解决的问题？

（2）连锁餐饮企业如何开展总部人才培养与发展体系？

单元8
连锁餐饮店市场定位与选址

■ 学习目标

通过本单元的学习，达到以下学习目标：

知识目标：了解市场定位的含义和餐饮店开业的基本流程，熟悉餐饮企业目标市场定位的步骤、连锁餐饮店选址的影响因素，掌握市场定位的主要内容和连锁餐饮店选址的基本要求。

能力目标：通过"双创"入课，使学生学会分析连锁餐饮企业目标市场定位策略及选择，能够对连锁餐饮店进行初步的设计布局。

思政目标：结合教学内容、案例资料等，通过案例分析、思政入课等形式，引导学生树立遵循市场规律的意识，熟悉政策法规，科学合理进行餐饮店市场定位与选址。

■ 单元框架

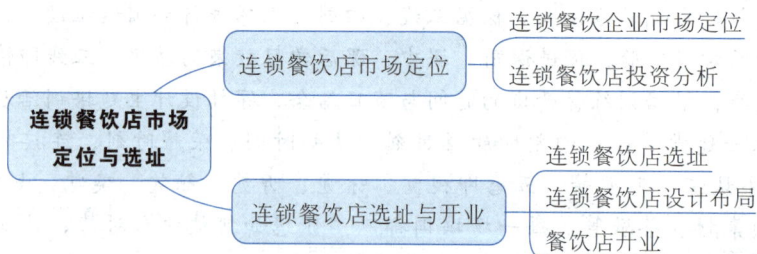

引例

全国首家铁路智能餐厅在济南火车站开业

据山东济铁旅行服务有限公司（简称济铁旅服公司）介绍，全国首家"高铁侠——铁路智能餐厅"落户济南火车站。此举是铁路部门提升铁路客运服务质量、改善旅客出行体验的又一新举措。

"高铁侠——铁路智能餐厅"面积557平方米，可同时容纳220人就餐。与传统餐厅相比，该餐厅融入智能化科技，赋予餐饮更高的科技内涵，做到了高度智能化、数字化、标准化，大大减少餐饮工作人员配置。据济铁旅服公司工作人员介绍，厨房区配置6台拥有278项国家发明专利的炒菜机器人，平均2.5分钟即可出餐。在就餐区配置的炒菜机器人，使旅客可以零距离体验机器人炒菜，在候车的同时增添乐趣。旅客点餐后，可直观感受智能小面机从和面到出面的加工全流程，最快48秒即可呈现可口面食。旅客选购的餐品均由送餐机器人送到顾客手中，实现全程无接触。餐厅采用全息投影技术，打造的全息铁路文化数字博物馆，实现人机互动、多场景切换，既可欣赏铁路发展史，又能让旅客体验沉浸式用餐环境，如图8-1所示。

图8-1 济南火车站铁路智能餐厅

此外，智能餐厅还设有适时传送乘车信息、线上线下同步订餐、机器人咖啡机、智能豆浆饮料、智能冰激凌等智能设备设施，旅客用餐期间充分体验智能化设备的便利和满满的科技感，一扫旅途疲惫。全国首家铁路智能餐厅满足了旅客舌尖上的幸福。下一步，济铁旅服公司铁路智能餐厅计划在曲阜东站、菏泽东站等车站进行布局，为旅客提供更好的餐饮体验。

资料来源 董昊骞，侯庆文. 48秒喝上热汤面、2.5分钟吃上可口饭菜……全国首家铁路智能餐厅在济南火车站开业 [EB/OL]. [2022-09-28]. http://sd.dzwww.com/sdnews/202209/t20220928_10875660.htm.

8.1　连锁餐饮店市场定位

8.1.1　连锁餐饮企业市场定位

1）市场定位的含义

市场定位是指根据竞争者现有产品在市场上所处的位置，针对消费者或用户对该种产品的某种特征、属性和核心利益的重视程度，强有力地塑造出本企业产品与众不同的、鲜明的个性或形象，并通过一套特定的市场营销组合把这种形象迅速、准确而又生动地传递给顾客，影响顾客对该产品的总体感觉。市场定位的实质是取得目标市场的竞争优势，确定产品在顾客心目中的适当定位并留下深刻的印象，以便吸引更多的顾客。

2）市场定位的内容

（1）产品定位。

产品定位是企业对选择怎样的产品特征及产品组合以满足特定市场需求的决策，产品定位是对市场定位的具体化和落实。其主要包括产品质量、成本、特色、营养价值、安全性、色香味形等。

（2）企业定位。

企业必须进行有效的市场细分和精准的市场定位，并在此基础上开展系统的品牌定位，结合行业特点，抓准定位关键点即企业形象塑造、品牌定位、员工能力等方面。

（3）竞争定位。

竞争定位是要根据所选定目标市场上的竞争者产品所处的位置和企业自身条件，从各方面为企业和产品创造一定的特色，塑造并树立一定的市场形象，以求目标顾客对本企业产品形成特殊的偏爱。确定企业相对于竞争者的市场位置主要包含：竞争者调查、竞争定位策略和竞争环境分析等。

（4）消费者定位。

餐饮企业可以根据消费者性别、年龄、收入、消费动机等指标来进行市场细分。市场细分是研究消费者需求的重要方法，市场细分的重要依据是消费者。餐饮企业直接服务于消费者，必须敏锐地关注着消费者的变化，通过研究消费者需求及变化，发现尚未充分满足的需求作为企业发展的机会；通过市场细分把整个市场细分为若干不同的子市场，以发现未满足或未充分满足的需求。例如，中式正餐高端餐饮企业重新规划自己的市场定位，调整消费层次结构、产品结构，调整部分菜品、果汁销售价格及高中低档菜品的比例，以吸引普通大众消费群体；降低"门槛"，走亲民路线，开发性价比高的大众餐品，迅速把销售重点转移到市场潜力巨大的大众消费市场。又如，全聚德顺应当前餐饮市场趋势，转型大众消费，开办了自助餐，在菜品设计上，注重营养均衡和养生，并持续更新。

3）连锁餐饮企业目标市场定位的步骤

（1）明确潜在的竞争优势。

连锁餐饮企业需要在参与市场竞争的同时明确自身的竞争优势，在服务、品牌、产品、定位、策略方面建立自己独特的差异化和标准化优势，明确企业自身与其他竞争者不同的策略和战略。

（2）选择相对的竞争优势。

相对的竞争优势就是能够胜过竞争者的能力。这种能力可以是企业本身具备的或是具备发展潜力的，也可以是通过努力创造出来的。任何企业都不可能兼顾到市场的所有方面，任何企业也都有其弱点，都需要挖掘自身相对的竞争优势，并针对竞争者的弱点或不足，制定有效的竞争策略。餐饮企业可以在条件合适的大城市集中优势力量进行重点营销，打开局面后利用大城市人流、物流、资金流的优势再向周边地区扩散，同时通过营销方案差异（如产品差异、服务差异等）突出自己的经营特色，以提高顾客的满意度并巩固其忠诚度。

（3）显示独特的竞争优势。

显示竞争优势即准确地向市场传播企业的定位观念。企业做出市场定位决策后，要与选定的目标市场进行有效的沟通，包括建立与市场定位相一致的形象，让目标顾客群知道、了解并熟悉企业的市场定位。如果是以"健康绿色"定位的餐饮企业，就必须推出优质产品，配套完备的服务，制定较高的价格，营造典雅舒适的环境，并在优质媒体投放广告，以树立持久而令人信服的优质形象。

4）连锁餐饮企业目标市场定位策略及选择

（1）竞争定位策略。

① 抢占型定位策略。

② 避强定位策略。

③ 迎头定位策略。

④ 跟随型定位策略。

⑤ 创新定位策略。

（2）市场定位策略选择。

连锁餐饮企业需要根据自身实力确定目标市场定位策略：

① 把本企业产品定位于某一竞争对手相同的位置上，与其争夺市场。选择这种策略的连锁餐饮企业必须具有下列几个条件：一是本企业能够生产出质量比竞争对手更好的产品或提供更好的服务，企业这种定位策略必然使该市场出现激烈竞争，这就要求连锁餐饮企业生产出质量更好的产品，因为产品是消费者了解企业的直接途径，只有质量优良的商品才能给消费者留下深刻印象。二是要求目标市场容量较大，如果目标市场过于狭窄，就会导致竞争过于激烈，造成两败俱伤。三是本企业要比竞争对手有更多的资源，采用这种定位策略会引发激烈的竞争，双方需要投入较多的人力、财力、物力，没有足够的资源是难以取胜的。四是要符合本企业所具有的优势，如产品声誉和生产经营能力等，企业要把自身的优势和市场定位结合起来，使自己在与其他企业的竞争中具有某种优势，以确保企业在竞争中取胜。

② 本企业定位于市场的空白处，这是中小餐饮企业多采用的定位策略。当规模较小的餐饮企业意识到竞争对手太强大而无力与之抗衡时，则可以选择远离竞争者，根据自身条件及相对优势，突出宣传自己与众不同的特色，满足市场上尚未被竞争对手发掘的潜在需求。其优点是可以避开市场的挑战者，以追随者或补缺者的姿态在市场中找到尚未有企业涉足的分市场，避开竞争。采用这种策略的连锁餐饮企业必须具备下列条件：一是采用这种策略要求企业必须具有较强的新产品开发能力，并具有生产新产品的设备和技术，使产品批量生产成为可能。二是要求控制企业的产品成本，以降低价格争取市场。三是在某一细分市场上有足够大的潜在消费量，即要求市场上有足够多的顾客。

8.1.2　连锁餐饮店投资分析

1）连锁餐饮店投资可行性分析

连锁餐饮店投资可行性分析的内容包括：

（1）宏观环境分析。

（2）地区发展情况分析。

（3）地区市场需求和竞争情况分析。

（4）连锁店业态选择和经营规模分析。

（5）连锁店布局和经营策略分析。

（6）经济评估和环境评估分析。

近几年，由于疫情反复，对餐饮行业冲击较大，国家统计局相关数据显示，我国餐饮业2019—2022年的各月餐饮收入情况如图8-2所示。

单位：亿元

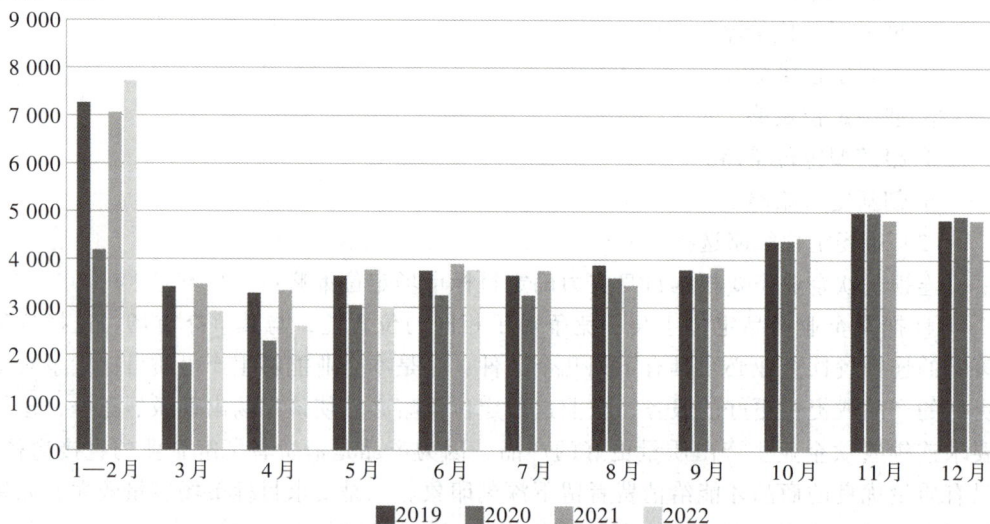

图8-2　我国餐饮业2019—2022年的各月餐饮收入情况

资料来源　国家统计局。

2）连锁餐饮店投资效益分析

投资效益分析的过程为：

（1）对市场进行调研，客观、精确、全面地收集、整理、加工各种相关资料和数据，这是分析的前提。

（2）对投资项目进行精确的财务预测，即预测该项目投入运营后数年内（通常是5年或10年内）的营业收入和各项成本费用开支。

（3）正确计算出反映经济效益的评价指标，并利用这些指标，得出准确、合理的分析结论。

8.2　连锁餐饮店选址与开业

8.2.1　连锁餐饮店选址

1）连锁餐饮店选址基本要求

（1）较好市场发展潜力。

（2）较大市场成长空间。

（3）较强市场成长能力。

（4）较高消费集结能力。

（5）较多互补经营模式。

"思政"入课8-1　　　　　　**政策来出手　爱拼才会赢**

为深入贯彻落实党中央决策部署，进一步加大助企纾困力度，加快推动企业恢复活力、扩产增效，促进经济平稳运行，做好疫情防控和经济社会发展"双统筹"，全国各地推出惠企政策，推动企业恢复活力，扩产增效。如对餐饮业稳企支持、餐饮门店开设支持、租金减免扶持、餐饮稳岗支持、贷款贴息支持、社保补贴等支持；支持企业做好疫情防控，对工业、住宿餐饮业、批发零售业、文体旅游业、交通运输及物流业、建筑业等行业的企业防疫物资、消杀服务等支出，按照企业实际运营规模给予分档补贴；发放购物券、消费券等；加强企业信用支持力度，受疫情影响，无法按时办理相关证照及行政审批事项的企业，可延迟申请办理，相关延迟行为不纳入信用记录，已纳入信用记录的，可申请信用修复。

资料来源　佚名. 政策来出手　爱拼才会赢［N］. 深圳特区报，2022-03-28（A02）.

请同学们结合资料分析：政策来出手助企纾困，餐饮门店如何恢复活力和扩产增效？

2）影响连锁餐饮店选址的因素

连锁餐饮店选址的过程中，必须对所选定的潜在地址的相关因素进行详细的分析。影响连锁店地址选择的因素主包括地理因素、社会因素、文化因素、经济因素和市场因素等，具体来讲包括以下内容：

（1）地区经济。

一个地区的平均收入水平、物价水平等都会影响到人们可供消费的金钱数量和他们必须支付的价格。

（2）区域规划。

在确定连锁餐饮店地址之前，必须要向当地有关部门咨询潜在地点的区域建筑规划，了解和掌握哪些地区被规划为商业区、文化区、旅游区、交通中心、居民区或工业区等相关资料。

（3）文化环境。

文化教育、民族习惯、宗教信仰、社会风尚、社会价值观念和文化氛围等因素构成了一个地区的社会文化环境。

（4）消费时尚。

一段时期的流行时尚，往往能在很大程度上影响消费者的消费方式和方向。随着人们消费水平的提高、卫生观念的增强，人们在餐饮消费上越来越注意就餐的环境卫生，美观、舒适、洁净的连锁餐厅就越来越为人们所喜爱。

（5）竞争状况。

一个地区餐饮行业的竞争状况可以分成两个不同的部分来考虑：①直接竞争，主要是提供同种经营项目、同样规格、同样档次的餐饮企业间的竞争。②非直接竞争，主要是提供不同的经营内容和品种，或同样品种、不同规格或档次的餐饮企业之间的竞争，这类竞争有时起互补作用，对餐饮企业是有利的。

（6）地点特征。

地点特征是指与餐饮经营活动相关的位置特征。连锁餐厅所处的地点直接影响餐厅经营的项目和服务内容。

（7）街道形式。

主要应考虑街道和交通的形式能否吸引人们到这个地点来。

（8）交通状况。

交通状况往往意味着客源，应该收集本地区车辆流动的数据以及行人的分析资料，以确定餐厅建成以后，是否有充足的客源。交通状况的测算往往在中午、周末的晚上和白天进行。

（9）规模和外观。

餐厅的地面形状以长方形、方形为好，必须有足够大的空间容纳餐厅本身、停车场和其他必要设施。同时，在对地点的规模和外观进行评估时也要考虑到未来消费的可能。

（10）餐厅的可见度和形象特征。

餐厅的可见度是指餐厅位置的明显程度。无论顾客从哪个角度看，应该都可以获得对餐厅的感知。

📝 课内阅读8-1　　　　肯德基和麦当劳的相邻而居

经济的高速发展触发了人们对餐饮的多样化、全球化、高标准和高效率的需求，西式快餐作为"洋快餐"，遵循生产统一性、运营流程化，提高了制作的效率，缩短了消费者排队等候的时间，因此受到众多群体特别是年轻人的追捧。肯德基和麦当劳正是在这样的背景下大举进驻中国，蓬勃发展、遍地开花。如今肯德基与麦当劳就像是一对欢喜冤家，它们的市场定位相似，目标顾客群体基本重合，两者选址都会在人口密集、具有消费潜力、优势地段和年轻人聚集的区域。作为全球最大的两家连锁快餐店，我们普遍认为两个强劲的竞争对手应当是各自占领一块区域，独领风骚，但它们又不属于同一个集团公司，为什么还会抱团选址在一块儿？这是个偶然现象吗？

（1）消费者聚集效应：形成商圈，既竞争又双赢。麦当劳、肯德基在一条街上相邻而建，两个同行组成一个快餐小型商圈，使消费者聚集，它们成为利益共同体，既相互竞争又能双赢。

（2）成本效应：节省选址调研成本。追逐成本降低的过程就是成本效应，两个企业通过减少选址成本以促进利益最大化。由于西式快餐的相似性，双方中有一方在某区域开了店，表明该区域具有开店的可行性，可以降低另一方的市场调查成本。

（3）拥挤效应：客源导入。由于地处商圈，人流量较大，如果此时一家店人满为患，聚集的客流可分散至另一家，那么两个竞争者都获得了消费者市场。无论哪家店的客流拥挤，在一定程度上都可能提高另外一家店的收益，最终使得双方都获利。

（4）互补效应：同中有异，良性竞争。肯德基和麦当劳就是在不断的竞争中寻求这种互补平衡。二者属于良性竞争，既有相同，也有不同，互为补充，相得益彰。在饮食上各有侧重点，肯德基以炸鸡为主，麦当劳以汉堡为主；肯德基提供百事可乐，麦当劳提供可口可乐，此类相同而又有差异化的互补，锁定了它们对消费者群体的细化定位，麦当劳和肯德基在角逐中相互提升实力。竞争对手之间不是消灭竞争，而是走向"竞合"，将对手的资源为我所用，共同发展。双方在培养自己核心竞争力的同时，同中有异，形成有利竞争，真正达到了"共享经济"的良好局面。

资料来源　编者根据相关资料整理。

3）连锁餐饮店选址方法

（1）商圈分析法。

①**商圈**是指店铺对顾客的吸引力所能达到的范围，即来店顾客所居住的地理范围。商圈就是人流、商流、资金流和信息流的聚集和交叉区域。

②商圈分析法是通过分析商圈范围内的顾客情况、餐厅情况以及可能影响餐厅经营的其他情况，选择合适的店址（见表8-1）。

表8-1　　　　　　　　　　　　商圈分析表

市场调查	内　存	方法手段	资　料
地址环境调查	周边状况、环境的把握：位置、地址、建筑概况、交通情况、未来的前景等	现场实地调查，参照地图、照片、有关城市规划	地图、城市规划图等
商业环境调查	零售额、面积、行业的把握：人口、就业构成、收入水平等	各地区的有关指数	商业统计资料等
零售商业的状况	有关零售业的地区性的把握：中心性、吸引性、广域性等	商业力指数计算	各地商业报告、消费动向调查报告
竞争店的调查	竞争店营业力的把握	调查、考察（面积、营业额、停车能力、经营商品、位置等）	商业年鉴、报纸、杂志、证券报告书

③商圈一般分为：一级商圈、二级商圈和三级商圈（或称为核心商圈、次级商圈和边缘商圈）三个层次。各层级商圈间的主要差异在于占商圈总销售额的份额、距离或车程及目标消费者比例等方面。一级商圈（核心商圈）的特征为最接近商业中心地或聚集区，顾客群非常集中，顾客总数比例最高，顾客人均消费额为商圈内最高，50%～70%的顾客都来自此商圈；二级商圈（次级商圈）的特征为紧挨核心商圈，顾客总数比例约为核心商圈的1/3，顾客密度较低，占15%～25%；三级商圈（边缘商圈）的特征为在次级商圈的最外围，商圈辐射力较小，顾客人群非常分散，顾客占顾客总数的比例也非常低。

（2）GIS理论。

GIS理论是指运用地理信息系统进行选址的理论。GIS系统的优点如下：

① GIS系统可非常高效地支持选址，能够对各项影响因素进行定量分析，对大量复杂的数据进行快速运算并给出选址决策。

② GIS系统能够实时地对数据进行动态更新以及维护，能够为选址决策提供便利的分析工具等。

📝 课内阅读8-2　　　　　　　　智慧商圈

智慧商圈是利用信息通信技术整合传统商圈的商业服务，实现业态融合互补、信息互联互通、客户资源共享和精准营销服务的一种新型服务体验环境或服务生态系统，是传统商圈与虚拟商圈融合发展的新型商圈形态。从内容框架来看，智慧商圈一般包括数据中心、智慧导引、智慧交通、智慧营销等内容，由实体商圈与虚拟商圈服务平台两部分组成；从特征来看，智慧商圈在功能目标、要素驱动、经营业态、空间形态和推动主体方面与传统商圈存在明显区别。智慧商圈的内容架构如图8-3所示。

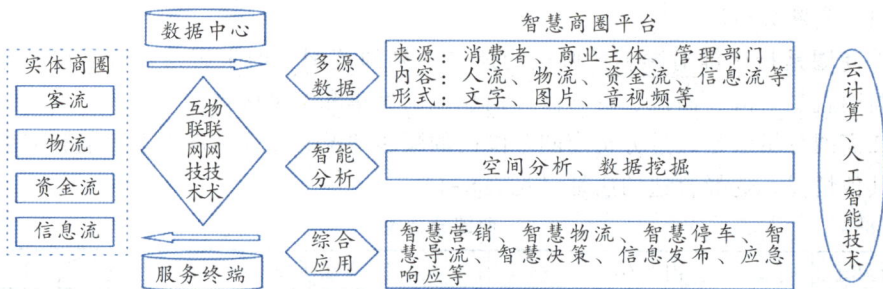

图8-3　智慧商圈的内容架构

资料来源　钮钦. 面向体验经济的智慧商圈：理论阐释和建设路径［J］. 中国流通经济，2018（10）.

8.2.2　连锁餐饮店设计布局

1）连锁餐饮店设计布局的发展变化

现代高效、快节奏的生活方式使得人们一切从效率出发，使其消费行为由单一化转向多元化与综合化。消费行为变化最为明显的特点是消费者对特殊的消费场所提出了更多的功能需求，消费者越来越追求能彰显自身并与众不同的产品或服务，这种转变也直接导致了餐饮门店需要营造更多的主题性、休闲式空间。在中式餐厅室内空间设计与布局中，不仅需要满足餐厅运营的基本功能需求，还需符合现代审美带给顾客良好的精神感受，为顾客营造舒适的用餐氛围。在现代餐饮空间室内设计中，以往单纯的功能设计已不能满足消费者日益增长的物质文化生活需求，作为拥有商业公共空间属性的餐饮空间在"大众消费"流的引领下不仅要展现出个性化、绿色化的室内环境，还需彰显其丰厚的文化底蕴。各种类型、不同档次的现代餐饮空间都将成为重视消费者在空间环境中的感受和体会生活与文化内涵的公共场所，以此来满足人们多种生活方式和人际社交的需求。

2）连锁餐饮店设计布局特点

（1）室内空间规划布局的标准化。

随着产业化的商业运作模式的应用，这种标准化模式对餐饮空间设计、功能区域划分、空间的规划布局发挥了指导性的作用。

（2）视觉识别系统的一体化。

餐饮空间室内环境中视觉识别系统已不仅限于单纯的平面化设计，为了满足高科技时代下消费者多维度、高品质的体验需求，艺术的跨界融合已被越来越多的设计师所重视，他们将建筑、景观、产品及服务设施都融入其中，不仅考虑到空间布局的功能属性，也将视觉识别系统分散到室内空间中，并按照一定的自然规律和法则组合成一套完整的视觉元素符号展现在消费者面前，从而彰显不同主题餐饮空间所具备的独特气质。

（3）空间情感体验需求的多样化。

个性化与多元化的消费体验需求也日趋明显，消费者从关注菜品本身的口味转变到了注重周边环境、服务等带来的感受，他们希望能够展现自我的社会价值、情感认知，或是享受到比单纯的用餐行为更为丰富的感受。无论是小型时尚的特色主题餐厅，还是大气高雅的中高档餐饮空间，都应注重多层次的空间体验需求。

3）连锁餐饮店外部设计布局要素

连锁餐饮店外部设计布局要素包括：

（1）配合街景。

（2）招牌简洁。

（3）橱窗新颖、标志鲜明。

（4）与周围环境协调。

4）连锁餐饮店内部设计布局要素

连锁餐饮店内部设计布局要素包括：

（1）门店空间划分。

餐厅根据其经营理念、消费水平标准、服务内容等可划分为不同的类型：按其经营理念可大致划分为中式餐厅、西式餐厅以及主题特色餐厅等；按照服务内容又可分为茶室、咖啡厅、酒吧等。

门店空间主要包括就餐空间、公共空间和服务空间等。

① 就餐空间即满足消费者用餐体验的功能区域，包括散座、卡座、包间等，连锁餐饮店可以根据实际需要进行选择设计。

② 公共空间和服务空间一般由出入口门厅、服务台、卫生间等区域构成，是展现其主题文化与服务特色的形象空间。公用区域=门厅区域+候餐区域+服务台区域+卫生间区域。门厅可以划分为出入口、候餐休息区、服务接待区等几大功能区。公共走道作为连接出入口门厅与室内各功能区域的交通要道，是集交通疏导、展示、储藏、交流等多种功能为一体的空间。卫生间已不再是餐饮空间中一个简单的附属区域，其设计的好坏可直接体现餐厅的档次。独立经营的餐厅无论其室内面积大小都应该设置卫生间，但有些小型餐饮空间，限于经营面积及其他因素的考虑，一般不单独设立卫生间。

（2）门店室内空间动线的设定。

餐饮空间室内功能区域布局的灵活多变导致了空间动线组织形式呈现出多样化的动态发展。

① 消费体验动线的规划时应考虑：功能区域的引导性和位移范围的控制性。为了保证消费者在餐饮空间室内环境中有明确的方向感，应加强空间中的感官体验，清晰的视觉识别不仅有助于主体流线的分流，还能让人们顺利快速到达自身需要的功能区域，适宜的空间面积既能保持相对稳定的人流状态，又可较好地控制移动速度，以满足现代"快"时尚的消费理念。

② 从消费者排队候餐到入席点单，等待上菜随后进行用餐，至用餐结束、结账离开，完整的餐厅服务动线伴随用餐行为的发生而产生诸多不可确定因素。考虑到目前餐饮空间室内环境中餐座基数大的特点，服务动线的设置应该相对灵活，以提高信息、服务传递的效率。为了提供高质量的服务，应注重前台与后台之间的信息交流，尽量简化服务动线，以带给消费者方便、快捷的用餐体验。

（3）其他要素。

① 灯具。在餐饮空间室内环境中，灯具具有照明、装饰和营造气氛的作用，在设计中应注重灯具的功能性和装饰性的统一，并结合人体舒适度，对灯光颜色、亮度等进行合理设置。

② 装饰隔断，主要有软隔断、通透隔断、柱墙隔断、植物分割、装饰物分割等。例如，中式风格的餐厅一般会在入口处设置一个屏风隔断，运用具有浓厚中国古典色彩的屏风，烘托出中式餐厅喜庆祥和的气氛。

③ 餐具和台布。餐具是在饮食活动中不可或缺的工具，它体现着人类饮食文明和饮食礼仪的发展，也体现着文化和传统理念，选用不同花色图案的餐具，可体现不同的主题元素，餐具的材质主要包括陶瓷、金属、密胺、竹木等。形态是产品外在的表现形式，也是产品的品质、结构、文化等各方面内涵的外在体现，如圆形体现了团圆和美，曲线表达了活跃轻快等。餐台使用的布草主要有台布、桌旗、桌裙、椅套、口布等，在一般餐饮形式中制作和选择布草主要是以使用为目的，应突出其耐用等特点，同时也应与主题相呼应。

8.2.3 餐饮店开业

1) 餐饮店开业需要办理相关手续

（1）办理工商登记。

（2）办理卫生许可。

（3）办理环保审批。

（4）办理消防审批。

（5）办理税务登记。

（6）其他手续：行业管理登记，办理烟草和酒类经营许可、文化经营许可，物价审核，市容管理，刻章等。

❯ "双创"入课 8-1   模块化集成方式助力餐饮连锁门店快速开业

近几年，餐饮连锁品牌线下店铺的场景热度已经远高于其贩卖产品的本身。层出不穷的旗舰店、体验店、精品店……品牌和商业在产品的功能性上，愈发注重产品的应用场景打造、门店营建效率和运营效率的提升。随着消费市场升级，顾客对场景化的体验感（动线和灯光是核心要素之一）、个性化需求及企业对品牌形象、效率化（缩短建店周期、提升坪效和人效）、标准化、规范化、规模化的需求与日俱增，如何提升空间吸引力，快速、高效地完成店铺装修并提升门店的运营效率成为整个餐饮行业的强烈需求。餐饮连锁品牌店在传统的装修打造过程中，往往遇到监管难度大、协调工作量繁重、质量进度成本不可控等诸多痛点和难点，经常困扰着企业，具有标准难、模块化难、工期难掌控、成本不可控、门店的运营效率（人效和坪效）无法提升等诸多繁杂问题。

桂源铺创立于 2011 年 11 月，从当初一家 10 ㎡ 的小店已发展为拥有全国近 400 家门店的连锁餐饮品牌。桂源铺在前期拓展直营门店的基础上，开放了全国区域范围内的加盟合作。餐饮连锁门店采用模块化集成方式，解决了当下餐饮连锁品牌快速扩展中的许多痛点。

资料来源 中国连锁经营协会.《2022 CCFA 新茶饮创新案例集》发布［EB/OL］.［2022-07-06］. http://www.ccfa.org.cn/portal/cn/xiangxi.jsp? id=443730.

请同学们结合资料分析：（1）连锁餐饮店布局装修的痛点是什么？（2）模块化集成方式是如何助力餐饮连锁门店快速开业的？

2) 餐饮店模拟开业日程安排

（1）初级阶段。

① 前 12 天，熟悉环境。服务员进入场地，熟悉餐馆整体环境，厨师进场后要熟练使用设备设施。

② 前 11 天，熟悉台位。服务员对餐馆布局、服务流程、上菜流程等要熟练掌握。

③ 前 10 天，服务员熟悉菜单，模拟点菜、迎宾等环节。厨房演练叫菜、出菜等程序。

④ 前 9 天，熟悉就餐的一系列工作。

（2）提高和熟悉阶段。

① 前8天，熟悉流程演练。在进一步熟悉的基础上，提高效率。

② 前6~7天，特殊情况处理。加强协调能力的培训，适当提高劳动强度。

③ 前2~5天，熟练操作。完全掌握摆台、上菜、服务等环节，反复练习，熟练操作。

（3）筹备开业阶段。

① 前1天，全面筹备开业。模拟开业阶段，按照正常运作召开班前例会、摆台、清理等。

② 在每次模拟开业后召开分析会，形成会议纪要，记录评估结果并指导餐馆顺利开业。

☑ 课外阅读8-1　　　老乡鸡用位置智能打造门店选址地图系统

对于连锁经营实体来说，连锁门店的开发肩负着支撑企业扩大规模、提升效益、增强竞争力的重任，而门店的选址又是企业开发市场的重要环节。安徽老乡鸡餐饮有限公司（简称老乡鸡）是一家全国知名连锁餐饮企业，2020年有餐厅800多家，主要分布在安徽、江苏、湖北、上海等地。近年来，随着老乡鸡的快速发展，传统意义上的门店选址已无法支撑老乡鸡的开店速度及盈利诉求。从老乡鸡自身业务特点和企业拓展需求出发，老乡鸡将精细化、智能化的"门店选址地图系统"确立为发展战略之一，并组建了专业的团队。老乡鸡门店选址规划平台于2020年10月份上线。

资料来源　中国连锁经营协会.《2022 CCFA连锁餐饮创新案例集》发布[EB/OL].［2022-07-06］. http://www.ccfa.org.cn/portal/cn/xiangxi.jsp? id=443730.

要进一步了解老乡鸡智能化门店选址地图系统的详情，可以扫描二维码查看。

◈ 单元小结

本单元主要介绍了市场定位的含义、连锁餐饮企业目标市场定位的步骤、连锁餐饮店选址的影响因素、市场定位的主要内容和连锁餐饮店选址的基本要求、连锁餐饮企业目标市场定位策略及选择、连锁餐饮店设计布局的特点和内外布局要素、餐饮店开业的基本流程。

◈ 主要概念

市场定位　　商圈

◈ 单元测试

即测即评-8

□选择题

1.连锁餐饮企业根据所选定目标市场上的竞争者产品所处的位置和企业自身条件进行的定位，属于（　　　）。

A.产品定位　　　　　　　　　　B.企业定位

C.消费者定位　　　　　　　　　　　D.竞争定位

2.现在有越来越多的年轻消费者通过互联网来订餐，这要求企业在制定市场营销组合战略时还应当着重考虑（　　　）。

A.人口环境　　　　　　　　　　　　B.技术（平台）环境

C.经济环境　　　　　　　　　　　　D.社会文化环境

3.麦当劳在当前的市场区域开设新店，能方便更多的顾客惠顾，其实施的是（　　　）。

A.市场开发　　　　B.餐品开发　　　　C.市场渗透　　　　D.产品定位

4.按马斯洛的需要层次论，最高层次的需要是（　　　）。

A.生理需要　　　　B.安全需要　　　　C.自我实现需要　　D.社会需要

5.连锁餐饮企业市场定位内容主要包括（　　　）。

A.产品定位　　　　B.企业定位　　　　C.竞争定位　　　　D.消费者定位

6.连锁餐饮店选址一般要求（　　　）。

A.较好市场发展潜力　　　　　　　　B.较大市场成长空间

C.较多互补经营模式　　　　　　　　D.较少互补经营模式

□判断题

1.随着经济繁荣和国民收入增加，我国餐饮消费者消费观念和方式不断转变。

（　　　）

2.产品定位是企业选择产品特征及产品组合以满足特定市场需求的决策。（　　　）

3.连锁餐饮企业可以根据性别、年龄、收入等指标来选择目标消费群。（　　　）

4.城市规划对餐厅连锁店选址没有影响。（　　　）

5.在连锁企业餐厅内部设计中需要对空间分割、餐厅色彩等进行合理安排。

（　　　）

6.连锁餐饮店室内的装饰隔断主要有软隔断、通透隔断、柱墙隔断、植物分割、装饰物分割等。（　　　）

7.连锁餐饮店的公共空间和服务空间一般由出入口门厅、服务台、卫生间等区域构成，是展现其主题文化与服务特色的形象空间。（　　　）

□简答题

1.连锁餐饮企业市场定位的主要内容有哪些？

2.连锁餐饮店应如何进行内外部设计布局？

□案例分析题

同庆楼全国发展，选址拓店

"同庆楼"品牌始创于1925年，是国家正式认定的中华老字号餐饮企业。2020年7月16日，同庆楼在上交所主板上市。目前，同庆楼旗下的酒楼事业部、婚礼宴会事业部、宾馆事业部、新餐饮事业部面向全国选址拓店，各事业部多业态优势互补，可以最大限度地满足消费者多元化的餐饮和服务需求。

同庆楼业务定位于大众聚餐和宴会服务，在江苏、安徽和北京等地拥有直营大型酒楼59家。同庆楼一直秉承着中华老字号"诚信经营、价格公道、童叟无欺、丰俭由人"的经营宗旨，深受广大顾客欢迎。

同庆楼大型酒楼门店主要有精品店、标准店、旗舰店三种类型：（1）同庆楼精品店 1 000~3 000㎡，主要经营模式以零点厅、包厢为主；（2）同庆楼标准店 3 000~5 000㎡，主要经营模式以包间和宴会厅为主，辅以零点消费；（3）同庆楼旗舰店 5 000~30 000㎡，主要经营模式为大量包间和宴会厅，要求物业具备高大无柱宴会厅条件等。

同庆楼集团选址物业需求：（1）城市繁华地段、地标建筑、交通便利、停车位充足的写字楼裙楼商业、独栋物业、知名购物中心、核心商业街区、产业园区、影院物业、文创园、婚礼堂、艺术场馆、体育场馆、会展中心、博览中心、主题会所、城市公园配套物业、星级酒店物业、可定制物业、废旧老厂区改造以及土地资源合作；（2）工程条件，燃气、上下水、排烟、排污符合条件，物业产权清晰，能办理相关证照；（3）拓店区域，重点区域北上广深、全国一二三线城市、省会城市、百强县市等。

资料来源　编者根据同庆楼官网等相关资料整理。

分析：

（1）同庆楼选址考虑了哪些因素？

（2）连锁餐饮企业应如何进行市场定位？

单元 9
连锁餐饮企业营运管理

■ 学习目标

通过本单元的学习，达到以下学习目标：

知识目标：了解菜单的含义及作用，熟悉餐饮产品的特点和预制菜及品类管理，熟悉连锁餐饮企业定价因素、消费者饮食偏好影响因素以及餐饮企业服务质量控制实施流程。

能力目标：通过"双创"入课，使学生学会思考和分析连锁餐饮企业产品策略、价格策略、营销策略，尤其是预制菜品类的营运管理，掌握服务规范要求。

思政目标：结合教学内容、案例资料等，通过案例分析、思政入课等形式，引导学生树立市场竞争意识，不断提升自身内在竞争力，要有和企业一起应对挑战的勇气。

■ 单元框架

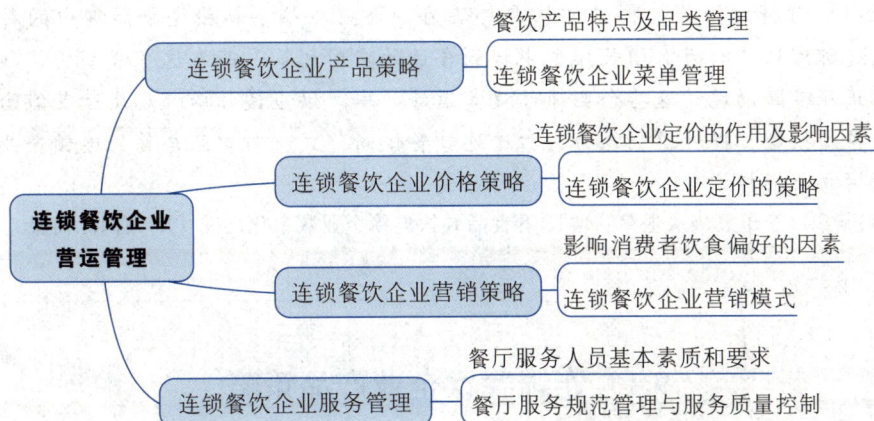

引例

"四力"增长模型　打造连锁餐饮新范式

食品与餐饮连锁行业是受新冠肺炎疫情影响较大的行业之一。疫情防控影响了人们工作和生活的方式，促使更多人养成了数字化的消费习惯，实现了消费与实体经济数字化转型的良性互动。在疫情"黑天鹅"仍在为食品与餐饮连锁行业的发展带来不确定性影响的背景下，食品与餐饮连锁企业如何在确保疫情防控常态化的同时，保证复工复产并赢得未来？日前，网聚资本、腾讯智慧零售等发布的《食品与餐饮连锁企业数字化增长指引参考》给出了答案。

《食品与餐饮连锁企业数字化增长指引参考》认为，在疫情影响下，企业不得不从生存的视角求助于数字化，重点关注业务的运转、客户的服务、供应链的恢复等。但在"后疫情时代"，数字化增长将成为企业与其他品牌竞争的重要壁垒。在消费需求快速变化、平台成本不断上升、连锁化率亟须提升、供应链稳健度不高的挑战下，企业要从增长的视角去布局数字化，重点关注产业层面的供应链协同、社会化协作和多元化场景的融合。受疫情影响，消费者不得不将餐饮相关的消费场景由线下转向线上，许多消费者养成了依赖外卖或者购买预制菜品和食材自己做饭的习惯。虽然疫情影响已逐渐消退，但消费习惯的改变仍需要一个过程，许多餐饮企业也借此契机大力发展线上业务，包括外卖、熟食、预制菜品的零售等。

《食品与餐饮连锁企业数字化增长指引参考》从行业部分先行实践者对数字化转型的心得中看到三个共性：一是DTC商业模式转型是食品与餐饮连锁企业数字化转型重构的核心要义。业务前端数字化运营能力决定了DTC模型转型的成败。二是随着互联网红利逐步减少，线上线下一体化自主经营的"私域"业态成为一种顺应而生的趋势。三是企业的数字化转型应该是有规划的、系统性的，应覆盖前、中、后台业务和管理需求，最终提升组织运作效率，支撑管理决策。

对此，腾讯智慧零售经过与各行业头部商家的共同探索，并通过不断实践和反复验证，总结出一套"四力"增长模型，以"组织力、运营力、商品力、产品力"促进私域业绩的可持续增长。腾讯智慧零售认为，企业在整个私域生命周期中的种种挑战，最终都可从"四力"增长模型中找到合适的应对之策。而在这一模型的实践中成功案例正在不断涌现。这些企业通过提高运营效率、供应链效率、私域运营能力，打磨门店盈利模型，提升盈利能力，打造连锁餐饮新范式，为食品与餐饮连锁企业数字化转型树立新标杆。

资料来源　李子晨. 从生存到增长 看食品餐饮连锁企业数字化之变［N］. 国际商报，2022-04-08（2）.

9.1　连锁餐饮企业产品策略

4P理论即产品（product）、价格（price）、促销（promotion）、渠道（place）四要

素。产品的组合主要包括产品的实体、服务、品牌、包装。它是指企业提供给目标市场的货物、服务的集合，包括产品的效用、质量、外观、式样、品牌、包装和规格，还包括服务和保证等因素。

餐饮产品是由餐饮企业或餐饮经营单位向社会公众提供的、旨在满足人们日常饮食及相关需要的商品。餐饮产品首先是实物产品的重要组成部分，同时，餐饮服务、环境氛围、企业的声誉、品牌等也是消费者心目中的餐饮产品，因此餐饮产品是一种构成十分复杂的产品。近年来，面向新时代新消费新趋势，尤其是在新冠肺炎疫情影响常态化的当下，连锁餐饮企业迎来了前所未有的巨大挑战。餐饮产品及品类管理在预制菜、地方菜等方面展现出新趋势。

"思政"入课 9-1　　　　　连锁餐饮企业如何应对挑战

近年来，连锁餐饮企业间的竞争日趋激烈，加之新冠肺炎疫情造成的冲击，客源争夺压力大，面临重重挑战。如何留住消费者，如何提升抗风险能力，成为经营者需要考虑的关键问题。连锁餐饮企业要捕捉消费者的潜在需求，增强消费黏性。用餐体验的综合提升，是增加客源、提升翻台率的根本。就餐厅而言，在保证食品安全的基础上，食品口味是否稳定？有没有能拿出手的招牌菜？菜品能否及时创新？这些都直接左右着消费者的就餐选择。餐饮企业应加强市场环境和发展趋势研判，加大新产品和服务开发及优化力度，提供更多颜值在线、好玩有趣、辨识度高的爆款产品。在保证产品质量的同时尽可能提高利润，是餐饮企业发展的诉求。在餐饮业中，房租、人工和原材料在经营成本中占比较高，尤其对一些主打平价牌的餐饮企业来说，企业的成本控制压力不小。连锁餐饮企业可通过集团集中采购的方式，进一步压缩原材料采购成本。更重要的是，餐饮企业要积极拥抱数字化，向线上要销量。疫情防控常态化背景下，根据中国连锁经营协会对 60 家头部连锁餐饮企业的调研数据，68% 的企业已经充分认识到了数字化转型的必要性。应对新冠肺炎疫情的过程，加速了餐饮企业的转型升级和优胜劣汰。危中有机，困则求变，越来越多的企业意识到，只有不断提升自身内在竞争力，结合市场需求不断自我调整，才能适应变化，走得更远。

资料来源　辛自强. 连锁餐饮企业如何应对挑战［N］. 经济日报，2022-06-14（11）.

请同学们结合资料分析：（1）连锁餐饮企业如何顺应市场不断提升自身内在竞争力？（2）作为连锁餐饮企业员工，应当如何和企业一起应对挑战？

9.1.1　餐饮产品特点及品类管理

1）餐饮产品特点

（1）有形性。顾客到餐厅消费时，要消耗餐饮产品，以满足惠顾的基本目的和生理的基本需要。餐饮产品是有形的实物，顾客在消费时是以交换的方式使餐饮食品的价值发生转移的。这说明，餐饮产品具有有形性。

（2）无形性。顾客在消费餐饮食品的同时需要服务人员向他们提供协作性服务，而服务质量的高低则取决于顾客的感觉，因此，它属于无形的。服务质量与菜品质量是相辅相成的。服务虽然不是实物，但有价值，是通过交换的方式转移价值。这说明，餐饮产品具有无形性。需要强调的是，消费者对餐饮产品无形部分的需要有不断增加的趋势。餐饮产品的无形部分越来越常见地成为理智消费者选择餐厅的根据。

（3）有形与无形有机结合的整体。餐饮业发展到今天，其产品已经是有形与无形结合的整体。一家餐厅所提供的餐饮产品如果只有单个品种，则选择性太少，不能满足消费者就餐的需要。餐厅提供的餐饮产品通常都是由多个品种或系列品种、配套品种组成的。由名菜美点和经营者的智慧组合而成的菜单是餐厅餐饮产品的一个标志，是无形与有形结合的产物。餐饮产品也不单单是餐饮食品，只有销售没有服务的餐厅已逐步被淘汰。当然，餐饮产品也不是简单的餐饮食品加服务，而是服务对餐饮食品的配合，是服务符合顾客就餐的需要，是由餐饮食品、服务、环境体现的企业形象。

（4）消费地点的限定性和外延性。餐饮产品一般来说都是在餐厅就地消费的，消费者在消费时需要有合适的环境，还需要有服务人员提供服务。近年来，随着外卖的发展，消费者消费地点的外延性增强了。

（5）需求的持续性和重复消费性。餐饮业由于地域性和辐射范围较小，主要依靠顾客的重复消费，留住老顾客、吸引新顾客能够保证企业的健康发展，提高顾客满意度意味着较高的重复消费率的可能性。随着消费升级、人们收入水平和生活质量不断提升，全国餐饮行业收入持续保持增长态势。

2）餐饮产品三层论

餐饮产品三层论包括核心产品、形式产品和附加产品三个层次。

（1）核心产品是指消费者在消费时所追求的利益，是顾客真正要买的使用价值，因而是产品的整体概念中最基本、最重要的部分，也是消费者想要获得的能满足自身某种需要的效用和利益。企业应打造有代表性的、令人印象深刻的经典核心产品。经典核心产品是消费者对品牌建立认知的基础。例如，喜茶的芝士茗茶和鲜茶水果、奈雪的霸气果茶以及茶颜悦色的中国风主题奶茶等经典产品受到消费者广泛喜爱，为品牌持续吸引客流并维持了客户黏性，其中，奈雪的茶2020年三大经典茶饮（霸气芝士草莓、霸气橙子和霸气芝士葡萄）为其贡献了现制茶饮业务总销售额的27.6%。

（2）形式产品是核心产品借以实现的基本形式，是核心产品的载体，主要包括食品的口感、外形、质量水平、包装等。餐饮企业应该首先着眼于顾客消费时所追求的核心利益，高质量地满足顾客需要，吸引顾客眼球和味蕾，使顾客产生消费和购买欲望，在此基础上，再对产品进行质量、包装和品牌形象的塑造，更加完美地满足顾客的需要。

（3）附加产品是消费者在消费和购买有形产品以及服务时所获得的全部附加利益和服务。随着餐饮企业之间竞争的日趋激烈，为核心产品或服务提供附加利益便成为餐饮企业竞争的有效手段。当今的餐饮市场条件下，由于餐饮行业的核心功能日益趋同，因此，不断提高核心产品的质量，改造形式产品的形象，增加附加产品的价值，发现消费者心目中的期望产品，以便创造未来产品和服务，从而提升产品的"综合价值"，已成为构造餐饮企业核心竞争力的根本手段。

3）餐饮品类管理

品类管理在零售业已经成熟应用多年且被广泛认同。实施品类管理的核心是以消费者为导向，因此，首先要考虑到消费者的需求，对能满足消费者需求、可实现消费者快速购物的商品进行品类定义，并采用具有针对性的品类角色、策略、战术，确定零售商上货架的单品，才能使零售商所销售的商品满足其目标客户群的真正需求。在餐饮业领域，品类管理同样具有改善消费体验、提高企业效率等作用。

（1）品类的含义：某些商品因为具有相同的特质而相互关联并可以相互替代，从而形成一个品类。

（2）品类管理的含义：**品类管理**是指消费品生产商、零售商的一种合作方式，是以品类为战略业务单元，通过消费者研究，以数据为基础，对一个品类进行数据化的、不间断的、以消费者为中心的决策思维过程。

（3）品类管理的基本流程：①品类定义是品类管理的开端，也是品类管理的基础。合理、准确的品类定义可以更有效地满足消费者需求，会对消费者的购买行为和满意度产生影响，也会促进品类管理后续环节的实施。②品类角色是指品类在品类管理中利用资源的定位。常见的品类角色分为目标性品类、常规性品类、季节性品类和便利性品类。③品类评估就是全面分析连锁餐饮店实施品类管理的现状，其目的是找出品类管理的优势与不足，分析品类管理现状与目标的差距，为后续的品类策略制定提供依据。④品类评分是指为了量化评估结果和为后续品类管理环节提供数据支撑，采用品类评分表进行品类评估量化和直观显示的方法。⑤品类策略是指连锁餐饮店为了使品类达到某种目标所采取的方式。比如有的品类目标是提高客单价，有的是增加销售量，有的是降低成本，有的是提升自我形象等。⑥品类战术是为了落实品类策略所采取的具体行动，连锁餐饮店常用的品类战术包括品类组合、合理定价、促销活动、单品推荐、招牌菜品等。品类组合要以消费者行为分析和品类性质分析为基础，合理的商品组合和品类结构可以提高服务水平，从而提高餐饮企业效益。⑦品类计划实施就是把品类管理中相关策略、战术付诸行动的过程。⑧品类回顾是对整个品类管理执行情况以及成果的检查。品类回顾的目标是找到品类管理实施成果与目标以及计划之间的差距，为下一阶段的品类管理提供支持。品类管理的基本流程如图 9-1 所示。

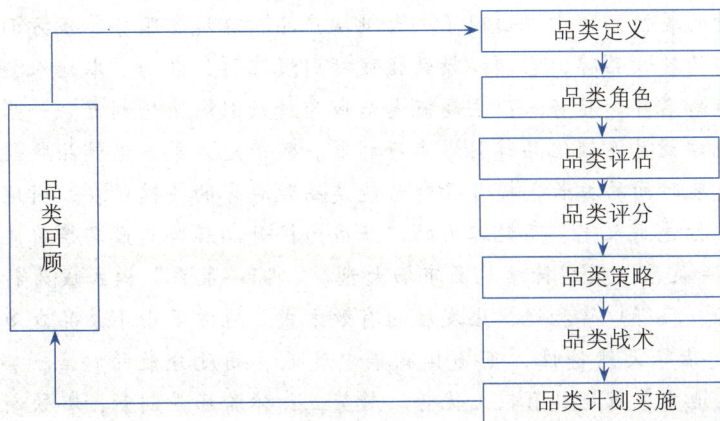

图9-1　品类管理的基本流程

例如，一个消费者到全聚德去消费，一定要点"烤鸭"，否则，他就不必来全聚德了。烤鸭是全聚德餐厅的招牌菜，对于消费者而言，烤鸭是"目标类"菜品。一只烤鸭并不能满足消费者的本次消费需求，全聚德会根据就餐人数搭配不同品类的其他菜品。消费者也许还要搭配酒水、饮料、主食、纸巾或毛巾等。这些对餐厅而言是配套商品，对消费者而言是一次完美就餐的"辅助性"产品。"辅助性"产品甚至包括停车、引座等。"辅助性"产品不是本次消费的目标，但是如果没有它，本次消费可能会被取消，或者无法实现，或者体验不完美。例如，想打造爆款产品小龙虾，在初期就应选定比较容易实现标准化的爆品，并围绕爆品提供全套供应链解决方案。爆品选择的成功得益于前端餐厅能直接触及消费者的口味，可以根据市场反馈不断对供应链产品进行迭代升级。所选产品要经过1年以上的研发，以保证提供到终端时是安全健康的。比如，老乡鸡凭借以老母鸡汤为代表的产品标准化+本地化的菜品，发力全国化。

（4）品类管理在餐饮企业管理方面发挥的作用：①在保证消费者选择性并没有受到明显影响的前提下，优化产品结构和产品线；②进一步突出主打菜和招牌菜的地位，品牌通过主打菜和招牌菜得以强化；③精简产品使餐厅采购、储存、加工、培训等工作的有效性得以提升，节约资源，减少浪费，降低运营成本；④帮助企业发现数量不足的品类，找到开发新产品的依据和方向；⑤提升消费体验，提升企业效益。

📝 课内阅读 9-1　　　　中国地方菜系发展新趋势

《新时代·新消费·新趋势——2022中国地方菜系发展新趋势报告》（简称《报告》）由中国连锁经营协会（CCFA）与胜加品牌咨询联合推出，前瞻性地洞察中国地方菜系发展的最新趋势。《报告》由美团大众点评提供数据支持，面向新时代新消费新趋势，对中国地方菜系发展的七大最新趋势进行研判与分析。

趋势一：文化赋能，新一代地方美食名片强势出圈。根据美团大数据和行业专家意见筛选出153个消费者喜爱的品牌，以地方文化为核心，通过文化赋能，成为地方美食名片品牌占比达到8%。趋势二：精致餐厅成地方菜系新一轮掘金赛道。筛选出的消费者喜爱的餐饮品牌中，出现了一大批从产品、环境、服务等多方面对地方菜系进行升级打造的餐饮品牌，它们以精致化成功引爆客群，成为"本地人骄傲、外地人慕名"的城市新名片。趋势三：主题概念店成为持续引爆市场利器。一店一格的主题概念店成为地方菜系连锁化品牌引爆市场利器。随着地方菜系连锁品牌规模的不断扩张以及品牌发展时间的拉长，提升品牌势能是高效获客的关键所在，对地方菜系的连锁品牌而言，打造高人气、高聚客力的门店成为提升品牌势能最具性价比的方法。趋势四："单品＋菜系"模型持续跑赢市场大盘。"单品＋菜系"模式成为新一轮地方品牌迅速起势、获得口碑和规模化发展的有效方式。地方菜由于菜品众多、原材料本地化、工序复杂等天然特性，市场具有集中度低、高度分散的特点。以"单品＋菜系"模式突围地方菜市场具有较大优势。趋势五：体验场景创新，餐饮新势力增速迅猛。餐饮行业体验场景创新时代已经开启，涌现出一批新锐餐饮品牌，焕发地方菜新活力的小酒馆模式表现最为亮眼；都市精致大排档兴起，唤起久违的人间烟火气。趋势六：人气品牌不断升级性价比全新打法。趋势七：地方菜系餐企加速发力预制菜零售业务。

资料来源　中国连锁经营协会.《2022中国地方菜系发展新趋势报告》正式发布［EB/OL］.［2022-08-03］. http://www.ccfa.org.cn/portal/cn/xiangxi.jsp? id=443835&ks=%E4%B8%AD%E5%9B%BD%E5%9C%B0%E6%96%B9%E8%8F%9C%E7%B3%BB%E5%8F%91%E5%B1%95%E6%96%B0%E8%B6%8B%E5%8A%BF%E6%8A%A5%E5%91%8A&type=33.

9.1.2　连锁餐饮企业菜单管理

1) 菜单的含义与作用

(1) 菜单的含义：菜单是餐饮企业向客人提供的餐饮产品品种和价格一览表。

(2) 菜单的作用：①菜单是餐饮企业与消费者之间的桥梁；②菜单决定了餐饮设备的选购；③菜单决定了餐饮原料采购、库存的方式；④菜单决定了餐厅的主题与风格；⑤菜单决定了餐饮企业员工的数量与质量；⑥菜单是餐饮企业成本控制的依据；⑦菜单是餐饮企业的重要宣传品之一。

2) 菜单的设计与制作

(1) 目标市场的需求：①饮食习惯；②口味爱好；③消费水平。

(2) 餐饮产品花色品种：①避免单一，选择过少；②避免复杂化。

(3) 如何增加花色品种：①新原料或原料的不同搭配；②烹饪新方法的采用；③装饰和装盘的变化。

(4) 餐饮产品的销量与利润：①高销量高利润；②高销量低利润；③低销量高利润；④低销量低利润。

(5) 餐饮原料供应情况：①产地；②季节；③供求变化。

(6) 餐饮产品的营养构成：①全面；②均衡；③科学等。

(7) 餐饮生产条件：①餐厨设备的限制；②员工技术限制等。

3) 制作宴会菜单需要考虑的因素

(1) 确定宴会菜单就餐标准。

(2) 清楚宴会开始时间、用餐时长。

(3) 明确宴会主题，设计紧扣活动主题，确定主题背景、环境装饰、宴会餐台装饰等。

(4) 清楚宴会全过程的组成环节，把握宴会的节奏和辅助服务的要求等。

(5) 了解宴会的出席人员，如宴会主任、主要陪同人员、主宾、次主宾，根据身份最高者的个人喜好、禁忌安排宴会菜肴，如有摆放席卡的需要，则应让客人提供详细名单，并分清主客次序。

(6) 了解宴会是否有特殊要求，通过预订沟通和客户档案了解客户的特殊需要，充分满足客户需求，例如客人中有素食者就需要提前准备等。

✎ **课内阅读 9-2**　　　　**透视预制菜消费升温**

近年来，预制菜消费需求旺盛，百度指数显示，2022年预制菜相关搜索同比上涨877%，其中"95后"群体搜索占比超三成。2022年上半年，京东预制菜成交额同比增长 170%。在美团买菜、叮咚买菜等电商平台上，预制菜已经在商品分类中单列出来。数据显示，国内预制菜相关企业达 6.5 万家。2022 年以来，新增预制菜相关企业 1 400 多家。按照中国烹饪协会等单位发布的团体标准，预制菜是以一种或多种农产品为主要原料，运用标准化流水作业，经预加工、预烹调等制成，并进行预包装的成品或半成品菜肴。多家电商平台的数据显示，预制菜日常销量不断走高，节假日销量则成倍增加，事实上，预制菜重要的销售对象其实是餐饮企业。《2022 年中国连锁餐饮行业报告》显示，我国预制菜行业下游最大的需求来自餐饮行业，85% 以上销售至 B 端。目前，地方以及餐饮行业发布多个预制菜相关规范和标准。

资料来源　宋佳，邹多为，胡林果，等. 透视预制菜消费升温 [N]. 新华每日电讯，2022-09-27（5）.

9.2 连锁餐饮企业价格策略

9.2.1 连锁餐饮企业定价的作用及影响因素

1）连锁餐饮企业定价的作用

餐饮产品的定价可以影响到餐饮品牌形象、餐饮市场定位、营业收入及消费者满意度等。餐饮产品价格是否合理，不仅关系到餐饮企业能否最大限度地吸引顾客，还影响到产品盈利能力。其主要影响：①企业的形象；②企业的利润；③企业竞争力；④企业对消费者的吸引力。

2）影响连锁餐饮企业定价的因素

影响连锁餐饮企业定价的因素有很多，主要体现在企业自身、市场环境、社会经济等方面。在企业自身方面要根据生产成本以及自身营销目标考虑，在社会经济方面要考虑社会经济周期和发展水平。

（1）影响餐饮产品定价的内部因素：①成本和费用；②定价目标；③产品；④档次；⑤原料；⑥工艺；⑦人力资源；⑧经营水平；⑨餐饮企业的形象等。

（2）影响餐饮产品定价的外部因素：①市场需求；②竞争因素；③市场发展；④环境；⑤气候；⑥本地区人民的生活水平和生活习惯；⑦消费者的心理价位等。

9.2.2 连锁餐饮企业定价的策略

1）以成本为中心的定价策略

以成本为中心的定价策略是一般餐厅常用的方法。它简单易行，根据成本制定出来的销售价格是餐厅必须维持的最低销售价格，否则餐厅在经营活动中必然会蒙受损失。对于餐厅销售的产品不论在整体结构上还是在个体产品上，都有其既定的统筹计划和策略。餐厅的成本定价策略是以制作菜肴时的原料耗用为主要依据，市场要求及客人接受能力等只是次要依据。这就要求餐厅制作工艺及原料耗用的标准化。这种定价策略的缺点在于只考虑成本，忽视了市场需求，不能全面反映餐厅的经营效果。

2）以需求为中心的定价策略

餐饮企业经营者根据消费者对餐饮产品的需求程度和认知水准来确定产品售价。常用的有主观印象定价法和需求差异定价法。主观印象定价法是依据就餐顾客对餐饮企业提供各种服务所产生的整体印象，制定出符合消费者价值观的价格的方法。这类顾客在消费时仅注重餐饮产品的质量、服务员的服务态度以及广告推销等非价格因素，而对价格因素不太关注。需求差异定价法是餐饮企业依照不同类型的顾客、消费水准、时间以及不同就餐方式来定价的方法。

3）以竞争为中心的定价策略

现在餐饮业竞争非常激烈，企业在制定产品价格时，通常以竞争对手的售价为定价依据。由于这种策略既不考虑成本，也不考虑客人的需求，只是以战胜对手为准则，所以常用于对个别菜肴价格进行临时性调整，以求出奇制胜。这种策略必须在充分了解对手实力后应用，否则会使自身经营处于不利境地。

企业应当综合几种定价策略，仅执行单一的定价策略往往会考虑不周，导致价格不合理，或者产品市场销售价格混乱，不成体系。进行销售产品定价时，企业应对自身成本、市场需求以及竞争对手进行综合考虑。同时，要合理控制自身的成本，使得餐厅销售的产品在同行业中拥有一定的成本优势。在此基础上还要对市场需求进行专业的调查细分，以便对自身有一个合理定位，同时结合竞争对手的情况进行合理定价。

4）连锁餐饮企业团购价格的合理确定

企业组织团购活动的目标是提升企业知名度、促进新产品的上市推广、薄利多销以及增加利润等。实现不同的团购目标所采取的定价方法是不一样的。以打开市场为目标的企业可以采取亏损定价法；以上市推广为目标的企业应采用捆绑定价法；以薄利多销为目标的企业也可以采取捆绑定价法；以增加利润为目标的企业可以采取区分需求法。

9.3　连锁餐饮企业营销策略

9.3.1　影响消费者饮食偏好的因素

1）马斯洛需求层次论

马斯洛认为，人的需求分为生理需求、安全需求、归属和爱的需求、尊重的需求和自我实现的需求，这五个需求从低到高依次排列，自下而上地形成了金字塔式结构。低层次需求得到满足后，会产生更高层次的需求，而越高层次的需求越难以满足；高层次需求得到了满足，并不意味着没有了低层次需求，只是相较以前，低层次需求所占比重减轻；当人们认为高层次需求比低层次需求更重要的时候，就会优先追求高层次需求的满足。因此人的需求不是一成不变的，需求的顺序也不是固定的，但是在特定时期内，总有一种需求是主要需求。

2）消费者偏好概述

由于消费者偏好直接影响消费者行为，所以消费者偏好可理解为消费者对市场需求变化的直接反应。消费者偏好是消费者对同类产品表现出的品牌喜好与选择，这种喜好并没有单纯的对错之分，只是消费者对某些同类产品中具有不同个性的那些产品的特殊喜好。

（1）饮食观念的发展主要经历了三个阶段。第一阶段是果腹阶段，饮食是人类获得个体生命存在与种族繁衍所需能量的基本手段；第二阶段是文化阶段，饮食被赋予超越生理需求的精神内涵；第三阶段是社会阶段，饮食观念受各种社会因素的影响，比如科学健康饮食理念。

（2）消费者偏好建立在消费者对一定的商品和服务信任的基础上，重复购买相同的商品或者服务。消费者偏好是隐藏在消费者内心的某种特别的情感或者倾向。消费者的偏好严重影响饮食业，不断变化的消费者偏好使得饮食业的常规营销策略需要不断更新，饮食业的从业人员和管理者必须调查消费者的偏好，及时调整营销策略。

3）影响消费者饮食偏好的因素

（1）内在因素。①食品的色、香、味、形、质地、质量直接联系在一起的一些因素。例如，菜肴的颜色鲜艳夺目、五彩缤纷，给人的食用增加了欲念、色彩；菜肴的香气直接刺激人的嗅觉，给人带来了食欲；菜肴的滋味、尝试后的直接感觉，是菜肴最重要的价值；菜肴的摆盘和造型，可以影响食客食欲。②生理和心理因素。

（2）外在因素。①环境因素：构成服务外表的包装，对人们食欲起到一定作用；②情绪因素：对食品质量要求高，对饮食质量有期望；③广告效应；④时间和季节性的变化影响人们对食品的选择；⑤社会经济因素；⑥文化素质因素等。

9.3.2　连锁餐饮企业营销模式

1）传统营销模式

（1）广告宣传。很多企业将广告宣传作为一种营销模式，广告宣传的形式有很多种，可以通过电视、广播、多媒体、网络、报纸等进行。在进行广告宣传之前，人们一定要对要宣传的产品进行市场定位，选择合适的广告宣传方式，寻找更多的潜在消费者。

（2）餐厅明档展示。①主要有原料展示、半成品展示、成品展示、生产制作展示、图片或模型展示等。②明档展示一目了然，能够让顾客对餐厅进行快速直接了解。明档通过菜品对客人的展示，拉近后厨与客人之间的距离，使用餐环境更有氛围，同时让客人对菜品更有食欲，进而增加餐厅的收益。许多餐饮企业都做起了明档。③在进行明档布局设计时应注意：案台要干净无油污，周围无杂物；餐具陈列要整齐有序，干净整洁；菜品没入锅的要整齐干净，入锅的要气味飘香；灯光色调要温暖明亮，特别要集中在菜品等重点物上；工作人员要着装整洁、配合协调、操作规范等。

（3）奖励式营销。①赠品促销，首先，需要注意选择合适的赠品，注意时机，特别是餐饮业，尤其要注意当季的需求产品，否则容易给人留下菜品不足的印象；其次，要厘清促销的目的，选择合适的、确实能够吸引消费者的产品和服务，突出针对性，在产品上做好门店标识，提高客户忠诚度；最后，做好预算和市场需求调研，赠送的产品要在门店本身的预算承受范围内，不能因为过度赠送而造成营销成本过多增长，更要注意赠品的质量。②积分促销是当下普遍采用的促销方式。持卡消费，尤其是个人持卡者，积分的累积带来的奖品的兑现，有时能够起到出其不意的惊喜营销效果。积分促销在促进多次消费的同时，还可以提高用户对门店和菜品的关注频率，传播门店的知名度和美誉度。当然，并不是所有的商品和服务都适用积分促销。③抽奖促销是被广泛应用的促销形式。但是买家通常对此类促销持怀疑态度。进行抽奖促销活动应注意：奖品的设置需要有吸引力，尽可能地增加产品魅力，与当前热点关联，吸引大家参加；抽奖方式要简明，抽奖活动的策划很重要，要降低参与门槛，提高受众群体数量；抽奖要公正公平，必要的话应该请公证人员进行公证，并及时通过网络或店堂公告等形式向参与者通报进度和最终结果。④利用附加值进行变相打折促销，反而更容易获得消费者的信赖。例如，增加某些菜品的分量，提高特定食材的规格，附加相关的饮品、水果等。

▶ "双创"入课 9-1　　　文化 IP 联动　新茶饮夏日营销求新

　　近日，新茶饮头部品牌喜茶、奈雪的茶相继与热播剧《梦华录》联名引发热议，多位消费者在社交平台表示"一茶难求"。据了解，《梦华录》这一文化 IP 为联名品牌的产品销量带来了短期提增效果。大部分茶饮品牌开始以自有 IP 为推广核心，推出一系列新品及相关文创产品。在最初的 IP 定义里，IP 是指计算机网络之间彼此连接的协议地址，它被称为"网络协议"。在如今如此发达的互联网网络中，IP 通常被人们认为是知识产权的意思，也被称为"知识所属权"。知识产权（intellectual property，IP），指权利人对其智力劳动所创作的成果和经营活动中的标记、信誉所依法享有的专有权利。IP 营销一般是指有文化沉淀价值，有商业持续开发能力的无形资产，等同于内容加文化，包括故事、形象、道具、场景、文化符号等。

　　行业相关人士认为：在社交营销时代，拟人化 IP 形象能够"花小钱办大事"。首先，其视觉形象冲击强烈，更有生命力和鲜活力，有利于降低消费者认知成本。其次，品牌能够通过 IP 与消费者沟通和交流，快速形成话题，推动业绩增长。2022年夏季茶饮品牌的推广和产品都出现了升级创新，其营销方式也都结合了自身特点。目前来看，无论是联名 IP 还是自有 IP，最终导向是为品牌赋能。但随着知识产权进一步被强调，IP 也会越来越"值钱"。这波茶饮品牌借势营销的差异点在于，蜜雪冰城借的是"夏天人会晒黑"的认知势能，喜茶、奈雪的茶借的是热播影视剧的势能。前者积累的所有品牌势能都是自身的，而喜茶等则会在营销中顺势帮助《梦华录》传播，这也是这类文化 IP 在选择合作方时会考虑的因素。IP 的核心模式是通过文化的加持，使消费者为品牌产生的溢价买单。整体来看，目前茶饮品牌仍处于"借 IP 营销"的阶段，而随着国潮的进一步兴起，新茶饮在 IP 上的打造更加强"中国风"这一文化特性。

　　资料来源　黎竹，刘旺. 文化 IP 联动　新茶饮夏日营销求新［N］. 中国经营报，2022-07-11（37）.

　　请同学们结合资料分析：（1）IP 营销是指什么？（2）连锁餐饮企业如何开展 IP营销活动？

2）企业数字化营销

目前我国步入了数字经济时代，这种经济以数字化信息、知识作为关键生产要素，发挥了现代信息网络作为载体的重要作用，开创了经济发展的全新形态，也实现了我国经济的创新、高效发展。在产业数字化和数字产业化蓬勃发展的宏观背景下，餐饮服务场景已然从线下向线上延伸，两者的互动更加全面而有效，数字化营销在连锁餐饮企业广泛应用，为处于转型发展关口的传统餐饮业提供了一种营销新思维，连锁餐饮企业开始构建和实施全渠道餐饮新模式。随着社交媒体、内容电商、社群平台、私域兴起，IP营销、直播、抖音、短视频等成为新营销方式。

随着相关法律法规逐步建立健全，虚拟现实等新技术深化应用，直播平台、主播、商家规则意识增强，消费者不断成熟，直播带货将摒弃拼低价、泛流量模式，迈向拼专业内容、精耕细作之路。

"思政"入课9-2　　　　　　　**直播带货，合规才能"火"得久**

"好吃""好看""买它"……作为数字经济新业态，直播带货近年来风头正劲。职业主播、明星、视频博主、农户等纷纷走进直播间，宣传各种产品，越来越多的消费者开始青睐这种新的购物方式。同时，一些直播间也存在假冒伪劣、夸大其词、货不对板、售后不力等问题，有的主播还因为逃税问题受到税务部门处罚，相关法律法规、整顿措施陆续发布。直播带货如何才能"火"得长久？怎样实现规范健康发展？如何看待直播带货对人们日常生活的影响？

业内人士认为，通过价格优势、商品新颖设计和陪伴式体验，直播带货逐渐赢得了年轻消费者的心。据统计，目前中国电商直播用户规模为3.84亿，占网民整体的38%。另据企查查数据显示，全国共有1.6万家电商直播相关企业，其中2021年注册8 364家。有观察人员分析，中国直播带货模式涵盖电商平台、第三方支付、快递和社交媒体，通过数字技术更好回应新兴消费者需求。由于相应创新在很大程度上依赖于复杂的算法和数据分析，消费者能够获得更加个性化的体验。如今这种模式几乎涉及所有类型的生活服务和娱乐，使中国年轻消费者网购更具社交性和互动性，这种趋势正在影响世界其他地区。直播带货领域流传一句话："万物皆可播，人人皆主播。"随着移动互联网发展和普及，直播带货的低门槛和高关注度在吸引很多人加入的同时，逐渐暴露出一些问题。

为破解直播带货"成长的烦恼"，监管正在强化。2020年11月，国家市场监管总局发布《关于加强网络直播营销活动监管的指导意见》，明确直播带货过程中涉及的各方主体的责任与义务。2021年4月，国家网信办等7部门联合发布《网络直播营销管理办法（试行）》，明确直播营销行为的8条"红线"，包括不得欺骗、误导用户，不得进行数据流量造假等。2021年9月，国家税务总局印发通知，对网络直播等新业态从业人员给予包容性的自查整改期，同时明确对自查整改不彻底、拒不配合或情节严重的依法严肃查处。不少平台在健全直播治理方面下功夫。比如，从售后制度完善、分级标准建立、内容生态优化等多维度提升平台整体环境；构建起包含7天无理由退货、假一赔九、退货补运费、退款不退货等"信任购"体系；强化监管义务，督促协助主播依法依规办理纳税申报等。

事实上，任何新技术本身都是一把双刃剑。只有当其被规范化使用时，才能实现良性发展。直播带货成为新职业后，《互联网营销师国家职业技能标准》正式出炉。其中，"遵纪守法""严控质量"被写入相应的职业守则中。申报者需进行理论知识考试、技能考核以及综合评审。考试知识除职业道德、营销基础知识外，还包括《中华人民共和国网络安全法》《中华人民共和国消费者权益保护法》《中华人民共和国电子商务法》《网络直播营销管理办法（试行）》等 20 多项法律法规知识。只有合规发展，直播带货才能走得长远。

资料来源　彭训文. 行业快速发展，经营不断规范　直播带货，合规才能"火"得久［N］.人民日报海外版，2022-01-17（5）.

请同学们结合资料分析：（1）直播带货如何才能"火"得长久？（2）如果你是某直播间主播，你会怎样直播带货？

9.4　连锁餐饮企业服务管理

9.4.1　餐厅服务人员基本素质和要求

1）餐厅服务人员基本素质

餐厅服务作为一项知识面广、技术性强、职业道德要求高的工作，直接对顾客服务，其服务水平的高低，一方面影响就餐人员的饮食效果，另一方面影响连锁餐饮企业的声誉。餐厅服务人员基本素质要求见表 9-1。

表9-1　　　　　　　　　　　　餐厅服务人员基本素质要求

类　别	基本素质
职业道德素质	热爱本职工作；树立顾客至上、为人民服务的思想；高尚的情操；良好的职业道德
业务素质	语言会话能力，要熟练掌握和使用普通话，同时掌握一些方言；掌握餐厅服务技能
轻盈行动和健康的体质	做到三轻一快，即操作轻、走路轻、说话轻，动作敏捷、服务要快；同时，还要有健康的体质，做到眼勤、耳勤、嘴勤、手勤、腿勤
仪容仪表洁净	服务人员的仪容仪表是餐厅精神面貌的体现，所有员工应着装整洁，保持个人清洁卫生

2）餐厅服务人员仪容仪表要求

（1）容貌端庄，举止大方。

（2）端庄稳重，不卑不亢。

（3）态度和蔼，待人诚恳。

（4）服饰庄重，整洁挺括；打扮得体，淡妆素抹。

（5）训练有素，言行恰当。

3）餐厅服务人员优质服务要求

一名优秀的餐厅服务员应具备良好的素质、高尚的道德和健康的体魄，相关要求见表9-2。

表9-2　　　　　　　　　　　餐厅服务人员优质服务要求

要求	说明	优质服务要求
热情友好 宾客至上	是餐厅职业道德中最基本的道德规范，是餐厅服务人员敬业、乐业精神的具体表现	谦虚谨慎，尊重客人；热情友好，不卑不亢；牢记服务宗旨，遵守道德规范，坚守工匠精神
真诚公道 信誉第一	是正确处理餐厅与客人之间利益关系的一项行为准则	推荐介绍，恰如其分；信守承诺，履行诺言；按质论价，收费合理；诚实可靠，拾金不昧；实事求是
文明礼貌 优质服务	是餐饮业极其重要的道德规范、业务要求和最显著特点	仪表整洁，举止大方；微笑服务，礼貌待客；保质保量，尽心尽责
团结协作 顾全大局	是餐厅内部处理同事之间、岗位之间、部门之间利益等相互关系的行为准则	自觉遵守职业纪律；严格执行政策法规；反对不正之风，抵制精神污染；坚持集体主义，维护国家利益
钻研业务 提高技能	是餐厅职业道德规范之一，是做好职工工作的关键	要有职业责任感；要有崇高的职业理想和坚强的意志
平等待客 一视同仁	尊重客人、使客人感到平等，在友好的气氛中实现自我尊重	服务人员应在一视同仁的前提下，体现个性化服务

4）餐厅服务礼貌用语的"七声"

餐厅服务礼貌用语"七声"包括：问候声、征询声、感谢声、道歉声、应答声、祝福声、送别声。

9.4.2　餐厅服务规范管理与服务质量控制

1）餐饮服务的过程

顾客在餐厅消费过程中从咨询预约到结账离开的全部环节是由消费前、消费中和消费后三部分组成的。顾客的消费过程是一个从产生需求、寻找信息、判断选择、决定购买到实施购买，以及购后感受的全过程。①消费前是指顾客在接触企业服务之前的全部阶段。当人们认识到有某种就餐需求或遇到某一问题需要解决时，这一阶段就开始了。顾客购买餐饮企业提供的产品或接受服务是一个系统的过程，是由很多小环节组成的，等待作为其中一个重要环节直接参与顾客价值的获取。②消费中是指顾客投入一定的时间、精力、金钱等成本换回的商品或服务，并对此进行消费的过程。等同于有形产品的购买使用，服务的无形性使得购买与消费同时发生。当顾客与企业开始接触并发生服务体验时，就开始了顾客的消费过程。服务消费时，顾客与餐饮企业的设施、人员之间的接触不可避免。顾客的服务体验正是在这些人与人之间以及人与环境之间的相互作用中感知到的。③消费后是指顾客与餐饮企业脱离之后对整个消费过程的评价。这个阶段顾客的评价会直接影响到顾客的满意度与忠诚度。

2）餐饮企业服务管理的要求

①餐饮服务质量管理的标准化。②餐饮服务质量培训的规范化。消费者进入餐厅就餐，首先感受到的是服务人员的服务态度，当员工的服务质量大大低于顾客之前的心理预期时，就会给企业带来负面影响，从而降低顾客对于价值的感知，因此在员工的培训上，服务人员不但要掌握专业技能，而且要遵守服务中的各种礼仪规定。③餐饮服务质量内容的个性化。要想超越顾客的心理期望，不只是简单地打个折、送点儿积分，关键在于发现与预期每个人的不同特点和需求，提供个性化的服务。在服务传递过程中，通过行为向顾客传达积极有效的信息，根据顾客不同的服务需求提供个性化的服务，最终达到超出顾客的服务期望的效果。④餐饮服务质量管理的现代化。⑤餐饮服务企业的创造性等。服务极易被模仿和复制，随着餐饮企业的不断增多，服务项目的同质化现象越来越严重，雷同的服务使得顾客失去了新鲜感，变得越来越挑剔。因此，餐饮企业为了进一步发展壮大，就必须对它们的服务进行不断创新。

服务创新是指让顾客体验到他们之前从来没有体验过的全新服务内容，将全新的服务构思和全新的服务手段转变为全新的或者改良的服务方式。在对餐饮企业进行服务创新时，可以通过以下方面进行：①通过想象一些新颖、精巧的服务概念或者利用一些服务技术的小发明、小创新，改进企业的服务，与竞争对手不同，实现差异化。②形象再造。对原有的就餐环境和服务项目进行改造、重塑。例如，在智能机器人餐厅会看到智能机器人作为服务员提供一些服务。③外部引入。企业可以购置新的服务设备、搭建数字化平台或者招聘一些高水平的服务人才，从而实现企业服务体系的标准化建设。例如，2021 年 11 月，老乡鸡客诉月报正式上线。月度报告的线上化，意味着可节省客诉部每月 20+人天的工作量。报告涵盖集团顾客评价全渠道数据指标概览、差评和投诉的分类统计、顾客评价多维 TOP 排行、顾客投诉重点考核指标等内容。月报不仅减少客服部每月底的重复劳动，还区分集团、区域、评估员三级角色的数据权限，统一了集团内部关于客诉板块的指标口径，实现一次开发，多次共享。

＞"双创"入课 9-2　　　　连锁餐饮行业人才需求

对于企业"当前需求紧张岗位"及"疫情后需求紧张岗位"两项内容，相关调研结果显示，在行业人才需求方面，一线人员和电商专员缺口大。前厅服务人员、烹饪人员、厨房工作人员等一线服务岗位的需求较为紧张，基层管理岗位如店长、经理等也存在较大需求。疫情发生以来，餐饮企业除了对一线服务和管理人员存在较大需求外，对商务运营、平台维护、营销策划、平面设计等电商营销相关新岗位也有较大需求。

资料来源　编者根据相关资料整理。

请同学们结合资料分析：结合连锁餐饮行业人才需求情况，你应如何提升自身的综合能力？

3）餐饮企业服务管理的标准

①服务标准设计包括术语标准、用语标准、敬语标准等。②行为标准设计包括基本行为、专业行为、职业行为等。③技能标准设计包括基本技能、专业技能、职业技能等。

4）餐饮企业服务质量控制方法

（1）预先控制：①人力资源的预先控制。②卫生质量的预先控制。③物质资源的预先控制。④服务信息的沟通。⑤员工的各种准备。（2）现场控制是指在对顾客服务的过程中，根据服务规范和顾客需要及时指导服务，合理调配人力资源，保证服务效率，处理紧急突发事件等。（3）反馈控制是指及时收集信息，通过科学和客观的分析，找出出现质量问题的原因，采取有效措施，防止类似问题再次发生。

5）餐饮企业服务质量控制实施流程

①了解顾客对服务的期望，见表9-3。②确立餐饮服务质量的水平。③制定餐饮服务质量的标准。④加强餐饮服务质量的监督检查。

表9-3   顾客感知服务质量的基本方面

维度	具体描述
可靠性	餐饮企业准确可靠执行所承受服务的能力、服务的及时性以及对其承诺的履行情况
响应性	处理顾客请求、提问、投诉以及问题时的专注性和快捷性，即自愿帮助顾客和提供便捷及时服务的程度
安全性	服务员的专业知识、服务态度以及其赢得顾客信任的能力。在顾客感知服务面临高风险或顾客不能明确自己可以评价服务好坏时，这个维度就非常重要
沟通性	餐饮企业可以明确告知消费者需要等待的时间，例如，"0048香辣虾"采用沙漏计时的方式告知顾客所需等待时间
有形性	针对顾客排队等待的服务内容的"有形部分"，例如等候区的具体设施、服务员形象、与服务相关的工具和设备、服务的实物表征（如银行凭条）以及其他物品
公平性	餐饮企业能够很好地维持排队秩序；不存在"先来后进"、插队等现象。如采用先进的排号系统进行叫号；在人们不知不觉的情况下提供VIP服务，避免顾客产生心理不平衡感

资料来源   编者根据相关资料整理。

6）餐饮服务质量管理方法

（1）五常管理方法。该方法主要包括工作常组织，天天常整顿，环境常清洁，事物常规范，人人常自律。①工作常组织，"常组织"是判断出完成工作所必需的物品并把它们与非必需的物品分开，将必需品的数量降到最低程度，并把它们放在一个方便的地方。②天天常整顿，"常整顿"是研究如何提高工作效率，采取合适的储存方法和容器，决定物品的"名"和"家"，旨在用最短的时间取得或放好物品。③环境常清洁，"常清洁"指清洁检查是由整个组织的所有成员一起来完成的。每个人都有清洁、整理、检查的范围。④事物常规范，"常规范"是以视觉、安全管理和标准化为重点，维持透明度和视觉管理，包括利用创意，从而获得和坚持规范化的条件，提高效率。⑤人人常自律，"常自律"是创造一个具有良好氛围的工作场所，持续地、自觉地执行上述"四常"要求，养成遵守规章制度的习惯。

（2）IPA分析方法，也叫重要性绩效分析模型。该模型以服务质量影响因素的重要程度为横轴，以绩效为纵轴建立坐标系，以特定的标准将坐标系分为四个象限，直观区分各影响因素所在的位置和区域，作用是提高管理者的分析和战略决策能力，及时调整企业服务质量，改进资源投入方向，具体如图9-2所示。①矩阵中重要性高、绩效高的区域为竞争优势区域，属继续维持区，即第一象限。落在该区域中的指标是企业的优势，也是超越其他竞争对手的机会所在。②矩阵中重要性低、绩效高的区域为投入过剩区，即第二象限。改进该区域的指标对提升服务质量作用不大，维持目前水平即可，但需要注意的是此区域可能存在投入过剩的情况，应当抽取适当的资源用于改进重要性高的评价指标。③矩阵中重要性低、绩效低的区域为次要弱势区域，属有待改善区，即第三象限。一般来说，改进该区域中的指标对提高服务质量的作用不明显，若在完成重点改进区域后还有剩余资源，可对该区域进行适当改进。④矩阵中重要性高、绩效低的区域为竞争挑战区域，属重点改进区，即第四象限。落在该区域中的指标是企业的主要劣势所在，也是导致服务质量表现不佳的主要原因，应大力投入资源以提高其表现，尽快进入上方的优势区域。

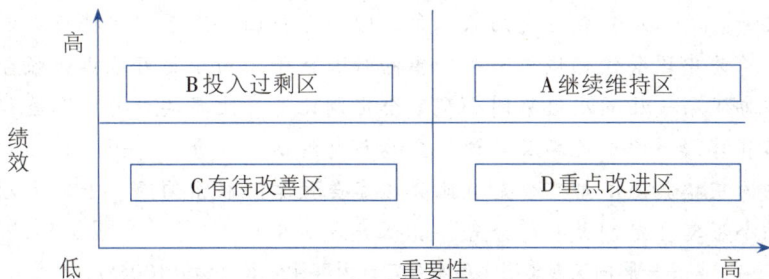

图9-2 IPA分析方法

（3）神秘顾客评价方法。神秘顾客是指受过相关培训或指导的个人，以潜在消费者或真实消费者的身份，对某种顾客服务过程进行体验与评价，然后通过一定的方式详细客观地反馈其消费体验。这类经过培训的调查员，可以在规定的时间内扮演成顾客，对事先设计好的一系列相关问题逐一进行评估或评定。这种体验与评价其实也是一种特殊的市场调查形式。

7）顾客投诉处理及客户关系管理

（1）顾客投诉的类型主要有：①安全问题的投诉。②就餐环境卫生问题的投诉。③服务人员工作态度和上菜效率问题的投诉。④价格问题的投诉等。表9-4为顾客反映某餐饮门店服务的主要问题。

表9-4 顾客反映某餐饮门店服务的主要问题

选项	内容	占比	选项	内容	占比
A	提供所点餐品较慢	44%	D	菜品种类不足	28%
B	提供的菜品有误	12%	E	餐厅环境不好	11%
C	服务员有时服务怠慢	32%	F	服务设施落后	8%

（2）顾客投诉处理原则：①不争论原则。②及时性原则。③补偿性原则等。

（3）客户关系管理（CRM）。CRM是选择和管理有价值客户及其关系的一种商业策略。CRM要求以客户为中心，以商业思想和企业文化来共同支持营销、销售与服务的流程。如果企业拥有正确的前进方向、经营策略和良好的企业文化，CRM应用将为企业实现有效的客户关系管理，主要包括：①建设信息系统维持既有顾客。企业应当通过建立CRM信息系统来进行标准化的客户服务跟踪。②线上线下强化客户沟通。有效沟通对于企业和门店来说意义重大，这也是获得顾客忠诚度最直接明了的方法。③从基础服务向超值服务延伸。当今客户需求多样化的趋势越来越明显，可以通过会员信息积累，向会员适当了解其对菜品和服务的不同喜好，根据他们的内在需求提供针对性服务，在做到基础服务的同时，提供一些附加的超值服务，满足客户的多种需求。

☑ **课外阅读9-1** **第一届同庆楼集团小型宴会定制比赛**

同庆楼集团目前是安徽最大的餐饮集团，更是中国发展速度最快的多元化餐饮及宾馆集团之一。其立足安徽，走向长三角，辐射全中国，百年同庆楼正在以稳健的步伐，逐步成长为中国餐饮领域中举足轻重的行业巨子。为了更好地提升服务水平，同庆楼集团举办了第一届同庆楼集团小型宴会定制比赛。比赛共分为比赛流程及注意事项、现场布置剪影、比赛现场及点评、分享与总结四个部分。

第一届同庆楼集团小型宴会定制比赛从宴会预案、联系沟通、专属定制、惊喜服务方面制作小型宴会定制大赛评分表，具体见表9-5。

表9-5 第一届同庆楼集团小型宴会定制大赛评分表（满分100分）

序号	评分项目	评分内容	评分细则	满分
1	宴会预案	服务流程设计	根据宴会需求台型、边台、菜肴设计、上菜动线进行合理规划和设计	20分
2		定制预案	明确定制方案，合理分工布置	
3	联系沟通	主动沟通	主动与顾客联系，获取定制信息	10分
4		抓住情感	深入挖掘顾客信息，抓住顾客情感需求	

续表

序号	评分项目	评分内容	评分细则	满分
5	专属定制	专属唯一性	具有很强的顾客专属唯一性	20分
6		主题精准	贴近宴会主题，设计元素搭配协调	10分
7		定制创意	创意新颖、别具特色，具有个性化定制特点	10分
8		操作性、性价比	操作便利，减少浪费，投入少、效果好	10分
9	惊喜服务	解说内容	表达恰当、语言流畅，能够表达主人的宴请目的	20分
10		与客互动	顾客参与互动，能够打造用餐紧密圈	

资料来源 编者根据相关资料整理。

📘 单元小结

本单元主要介绍了菜单的含义及作用、餐饮产品的特点和品类管理、连锁餐饮企业定价因素和消费者饮食偏好影响因素以及餐饮企业服务质量控制实施流程，分析了连锁餐饮企业产品策略、价格策略、营销策略和服务规范要求，进行顾客投诉处理及客户关系管理。

📘 主要概念

4P理论 品类管理 IP营销 地方菜和预制菜 IPA分析方法 直播带货

📘 单元测试

□选择题

即测即评-9

1.某连锁餐饮店为不同地区分店选择重点菜品时，将居民消费者划分为不辣、微辣及重辣三个客户群组，该细分过程属于（   ）。

A.年龄细分　　　　B.财富细分　　　　C.购买特性细分　　　　D.价值细分

2.在产品生命周期中（   ）的购买者一般较多。

A.引入期　　　　B.成长期　　　　C.成熟期　　　　D.衰退期

3.在连锁餐饮店，对客人的用餐表情进行市场调研的方法属于（   ）。

A.观察调查法　　　　B.询问调查法　　　　C.实验调查法　　　　D.资料调查法

4.连锁餐饮店店长的执行能力之一，是能（   ），并在运营过程中组织员工贯彻执行。

A.充分领会上级精神　　　　　　　　B.充分理解公司政策、制度、标准等

C.完全维护企业利益　　　　　　　　D.完全执行领导指示

5.海底捞提供免费水果小吃以及各种附加服务，属于（   ）。

A.基础产品　　　　B.期望产品　　　　C.主力产品　　　　D.附加产品

6.连锁餐饮企业根据消费者对餐饮产品需求程度和认知水准来确定产品售价的策略是（　　　）。

A.以成本为中心的定价策略　　　　　B.以企业为中心的定价策略

C.以竞争为中心的定价策略　　　　　D.以需求为中心的定价策略

7.广告效应是影响消费者饮食爱好的（　　　）。

A.经济因素　　　　B.文化因素　　　　C.外在因素　　　　D.内在因素

8.连锁餐饮企业促销适应环境的变化主要体现为（　　　）。

A.发放优惠券　　　　B.会员积分　　　　C.折扣优惠　　　　D.线上线下融合

□判断题

1.在连锁餐饮经营中可以通过菜单反映出餐厅的主题与风格。（　　　）

2.季节性产品对连锁餐饮经营定价影响不大。（　　　）

3.以成本为中心的定价策略，能够充分考虑市场需求情况。（　　　）

4.食品的色、香、味、形、质地等都会影响消费者的饮食选择。（　　　）

5.连锁餐饮企业可以运用广告、人员推销、公众宣传、营业推广等促销方式。（　　　）

6.在连锁餐饮企业现场管理中，应加强餐饮服务质量的标准化管理。（　　　）

7.《餐饮业文明服务导则》强调了餐饮业高文明服务水平应当或适宜采取的措施，细化了餐饮业服务人员的基本规范、培训内容、服务流程和管理制度。（　　　）

8.连锁餐饮企业人员进行直播带货应严控餐饮产品质量。（　　　）

9.连锁餐饮企业都要开发地方菜和预制菜等餐饮品类。（　　　）

10.数字化营销在连锁餐饮企业广泛应用。（　　　）

□简答题

1.餐饮产品有何特点？

2.影响连锁餐饮企业定价的因素有哪些？

3.简述4P理论。

4.餐饮业服务质量管理方法有哪些？

5.如何开发地方菜和预制菜？

6.连锁餐饮企业如何开展IP营销？

7.如何规范健康进行直播带货？

□案例分析题

海底捞实现用户"云上捞"

在传统餐饮服务场景下，顾客与餐饮门店的交集仅存在于到店消费，但在数字化浪潮下，餐饮服务场景已然从线下向线上延伸，两者的互动更加全面而有效。

近期，海底捞新品创造性地以目前火锅市场较为少见的以鸭为主料的酸香味型有料锅底开辟细分领域，在产品搭配上，将锅底、菜品、小吃、饮品四大品类中风味互相匹配的产品集中推出；在线下消费场景中，海底捞在门店端打造"会员日"线下活动，尤其是在元宵节、腊八节、中秋节等特殊的节日里打造富有创意的主题活动。同时，海底捞还推出参与感强的系列手工制作活动；在会员运营上，海底捞关注用户全链路生命周期，通过线上线下多渠道打造用户生态，形成良性的可持续互动机制。在 APP 运营上，以订餐为基础功能，再以社区分享、话题分享等为增值服务，加之电商商城的购物功能，并配有实时在线的智能客服；除了海底捞 APP，小程序和微信公众号也承载了海底捞外卖、商城、订餐等细分化业务。其中，海底捞火锅微信公众号以分享各种美食攻略和活动为主要内容，并设置了门店查询功能，在会话栏中提供订座排号、预订外卖、线上商城等相关入口。海底捞在食品安全建设、新技术应用和数字化改革方面持续深化，在餐厅引入新技术，以数字化创新管理模式，将食品安全纳入门店营运管理，努力推动餐饮行业的高质量发展。

资料来源　中国连锁经营协会.《2022 CCFA 连锁餐饮、新茶饮创新案例集》发布［EB/OL］.［2022-07-06］. http：//www.ccfa.org.cn/portal/cn/xiangxi.jsp？id=443730.

分析：

（1）连锁餐饮企业营运管理包含哪些内容？

（2）海底捞如何开展线上线下多渠道营销？

单元 10
连锁餐饮企业品牌与质量安全管理

■ 学习目标

通过本单元的学习，达到以下学习目标：

知识目标：了解品牌及品牌管理的含义，熟悉品牌形象和品牌价值构成，掌握连锁餐饮企业质量安全管理。

能力目标：通过"双创"入课，使学生能够分析连锁餐饮企业品牌战略规划；理解中华老字号的认定范围和条件；掌握餐饮服务食品安全操作规范中食品安全管理措施和对人员健康管理、培训考核和人员卫生等方面的要求。

思政目标：结合教学内容、案例资料等，通过案例分析、思政入课等形式，引导学生树立品牌与质量安全意识，通过餐饮中华老字号讲好中国故事。

■ 单元框架

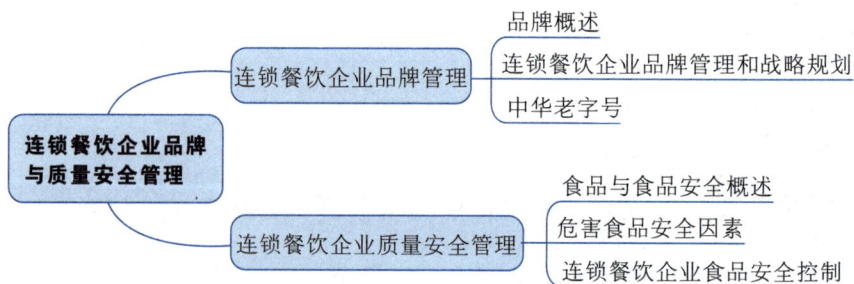

引例

百年老字号以创新解锁健康新时尚

2022年10月18日，党的二十大新闻中心组织33家境内外媒体的42名记者前往同仁堂知嘛健康零号店参观采访，感受百年老字号的创新变革。

走进零号店大堂，映入眼帘的是一台能够容纳9000个商品的"24小时不打烊无人自动售药模拟演示设备"。点击屏幕把想要的商品加进"购物车"，黄色的机械臂收到指令后开始抓取产品，随后通过输送口交给机器人，最后送到门外，整个过程仅用时1分钟。

店里最热闹的地方当属一层的咖啡区、烘焙区和中式餐饮区，众多记者在这里驻足品尝美食。星空吐司、蓝色妖姬、榴莲麻花等各式面包、小吃让许多爱吃甜品的女记者直呼"被种草了"。据介绍，这些都是低糖少油的烘焙产品，且使用的原料有一部分来自同仁堂药食同源的天然草本，如蓝色妖姬使用的天然色素就来自蝶豆花。

零号店内，最吸引人的要数罗汉果美式草本咖啡、枸杞马天尼鸡尾酒等"网红"饮品。据工作人员介绍，草本咖啡是知嘛健康结合草本养生概念，以药食同源为基础，在咖啡领域开辟的新形式，如罗汉果美式草本咖啡就是利用罗汉果甜苷作代糖，饮用后口有回甘。

此外，零号店内，同仁堂自主研发的萃饮机也吸引了众多记者的目光。向萃饮机中投放元宝茶，点击开关，一杯高浓度的茶饮就新鲜出炉了。

于2018年打造的同仁堂知嘛健康零号店，是北京同仁堂健康药业股份有限公司在新零售赛道上转型落地的有益尝试。党的十八大以来，中国北京同仁堂（集团）有限公司践行"要倡导健康文明的生活方式，树立大卫生、大健康的观念，把以治病为中心转变为以人民健康为中心"这一理念，抓住发展战略机遇期，打造产、学、研、销深度融合的科技创新体系，持续推动企业向高质量发展，目前已完成各类新产品开发1348个。

同仁堂健康药业相关负责人表示，未来，知嘛健康将继续围绕新场景、新消费、新产品和新服务，打造以用户为核心的品牌定位和服务体验，为用户提供全场景的健康生活解决方案，助力企业在广阔的大健康产业中寻求新的增长。

资料来源　韩松妍. 百年老字号以创新解锁健康新时尚［N］. 中国食品报，2022-10-19（2）.

10.1　连锁餐饮企业品牌管理

10.1.1　品牌概述

1）品牌的概念

品牌是一种错综复杂的象征。它是品牌属性、名称、包装、价格、历史、信誉、广告方式的无形总称。品牌是一种名称、术语、标记、符号或图案，或它们的结合，用以识别某个消费者或某消费群的产品或服务，并使之与竞争对手的产品和服务相区别。

2）企业品牌形象内涵

企业品牌形象是消费者对企业品牌名称、标识、符号、理念、形象等要素的综合感知，是品牌认知、联想、评价的总和，是消费者对品牌符号、象征意义等的整体把握，是凭借消费者对品牌的评判而产生的，评判标准来源于信息的传递和对相关属性的想象，促使消费者根据过往经历在脑海中形成对品牌固有的印象。品牌形象主要由服务形象、有形产品形象、企业自身形象等构成，其中服务形象包括产品功能、服务质量等。

3）企业品牌价值构成

当今市场的竞争归根结底是品牌之争。作为一种比较特殊的无形资源，人们越来越意识到品牌是企业很有价值的资产。①有人认为企业的品牌价值由市场价值、社会价值与文化价值三个部分构成：品牌的市场价值是品牌为消费者带来超越普通商品物理和情感方面的满足，以及得到市场认可之后形成的附加值，而品牌的社会价值和文化价值的形成则更多依靠社会方面的力量，受到历史、文化等因素的影响，需要社会整体的认同。②也有人认为品牌价值主要由外在价值和内在价值两部分构成：外在价值是指在开发、生产过程中所花费的全部活劳动和全部物化劳动在品牌上的共同凝结；内在价值是指企业在商品品质和服务质量方面的投入，内在价值是决定品牌价值高低的核心要素。③还有人认为品牌价值的构成要素可划分为功能利益、可感知的质量、可感知的价值、个人联系度、社会文化特征、人格特征和历史传承七个方面。

📝 课内阅读10-1　　　　　　中国品牌这十年

历史犹如一条长长的时间河流，从过去奔涌而来，向未来逐浪而去，洗炼那些深沉邈远的恒久叩问。从2013年到2022年这十年，世界百年未有之大变局，风云激荡，中国品牌助力中国经济发展。世界500强中国企业数量从79家发展到145家；中国企业500强资产总额从150.98万亿元增长到372.53万亿元；在全球创新指数中的排名中，中国由第34位跃升至第12位。

2013—2014年开启高质量发展新征程

时代在变，中国品牌的发展环境、发展条件不会一成不变，中国品牌的发展理念、发展方式也不能一成不变。中国品牌发展中出现的问题要用更高质量的发展来解决。举一纲而万目张。高质量发展，为新时代中国经济标注了清晰的历史坐标，这是中国品牌必须闯过的关口。实现高质量发展，是中国品牌行稳致远的必然要求。

2015—2017年心无旁骛地做实业

"由量转质"的改革拉开序幕。谁的产品质量高，能满足人民对美好生活的向往，人民就会选择谁的产品。此时的消费者，毫不犹豫地选择了移动互联网。是的，此时中国品牌主动开展技术创新、管理创新、商业模式创新，推动中国制造向中国创造转变，中国品牌新意盎然、生机勃勃，中国经济高质量发展微观基础更坚实。

2018—2019年高质量发展中展现新作为

历史是未来的钥匙，时间是真理的挚友。几年的探索、几年的奋斗、几年的积累，到了 2018 年，中国经济发展已由高速增长阶段转向高质量发展阶段，中国品牌已经进入到收获的季节。传统品牌抓住新机遇，实现突围。传统产业加快转型，新兴产业生机盎然，智能制造广泛应用，数字经济蓬勃发展，节能降碳积极推进，在广大企业的努力下，产业基础高级化、产业链现代化取得明显进展。质，稳步提升；量，合理增长。中国经济结构越来越优，中国品牌韧性越来越强。

2020—2022 年不忘品牌初心，心系家国

亥大疫起，庚子渐落定。举目回望，那一个个奔忙而坚定的身影，那一张张疲惫却坚毅的面孔，是强大信念意志汇聚成一往无前的钢铁洪流，是无数血肉之躯筑起抵御疫情的新的长城。突如其来的疫情，让"家国"这个看似宏大的字眼，显得如此真实而近切。丹心寸意，皆为有情；奋不顾身，共筑家国。面对疫情，中国品牌人助力打赢疫情防控攻坚战。有一种品牌力量，叫作团结与凝聚；有一种品牌力量，叫作顽强与乐观。每每疫情发生，都有品牌丹心如铁捍卫家国，都有丹心如光拨云见日，中国品牌用行动书写了抗击疫情的品牌史诗。

资料来源　张超，宛枫，林刚，等. 中国品牌 强国有我 迎接党的二十大胜利召开系列报道 中国品牌这十年——高质量发展 品牌经济跃上新台阶 [J]. 中国品牌，2022（10）.

10.1.2　连锁餐饮企业品牌管理和战略规划

1）品牌管理的含义

品牌管理是指针对企业产品和服务的品牌，综合地运用企业资源，通过计划、组织、实施、控制来实现企业品牌战略目标的经营管理过程。品牌战略包括品牌定位、品牌延伸、品牌创新、品牌传播和品牌维护五个方面：①品牌定位策略是指从市场定位和品牌形象方面对品牌在产品购买者观念中的特征与市场地位进行定位。②品牌延伸策略是指原品牌在生产原产品之外还能生产什么行业的产品。③品牌创新策略是指企业针对市场变化，通过创造新的品牌、创造品牌新的应用、引进和转让品牌资产来实现品牌的管理活动。④品牌传播策略，是指为了提高企业和产品的知名度、美誉度和忠诚度，进而形成强势品牌，就需要利用各种有用的宣传方式，向产品的受众传递关于品牌的信息，这个过程也可以称为品牌推广。⑤品牌维护策略是指企业从法律保护和形象保护两个方面对品牌进行保护，保护品牌的纯洁性和不受侵害，对品牌形象定时监控，及时处理危机事件。品牌战略的上述五个方面内容相辅相成，共同构成了完整的品牌战略体系。品牌战略的成功与否与每个策略都是密切相关的，它们既可以使企业的核心价值得到体现，又可以使企业的整体品牌战略目标得以实现。具体如图 10-1 所示。

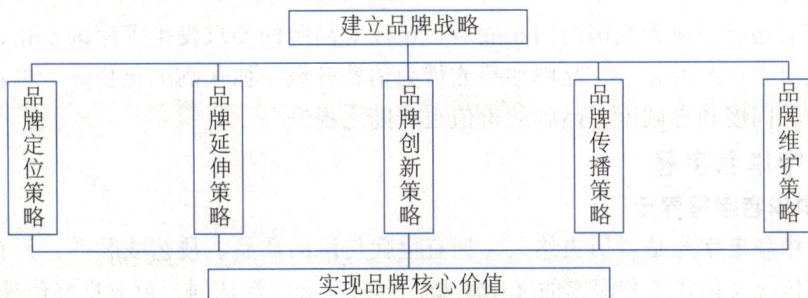

图 10-1　品牌战略构成

2）提高品牌知名度

品牌知名度又可以分为品牌记忆和品牌识别两部分。品牌记忆是指当对消费者说出一种类型的产品时，消费者能够在脑海中产生该品牌印象的能力，即该品牌给消费者留下了深刻的印象。品牌识别是指消费者根据给出的部分产品信息能够准确地辨认出该品牌的能力。品牌形象是消费者对产品品牌的一种抽象感知，是公司以一定的营销活动把消费者印象中的品牌信息与品牌联想结合在一起形成的。从消费者的角度考虑，餐饮老字号要满足其不同层次的需求。消费者外出就餐首先考虑的就是菜肴、服务等的品质，消费者追求的是色香味俱全，并且随着食品安全问题备受重视，卫生健康也成为基本需求。周到的服务是消费者最基本的需求。上升到高一层次的需求就是要求老字号能为消费者创造出情感上的满足，餐饮老字号作为具有文化代表性的企业，在情感上主要满足消费者日趋强烈的文化消费需求，加深文化归属感。为进一步提高消费者满意程度，企业可以为消费者营造出符合其身份的社会认同。企业要想提高品牌知名度，就要从加强品牌识别和品牌记忆两个方面着手。企业要扩大宣传力度，精准定位目标市场，对市场进行细化，加强公关力度，利用好新媒体进行品牌宣传。随着短视频、直播时代的到来，新兴的传播媒介成为具有创新性、趣味性、个性化和多样化的形式，让更多的人能够感受到传统文化的魅力，提升文化自信，强化品牌在消费者心目中的印象，提高品牌知名度。

3）连锁餐饮企业品牌战略规划

（1）品牌决策制定。企业要想在强化区域品牌影响的基础上进行全国重点餐饮市场的扩展，就必须确立清晰的品牌架构模式以及各品牌的战略定位，以便有效指导规模化发展。

（2）品牌文化策划。餐饮业已经进入文化营销阶段，需要对品牌核心价值进行提炼，并不断总结归纳餐饮关键经营因素，形成品牌文化。

（3）品牌应用设计。原有的企业形象已经无法满足下一步发展的需要，必须在品牌战略规划的指导下，形成整套企业形象视觉识别系统以及相关配套设计。

（4）品牌传播推广。品牌文化的落实需要围绕品牌发展及现场管理的需要，确定明确、快速、有效的品牌传播方式，有效覆盖目标受众，扩大品牌影响。

（5）品牌维护。品牌的所有人、合法使用人要对品牌实行资格保护措施，用以防范来自各方的侵权和侵害行为。品牌维护包括品牌的经营维护、品牌的法律维护和品牌的形象维护。

品牌战略已经成为我国的国家战略，市场对品牌的要求发生了深刻变化，对品牌战略也提出了更新的要求。品牌如果能借力消费升级、抓住高端化趋势，将获得消费者更高的认同度和忠诚度，品牌的价值也将随之提升。

10.1.3 中华老字号

1）中华老字号界定

（1）**中华老字号**是指历史悠久，拥有世代传承的产品、技艺或服务，具有鲜明的中华民族传统文化背景和深厚的文化底蕴，取得社会广泛认同，形成良好信誉的品牌。中华老字号是我国悠久历史所孕育出的宝贵结晶，是中华商业文明流传的载体，更是文化记忆的化石。餐饮老字号是历史悠久的商号和字号，是弥足珍贵的文化瑰宝。

（2）餐饮老字号是指既能展示我国的文化价值，又能体现我国的传统文化背景，拥有世代传承的特别烹饪技艺和饮食产品，具备餐饮消费场所，提供各种餐饮产品给顾客，拥有普遍的社会认同和良好的商业信誉的餐饮企业或餐饮产品品牌。

2）中华老字号认定

（1）认定范围：中华人民共和国境内的有关单位（企业或组织）。

（2）认定条件主要包括：①拥有商标所有权或使用权。②品牌创立于1956年（含）以前。③传承独特的产品、技艺或服务。④拥有传承中华民族优秀传统的企业文化。⑤具有中华民族特色和鲜明的地域文化特征，具有历史价值和文化价值。⑥具有良好信誉，得到广泛的社会认同和赞誉。⑦国内资本及港澳台地区资本相对控股，经营状况良好，且具有较强的可持续发展能力。

"思政"入课10-1　　　　**让老字号在新时代焕发活力**

谈起"中华老字号"，很多人的固有印象是"老牌子""老产品""老做派""老顾客"。"中华老字号"拥有广泛的社会认同和良好的品牌信誉，在老百姓心中有着深远的影响。"中华老字号"不仅仅是民族品牌的代言人，更是城市的文化符号。尤其对年纪稍长的人来说，"中华老字号"还承载着往昔生活的美好记忆，渗透着点点滴滴的人生感悟，这是一般品牌不能比拟的独特文化魅力。如今已有众多"中华老字号"品牌以中国传统文化为创意原点，对"国潮"的内涵进行了创新的演绎，它们贴近年轻人的生活方式，以科技感和年轻化赋予产品个性化的表达，让老字号品牌焕发出青春和活力。

"一块招牌就是一段传奇"。"中华老字号"呈现给当今社会的，更多的是中华民族优良的传统记忆、童叟无欺的商业道德、精益求精的工匠精神和无比敬业的诚信理念。在新的时代，振兴老字号不仅仅是保留一块招牌、传承几项技艺，更是留存一份历史记忆、文化力量和民族符号。

资料来源　本刊评论员. 让老字号在新时代焕发活力［J］. 中国食品工业，2021（16）.

请同学们结合资料分析："中华老字号"能传递出哪些文化力量和民族符号？

3）中华老字号振兴发展

（1）中华老字号发展现状。我国的餐饮老字号经历了相当长时间的发展，不仅有着悠久的历史，还拥有很高的知名度、美誉度和很高的文化价值，形成了较高的品牌价值。随着我国经济的增长和城乡居民收入的提高，人民生活水平不断改善，饮食消费需求逐渐扩大，推动了餐饮业及其品牌的快速发展。随着对外开放的扩大，国外餐饮品牌先后进入我国市场，使得本土餐饮品牌特别是许多老字号品牌面临激烈竞争。我国地方性老字号品牌众多，但是跨区域的餐饮品牌发展滞后。随着市场竞争的日趋激烈及经济的快速发展，大部分老字号在当下的市场环境中举步维艰，无法发挥其悠久历史文化和长期积累的品牌信誉优势，很多企业甚至濒临倒闭，有的宣布破产，有的被兼并重组。越来越多的老字号面临着管理不善、长期亏损、破产等问题，导致餐饮老字号的影响力和知名度不断下降并呈老化趋势。有些连锁餐饮品牌定位不当，未对自身的品牌市场及消费者进行分析，未结合自身的特点、产品风格与消费地区等，没有找到适合自身的品牌定位。目前我国的餐饮老字号整体正面临着严重的生存危机。中华老字号品牌在当前商业竞争环境中处于劣势的原因，主要有以下几个方面：①历史原因。老字号在历史发展进程中丧失了很多优秀的工艺和管理经验，使其发展的连续性受到影响。②品牌管理缺失。老字号在品牌保护、品牌建设、品牌运用方面存在问题。③环境原因。④政府对老字号的保护不够，缺乏资金支持，缺乏社会关注等。

（2）中华老字号振兴发展的具体措施：①加强中华老字号传承要吸引新鲜力量，赋予新一代传承的责任，传承人要把优秀的传统技艺、文化基因、人文情怀传承下去。②随着时代的变迁和消费者群体的变化，进行正确的市场定位与产品定位。③提高品牌保护意识，树立品牌形象。重视品牌商标和专利的作用，注册品牌商标和专利，明确老字号的产权，提高自己的品牌保护意识。培育重点老字号企业发展，助力老字号提升品牌软实力，推进老字号走出去。④激活餐饮老字号，改善餐饮老字号的品牌形象。通过企业的一系列营销活动的实施，重新唤起消费者对老字号品牌的记忆和印象，提高品牌知名度，强化或者重塑品牌形象，再次建立起消费者对老字号品牌的忠诚度。

＞"双创"入课10-1　　　守正创新是老字号"不老"秘方

伴随"国潮"消费兴起，跨界融合创新赋予老字号品牌新光彩。同时，在激烈的市场竞争中，涉及老字号的纠纷不断增多。老字号的价值在于"老"，出路却在"新"，只有坚持守正创新才能适应新消费需求和趋势。

从"守正"层面看，既要原汁原味，也要加强品牌建设，保护好老字号底色，做足老字号"存量"。老字号的权利基础是以字号为核心，辐射商标、商品名称、包装、装潢等多个领域。一方面，老字号企业要及时注册商标、域名，申请专利，加强商业秘密保护，为维护和延续老字号品牌价值依法维权。另一方面，相关部门要加大治理侵权行为力度，形成工作合力，从源头严厉打击侵犯老字号知识产权的各类违法违规行为，从根本上肃清各类市场不正当竞争行为。

从"创新"层面看，在新业态、新消费、新品牌的浪潮下，老字号消费不再只是单纯地满足情怀和追忆从前，而需要在消费场景、市场增量和产品升级上下功夫，擦亮老字号金字招牌。特别是在"Z世代"的消费观里，既看重品牌的体验感，也注重品质与文化内涵。老字号企业应以创新发展激发新的增长动力，尝试新技术、线上线下融合商业模式等新玩法；积极研发新产品、推出新服务，持续增强老字号品牌活力，满足新消费需求。

品牌立不立得住，关键看消费者买不买账。只要将传统韵味、民族风格、时代特色和消费需求有机融合，就能找到老字号品牌的"不老"秘方，促进老字号长足发展、历久弥新。

资料来源　李万祥. 守正创新是老字号"不老"秘方［N］. 经济日报，2022-08-13（10）.

请同学们结合资料分析：如何振兴和发展餐饮老字号？

☑ **课外阅读10-1**　　**2022中国品牌日·我为中国品牌代言**
消费者喜爱的中国品牌TOP100发布

　　品牌是消费者和生产者共同的追求，品牌建设代表着供给和需求侧升级的方向，品牌发展水平是企业乃至国家整体竞争力的体现。2022年5月10日，我们迎来了第6个"中国品牌日"，这个节日已成为展示品牌形象和品牌建设成就的窗口。2022年的主题是"携手向未来"，意指中国品牌与消费者携手一起向未来，共创美好生活。2022年5月7日，在以"中国品牌 强国有我"为主题的第五届中国品牌发展论坛系列活动上，"2022中国品牌日·我为中国品牌代言——消费者喜爱的中国品牌TOP100"正式发布。

　　资料来源　张超，宛枫，林刚，等. 2022中国品牌日·我为中国品牌代言 消费者喜爱的中国品牌TOP100发布［J］. 中国品牌，2022（6）.

　　要进一步了解2022中国品牌日消费者喜爱的中国品牌TOP100的详情，可以扫描二维码查看。

10.2　连锁餐饮企业质量安全管理

10.2.1　食品与食品安全概述

1）食品概述

　　食品是指供人食用、具有人体所需的营养成分或能满足人们某种嗜好的天然产物及其加工制成品。食品是将自然的食物，经过特定的加工处理，制成营养丰富，食用安全方便，易于消化吸收，具有一定色、香、味、形，便于储存运输，花色繁多的加工品。

　　食物中含有的对人体维持生命活动有用的物质称为营养素。营养素既是食品中人们赖以生存的物质，又是组成食品的主要化学成分，人体生长发育和维持健康都需要营养素。其基本功能为：提供人体活动所需能量；参与组织细胞的构成、更新、修复；维持人体正常的生理功能；调节人体生理功能的物质基础等。食品营养成分主要有蛋白质、脂肪、碳水化合物、矿物质、维生素、水、膳食纤维7大营养素。

2）食品安全

　　食品安全是指食品无毒、无害，符合应当有的营养要求，对人体健康不造成任何急性、亚急性或者慢性危害。食品安全问题是食物中有毒、有害物质对人体健康产生影响的公共卫生问题。食品是人类赖以生存和发展的基本物质条件。随着食品工业的发展，食品种类极大丰富的同时也伴随着层出不穷的食品安全问题。食品安全不仅是食品生产加工、运输贮藏过程中的技术性问题，也是人类经营活动的社会问题。食品安全要求食品对人体健康造成急性或慢性损害的所有危险都不存在，是一个绝对的概念，是降低疾病隐患、防范食物中毒的一个跨学科领域。食品安全中的风险评估是根据每个国家的具体条件来判定的，食品安全不仅关系人类的生命健康，也关系整个社会经济的可持续发展。目前我国仍处于食品安全矛盾凸显期和问题高发期，同时，食品新技术、新工艺的不断开发应用，以及各种新的食品化学污染物和致病微生物的不断出现，对食品安全工作提出了新的挑战。

课内阅读10-2　　QSC&V 食品安全和质量保障体系
——金拱门（中国）有限公司

在麦当劳餐厅，从员工到所有的管理人员，都在奉行一套严格的 QSC&V 体系，也就是以高标准的质量、让客户满意的服务、清洁的餐厅以及物超所值的产品服务每一位顾客。

麦当劳在上海总部设立了食品安全管理部门，以及负责上游原材料品质管理的质量部门，分别对餐厅和上游原材料的质量与安全进行从田间到餐桌全链条的管理；同时，设立质量与食品安全专业委员会，联合行业内专家定期对整个系统质量与食品安全进行风险评估并制定相关政策。在市场层面上，麦当劳配有餐厅安全管理人员进行监督和管理，以通知和不通知的店访方式持续推动餐厅改善。此外，麦当劳还聘请了专业的第三方检测机构对餐厅进行不定期抽检，以保证食品安全与品质。麦当劳在全国超过30个市场分别设立了负责食品安全管理的人员，这些人员根据公司的食品安全管理政策和程序对其所负责的市场和餐厅的 QSC&V 体系执行情况进行督促和监管，包括定期对餐厅的虫害控制措施、清洁消毒程序的执行、原料储藏、台账管理等进行非通知式检视，定期组织针对餐厅管理人员的食品安全相关的培训，对所有的餐厅每年进行非通知的审核以确保符合麦当劳的要求，并推动餐厅落实整改行动。麦当劳餐厅的员工必须经过与食品安全相关的工作站鉴定之后，才可以从事相关岗位的工作，每年要参加各个市场组织的食品安全相关项目的培训，同时所有的员工必须完成和通过从公司层面组织的食品安全认证，另外结合线上的培训课程，确保所有食品安全管理人员以及从事与食品直接接触相关工作的员工接受食品安全培训的时长符合国家及各地政府的相关要求。麦当劳品牌持续扩大的市场以及在行业内重要的影响力，离不开其始终坚持的食品安全是重中之重的理念。

资料来源　中国连锁经营协会.《2022 年食品安全最佳实践案例集》发布［EB/OL］.［2022-09-02］. http://www.ccfa.org.cn/portal/cn/xiangxi.jsp？id=443893&type=10004.

3）食品安全危害

食品安全危害是指潜在损坏或危及食品安全和质量的因素，包括生物、化学以及物理性危害等，这些因素对人体健康和生命安全都有影响。一旦食品含有这些危害因素或者受到这些危害因素的污染，就会成为具有潜在危害的食品，尤其是可能产生微生物性危害的食品。

10.2.2　危害食品安全因素

食品危害物可导致人类多种食源性疾病发生，甚至危及生命。食品在原料生产、收获加工及运输贮藏等环节均有可能遭受污染，从而携带对人体有害的微生物、毒素或化学物质等。食品安全危害可以发生在食物链的各个环节，其差异较大，按照 HACCP 危害分析的通常分类，主要有以下类型：

1）生物性危害

生物性危害物包括食源性致病菌、生物毒素、食源性病毒、食物过敏源、抗营养因子等。

（1）食品中细菌对食品安全和质量的危害表现在两个方面：①引起食品腐败变质。②引起食源性疾病。食源性致病菌是常见的致病微生物，是指源于食品且感染后可导致人类产生疾病的细菌。若食品被致病菌污染，将会造成严重的食品安全问题。

（2）生物毒素被世界卫生组织和联合国粮农组织认定为自然界中最危险的食品污染物。食品中的生物毒素主要包括真菌毒素、细菌毒素、植物性毒素和动物性毒素四大类。

（3）食源性病毒是以食物为载体并可导致人类患病的一类病毒。食源性病毒是导致食源性疾病的重要原因之一。病毒对食品的污染不像细菌那么普遍，但一旦发生污染，产生的后果将非常严重。其根据来源可分为肠道食源性病毒和人畜共患食源性病毒两大类，常见种类有甲型肝炎病毒、手足口病病毒、口蹄疫病毒、疯牛病病毒、禽流感病毒和猪流感病毒等。

（4）食物过敏反应通常发生迅速，缓解也快，是皮肤、呼吸系统和肠道等疾病的重要诱因，较少引起死亡。随着食品工业的发展，成品中原料、添加物种类繁多，极有可能包含未知过敏源。主要致敏物见表10-1。

表10-1　　　　　　　　　　　主要致敏物

成分	举例
花生及其制品	烘烤花生、花生粉、花生酱、花生油等
蛋类及其制品	蛋清、蛋黄、蛋磷脂等
鱼类及其制品	比目鱼、金枪鱼、凤尾鱼、鱼油、鱼粉等
甲壳类动物及其制品	螃蟹、龙虾、小龙虾等

资料来源　编者根据相关资料整理。

"思政"入课10-2　　　　　**揪出"潜藏"在食品中的致敏原**

2022年2月15日，傅玲琳获颁首届浙江省青年科技英才奖。"没想到自己会获奖，很荣幸自己能从事这一领域的研究。"走下领奖台、手拿获奖证书的傅玲琳接受了记者的采访，"做这样的研究意义在于保障大家'舌尖上的安全'，服务'健康中国'的战略需求。中国要做负责任的大国，我们就应该在产业升级和食品安全上有所贡献"。过敏性疾病困扰着全球超30亿的人口，被公认为全球第六大疾病。相关研究估算，在我国过敏性疾病患者数量过亿，其中半数过敏是由于食用了致敏性食物。食物过敏不仅严重影响个体的身体健康、生活质量，甚至会危及生命，而且给家庭、医疗和公共卫生管理增加沉重的负担。

多年来，傅玲琳及其团队成员致力于食品致敏机制的研究，并不断完善我国食品产业致敏原标签标识体系。她的团队已构建起食品原料致敏性物质高灵敏靶向评价体系，重构了致敏物质筛选平台，并发布了中国特色致敏蛋白检测技术和标准，成功填补了我国在该领域的空白。科研之余，傅玲琳还把大量的时间和精力用在了科学普及上。她牵头撰写了《食物过敏的奥秘》《食用水产品》等5部食品安全系列科普图书，传播食品安全科学知识。"当前，不少人对食物过敏存在一些认识误区，这就需要我们加强相关科普工作。作为该领域的研究者，我有责任也有义务为此出一份绵薄之力。"傅玲琳说。

资料来源　洪恒飞，林晓莹，江耘．傅玲琳：揪出"潜藏"在食品中的致敏原［N］．科技日报，2022-02-21（5）．

请同学们结合资料分析：（1）当代大学生如何传播食品安全科学知识？（2）如何保护舌尖上的安全？

（5）抗营养因子存在于植物性食品原料中，是植物长期进化过程中形成的防御性物质。它们可对人体营养吸收产生拮抗作用，从而降低食品中营养物质的利用效率，甚至危害健康。

（6）寄生虫对食品安全和质量的危害。食源性寄生虫是以水、食物为媒介，能导致人类患病的寄生虫。消费者食用了含有寄生虫的畜禽和水产品后，就可能感染寄生虫。根据来源，其可划分为水源寄生虫、畜源寄生虫和植物源寄生虫等。

（7）霉菌可以破坏食品的品质，有的产生毒素，造成严重的食品安全问题。例如黄曲霉素等可以导致肝损伤，并具有很强的致病性。

2）化学性危害

食品的化学性风险包括食品自身携带的化学性危害因素和外界带入的危害因素。其包括各种毒素、重金属、农兽药、化肥、添加剂等对食品安全产生的威胁。引发化学性风险的物质可以分为内源性和外源性毒素。内源性毒素是指食物本身含有的对人体有一定危害的物质；外源性毒素包括重金属、农药和抗生素残留、生物性毒素、环境污染等。化学性毒素对人体有害，但又很难清除干净。常见的化学性危害有重金属、自然毒素、农用化学药物、洗消剂以及其他化学性危害。

（1）重金属。重金属如汞、镉、铅、砷等，均为对食品安全有危害的金属元素。食品中重金属主要来源于三个途径：①农用化学物质的使用、工业"三废"的污染。②食品加工过程使用不符合卫生要求的机械、管道、容器以及食品添加剂中含有毒金属。③作为食品的植物在生长过程中从含重金属的地质中吸取有毒重金属。

（2）自然毒素。许多食品含有自然毒素，例如发芽的马铃薯含有大量的龙葵毒素，可引起中毒或致人死亡；霉变甘蔗中的毒素可致人死亡。自然毒素有的是食物本身就带有的，有的则是细菌或霉菌在食品中繁殖所产生的。

（3）农用化学药物。食品植物在种植生长过程中使用了杀虫剂、除草剂、抗氧化剂、抗生素、促生长素、抗霉剂以及消毒剂等，或畜禽鱼等动物在养殖过程中使用了抗生素、合成抗菌药物等，这些化学药物都可能给食物带来危害。

（4）洗消剂。洗消剂是一个常被忽视的食品安全危害。其产生的原因包括：①使用非食品用的洗消剂，造成对食品及食品用具的污染。②不按科学方法使用洗消剂，造成洗消剂在食品及用具中的残留。例如，有些餐馆使用洗衣粉清洗餐具、蔬菜或水果，造成洗衣粉中的有毒有害物残留，如增白剂等，对食品及餐具造成污染。

（5）其他化学危害。化学性危害情况比较复杂，污染途径较多，主要包括：①滥用食品添加剂。食品非法添加物是指为提高食品营养参考指标或外部感观，以非法牟利为目的添加到食品中的一类对人体健康构成危害的非食用物质。非法添加物的滥用往往会造成较严重的食品公共安全事件。②搭配不正确引发的化学性危害。最常见的是抗生素类药物不能和酒同食。③某些食物中含有的化学物质在人体特定环境下发生化学反应后，会产生对人体有害的物质。例如啤酒和海鲜同时食用会导致尿酸升高等。

3）物理性危害

物理性危害与化学性危害、生物性危害相比，有其自身特点，消费者往往看得见。因而，这也是消费者经常表示不满和投诉的事由。物理性危害包括碎骨头、碎石头、铁屑、木屑、头发、蟑螂等昆虫的残体、碎玻璃以及其他可见的异物。物理性危害不仅使食品遭到污染，而且会损害消费者的健康。

4）转基因食品带来的挑战

自从1973年被成功开发后，转基因技术逐渐被应用于农产品的生产中，1994年美国加州首次将转基因食品送上餐桌，自此食品的概念从农业食品、工业食品发展到了转基因食品。近年来，我国市场上的转基因食品也呈现出持续增多的趋势，我国已然成为转基因食品的消费大国。转基因技术的应用一方面给食品行业的发展带来了前所未有的机遇，另一方面转基因食品安全的不确定性也给食品安全带来了前所未有的挑战。

10.2.3　连锁餐饮企业食品安全控制

1）危害分析和关键控制点（HACCP）体系应用

HACCP体系应用在食品生产过程中，可以对生产过程进行全面监督和污染控制。当食品生产结束时，HACCP体系可以对整个系统进行有效检查，并对危害性的关键点进行控制，然后采取有效措施对危害进行控制和预防，将微生物的污染和危害降到最低，保证食品的安全，使得食品可以达到预期要求。HACCP体系一般流程如图10-2所示。

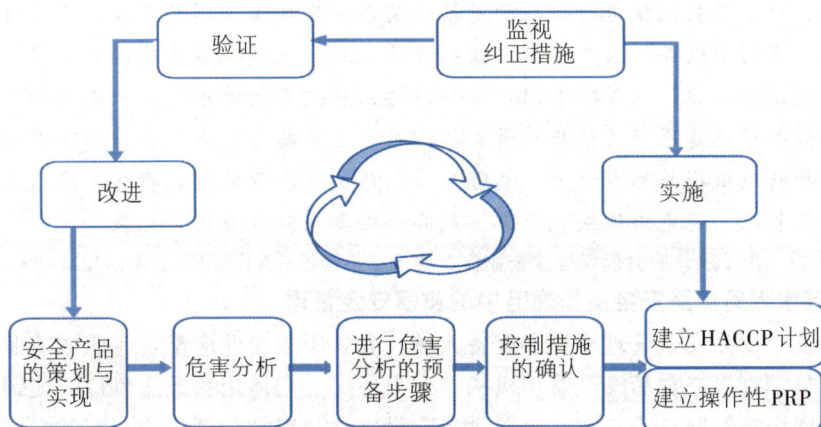

图10-2　HACCP体系一般流程

课内阅读10-3　　协会倡议餐饮企业自查隐患强化管控

中国烹饪协会于2021年8月25日发布了《关于强化餐饮企业食品安全管控的通知》（简称《通知》）。《通知》认为，总部应承担整个企业的食品安全管理责任，连锁企业宜建立食品安全管理部门及安排专职人员；加强总部及区域管控力度；制定食品安全管理制度、各项营收指标；利用大数据合理制定库存周转、损耗率等标准，避免门店出现因数据压力而隐藏食品安全风险隐患的情况。同时，总部及区域应强化员工培训工作，将各门店的员工培训纳入整体战略规划，帮助员工更好地理解食品安全的相关要求；总部应根据门店规模合理安排门店的人员配置。此外，总部及区域应整合资源，为各餐饮门店提供优质的原料及其他服务供应商，优化企业供应链管理。对于总部或区域统一收集的供应商资质证照，相关部门应做到收集齐全，及时更新；总部及区域应制定清晰的问题反馈流程，对门店在经营中出现的食品安全问题及时反馈，并帮助门店解决问题。

在加强食品安全建设方面，餐饮企业总部及区域应将食品安全建设纳入企业战略发展规划。总部制定食品安全相关制度流程，确保企业最高领导者、各级管理层、一线员工都能参与其中，包括培训学习、人才发展及储备等相关制度要求。在总部、区域以及门店端开展多种形式的食品安全知识普及学习，定期开展有企业管理层、基层员工、职能部门参与的有奖竞赛活动等，以形成良好的学习氛围；对于企业内部自查中发现的食品安全漏洞，及时整改。

在定期自查食品安全隐患方面，《通知》认为应从七个方面加强管控，排除风险隐患：一是门店应加强后厨流程管控。利用好阳光餐饮的视频监控手段，对于新员工应加强现场指导和培训。二是排查员工个人卫生状况，对员工健康证明进行梳理，落实每日晨检制度，需特别关注员工动态的个人卫生状况，如是否及时洗手、是否正确佩戴口罩等。三是严把进货查验关，按照企业要求检查原料生产日期、保质期、温度、标签等关键控制点。对于不符合企业食品安全要求的应及时拒收并反馈总部；总部应建立畅通的反馈机制，确保门店反馈的问题及时解决。四是查看门店经营场所的清洁状况，对于卫生死角进行彻底的清洁和消毒。发现虫害问题应及时要求虫害控制公司进行虫害消杀服务。五是查看门店的设备设施特别是冷藏冷冻设施，应及时维修或更换问题设备设施。六是排查门店清洁消毒工作是否按要求执行，查看相关清洁消毒产品和设备设施是否满足门店日常工作需求。七是排查门店废弃物管理，对于不符合要求的原料应报损并形成记录，总部应给门店制定合理的损耗指标。门店废弃物应实行密闭化管理，避免出现虫害隐患。废弃物按要求废弃并留存记录。

资料来源　李子晨. 协会倡议餐饮企业自查隐患强化管控［N］. 国际商报，2021-09-01（5）.

2）餐饮服务食品安全操作规范中的食品安全管理

（1）设立食品安全管理机构和配备人员。餐饮服务企业应配备专职或兼职食品安全管理人员，宜设立食品安全管理机构。中央厨房、集体用餐配送单位、连锁餐饮企业总部、网络餐饮服务第三方平台提供者应设立食品安全管理机构，配备专职食品安全管理人员。其他特定餐饮服务提供者应配备专职食品安全管理人员，宜设立食品安全管理机构。食品安全管理人员应按规定参加食品安全培训。

（2）食品安全管理基本内容。餐饮服务企业应建立健全食品安全管理制度，明确各岗位的食品安全责任，强化过程管理。根据《餐饮服务预防食物中毒注意事项》和经营实际，确定高风险的食品品种和加工制作环节，实施食品安全风险重点防控。特定餐饮服务提供者和其他餐饮服务提供者宜制定加工操作规程。制订从业人员健康检查、食品安全培训考核及食品安全自查等计划。落实各项食品安全管理制度、加工操作规程。定期开展从业人员健康检查、食品安全培训考核及食品安全自查，及时消除食品安全隐患。依法处置不合格食品、食品添加剂、食品相关产品。依法报告、处置食品安全事故。建立健全食品安全管理档案，配合市场监督管理部门开展监督检查。满足食品安全法律、法规、规章、规范性文件和食品安全标准规定的其他要求。

（3）食品安全管理制度。餐饮服务企业应建立从业人员健康管理制度、食品安全自查制度、食品进货查验记录制度、原料控制要求、过程控制要求、食品安全事故处置方案等。企业宜根据自身业态、经营项目、供餐对象、供餐数量等，建立如下食品安全管理制度：食品安全管理人员制度；从业人员培训考核制度；场所及设施设备（如卫生间、空调及通风设施、制冰机等）定期清洗消毒、维护、校验制度；食品添加剂使用制度；餐厨废弃物处置制度；有害生物防治制度等。定期修订完善各项食品安全管理制度，及时对从业人员进行培训考核，并督促其落实。

（4）食品安全自查。结合经营实际，全面分析经营过程中的食品安全危害因素和风险点，确定食品安全自查项目和要求，建立自查清单，制订自查计划。根据食品安全法律法规，自行或者委托第三方专业机构开展食品安全自查，及时发现并消除食品安全隐患，防止发生食品安全事故。食品安全自查包括制度自查、定期自查和专项自查。①制度自查。制度自查主要针对食品安全制度的适用性。每年应至少开展一次自查。在国家食品安全法律、法规、规章、规范性文件和国家标准发生变化时，及时开展制度自查和修订。②定期自查。特定餐饮服务提供者对其经营过程，应每周至少开展一次自查；其他餐饮服务提供者对其经营过程，应每月至少开展一次自查。定期自查的内容，应根据食品安全法律、法规、规章确定。③专项自查。获知食品安全风险信息后，应立即开展专项自查。专项自查的重点内容应根据食品安全风险信息确定。对自查中发现的问题食品，应立即停止使用，存放在加贴醒目、牢固标识的专门区域，避免被误用，并采取退货、销毁等处理措施。对自查中发现的其他食品安全风险，应根据具体情况采取有效措施，防止对消费者造成伤害。

（5）投诉处置。对消费者提出的投诉，应立即核实，妥善处理，留存记录。接到消费者投诉食品感官性状异常时，应及时核实。经核实确有异常的，应及时撤换，告知备餐人员做出相应处理，并对同类食品进行检查。在就餐区公布投诉举报电话。

（6）食品安全事故处置。发生食品安全事故时，应立即采取措施，防止事故扩大。发现其经营的食品属于不安全食品的，应立即停止经营，采取公告或通知的方式告知消费者停止食用、相关供货者停止生产经营。发现食品安全事故潜在风险及发生食品安全事故的，应按规定报告。

（7）公示。将食品经营许可证、餐饮服务食品安全等级标识、日常监督检查结果记录表等公示在就餐区醒目位置。网络餐饮服务第三方平台提供者和入网餐饮服务提供者应在网上公示餐饮服务提供者的名称、地址、餐饮服务食品安全等级信息、食品经营许可证。入网餐饮服务提供者应在网上公示菜品名称和主要原料名称；宜在食谱上或食品盛取区、展示区，公示食品的主要原料及其来源、加工制作中添加的食品添加剂等；宜采用"明厨亮灶"方式，公开加工制作过程。

（8）场所清洁。①食品处理区清洁。定期清洁食品处理区设施、设备。保持地面无垃圾、无积水、无油渍，墙壁和门窗无污渍、无灰尘，天花板无霉斑、无灰尘。②就餐区清洁。定期清洁就餐区的空调、排风扇、地毯等设施或物品，保持空调、排风扇洁净，地毯无污渍。营业期间，应开启包间等就餐场所的排风装置，包间内应无异味。③卫生间清洁。定时清洁卫生间的设施、设备，并做好记录和展示。保持卫生间地面、洗手池及台面无积水、无污物、无垃圾，便池内外无污物、无积垢，卫生纸充足。营业期间，应开启卫生间的排风装置，使卫生间内无异味。

3）餐饮服务食品安全操作规范中的人员要求

（1）健康管理。从事直接入口食品工作（清洁操作区内的加工制作及切菜、配菜、烹饪、传菜、餐饮具清洗消毒）的人员，包括新参加和临时参加工作的人员应取得健康证明后方可上岗，每年进行健康检查并取得健康证明，必要时应进行临时健康检查。食品安全管理人员应每天对从业人员上岗前的健康状况进行检查。患有发热、腹泻、咽部炎症等病症及皮肤有伤口或感染的从业人员，应主动向食品安全管理人员等报告，暂停从事接触直接入口食品的工作，必要时进行临时健康检查，待查明原因并将有碍食品安全的疾病治愈后方可重新上岗。手部有伤口的从业人员，使用创可贴宜颜色鲜明，并及时更换。佩戴一次性手套后，可从事非接触直接入口食品的工作。患有霍乱、细菌性和阿米巴性痢疾、伤寒和副伤寒、病毒性肝炎（甲型、戊型）、活动性肺结核、化脓性或者渗出性皮肤病等国务院卫生行政部门规定有碍食品安全疾病的人员，不得从事接触直接入口食品的工作。

（2）培训考核。餐饮服务企业应每年对其从业人员进行一次食品安全培训考核，特定餐饮服务提供者应每半年对其从业人员进行一次食品安全培训考核。培训考核内容为有关餐饮食品安全法律法规知识、基础知识及本单位食品安全管理制度、加工制作规程等。培训可采用专题讲座、实际操作、现场演示等方式。考核可采用询问、观察实际操作、答题等方式。对培训考核要及时评估效果、完善内容、改进方式。从业人员在食品安全培训考核合格后方可上岗。

（3）人员卫生。①个人卫生。从业人员应保持良好的个人卫生。从业人员不得留长指甲、涂指甲油。工作时，应穿清洁的工作服，不得披散头发，佩戴的手表、手镯、手链、手串、戒指、耳环等饰物不得外露。食品处理区内的从业人员不宜化妆，应戴清洁的工作帽，工作帽应能将头发全部遮盖住。进入食品处理区的非加工制作人员，应符合从业人员卫生要求。②口罩和手套。专用操作区内从事下列活动的从业人员应佩戴清洁的口罩：现榨果蔬汁加工制作；果蔬拼盘加工制作；加工制作植物性冷食类食品（不含非发酵豆制品）；对预包装食品进行拆封、装盘、调味等简单加工制作后即供应的；调制供消费者直接食用的调味料；备餐。专用操作区内从事其他加工制作的从业人员，宜佩戴清洁的口罩。其他接触直接入口食品的从业人员宜佩戴清洁的口罩。如佩戴手套，佩戴前应对手部进行清洗消毒。手套应清洁、无破损，使用过程中应定时更换手套，出现应重新洗手消毒的情形时，应在重新洗手消毒后更换手套。手套应存放在清洁卫生的位置，避免受到污染。

（4）手部清洗消毒。从业人员在加工制作食品前应洗净手部，手部清洗宜符合《餐饮服务从业人员洗手消毒方法》。加工制作过程中应保持手部清洁。出现下列情形时应重新洗净手部：①加工制作不同存在形式的食品前。②清理环境卫生、接触化学物品或不洁物品如落地食品、受到污染工具容器和设备、餐厨废弃物、钱币、手机等后。③咳嗽、打喷嚏及擤鼻涕后。进行了使用卫生间、用餐、饮水、吸烟等可能会污染手部的活动后，应重新洗净手部。加工制作过程中应保持手部清洁，出现下列情形时应重新洗净手部并消毒：接触非直接入口食品后；触摸头发、耳朵、鼻子、面部、口腔或身体其他部位后。

（5）工作服。工作服宜为白色或浅色，应定点存放，定期清洗更换。从事接触直接入口食品工作的从业人员，其工作服宜每天清洗更换。食品处理区内加工制作食品的从业人员使用卫生间前应更换工作服。工作服受到污染后应及时更换。待清洗的工作服不得存放在食品处理区。清洁操作区与其他操作区从业人员的工作服应用明显的颜色或标识区分。专间内从业人员离开时，应脱去专间专用工作服。

☑ 课外阅读10-2　　　食品老字号　满足新需求

食品老字号在巩固产品品质的基础上，聚焦年轻化、国际化、时尚化消费新趋势，应用新技术、新材料、新创意，加快融合创新，更好满足个性化和多样化的消费需求。提升消费体验，拓展销售渠道，开发新型产品。创新让老字号更年轻，更贴合年轻人的消费需求。紧跟数字化潮流，拉近消费者与老字号之间的距离。用好大数据，持续开发新产品。通过创新，提升老字号品牌的影响力、竞争力和盈利能力。

资料来源　林丽鹏. 食品老字号　满足新需求［N］. 中国食品工业，2022-08-13（16）.

要详细了解食品老字号如何通过创新满足新需求的详情，可以扫描二维码查看。

📘 单元小结

本单元主要从品牌及品牌管理的含义入手，介绍品牌形象和品牌价值构成，分析连锁餐饮企业品牌战略规划；介绍中华老字号的认定范围和条件，分析餐饮老字号企业发展现状和发展情况。食品安全是指食品无毒、无害，符合应当有的营养要求，对人体健康不造成任何急性、亚急性或者慢性危害。食品安全问题是食物中有毒、有害物质对人体健康造成影响的公共卫生问题，危害食品安全的因素主要包括生物性危害、化学性危害、物理性危害等。HACCP系统能对食品中的有害微生物进行有效分析。关键控制点质量保证体系主要应用在食品生产过程中，可以对生产过程进行全面监督。餐饮服务企业应严格执行食品安全操作规范中的食品安全管理措施和对人员健康管理、培训考核和卫生等方面的要求。

🔷 主要概念

品牌　品牌管理　中华老字号　食品安全

🔷 单元测试

即测即评–10

□选择题

1.中华老字号认定条件之一是（　　　）。

A.品牌创立于1949年（含）以前　　　B.品牌创立于1950年（含）以前

C.品牌创立于1956年（含）以前　　　D.品牌创立于1960年（含）以前

2.在食品安全危害中，细菌属于（　　　）。

A.化学性危害　　　　　　　　　B.生物性危害

C.重金属危害　　　　　　　　　D.农用化学药物危害

3.品牌是一种错综复杂的象征，可以是（　　　）或它们的结合。

A.名称　　　　B.标记　　　　C.符号　　　　D.图案

□判断题

1.连锁餐饮企业品牌的维护应强化规范化和标准化管理。（　　　）

2.中华老字号是指历史悠久，拥有世代传承产品、技艺或服务，具有鲜明中华民族传统文化背景和深厚文化底蕴，取得社会广泛认同，形成良好信誉的品牌。（　　　）

3.食品中细菌对食品安全和质量的危害不大。（　　　）

4.霉菌可以破坏食品品质，有的会产生毒素，造成严重的食品安全问题。（　　　）

□简答题

1.品牌形象和品牌价值包含哪些内容？

2.连锁餐饮企业品牌如何维护？

3.中华老字号的认定条件和范围是什么？

4.危害食品安全的因素主要有哪些？

5.食品安全管理的主要措施有哪些？

□案例分析题

北京品牌餐饮十年

品牌云集、包罗万象、兼容并蓄……如果问起在"国际消费中心城市"北京的餐饮消费体验，很多人都会有这样的评价。提及扎根北京本地的知名餐饮品牌，胡大、北京华天、眉州东坡等均在其中。多年以来，不变的是这些商家对于美食品质的坚持，变的则是从初次触网，到精细化经营，再到开拓创新属于自己的数字化升级之路。这些变化，也让市民们享受到更多便利，足不出户就能够品尝"记忆中的美食""口口相传的好味道"。北京品牌餐饮深化模式革新、擎起数字化大旗的故事，不仅是北京餐饮商家求变突破的缩影，更是餐饮行业高质量发展的生动写照。十年间，搭上数字化快车的北京餐饮商家，都感受到了数字化带来的重大机遇。胡大饭馆部分门店的外卖规模反超堂食；柳泉居线上渠道销售额占门店总销售额的30%以上；眉州东坡通过"双店长"等创新尝试，为其线上增长积累了强劲的助推力。订单量增长的背后，是餐饮商家线上思维创新，主动实现数字化，持续升级改造传统的经营方式，实现了线上线下同步高质量发展。

回望北京餐饮十年，不变的是餐饮企业对极致口味和服务品质的追求，变的是经营思维和适应多消费场景的新发展模式。

资料来源　中国新闻网. 北京品牌餐饮十年：加速线上布局 擎起数字化大旗［EB/OL］.［2022-10-24］. http://www.chinanews.com.cn/cj/2022/10-24/9879126.shtml.

分析：

（1）餐饮企业如何加强品牌管理？

（2）老字号品牌餐饮企业如何才能高质量发展？

单元 11
连锁餐饮企业采购与配送管理

学习目标

通过本单元的学习，达到以下学习目标：

知识目标： 了解连锁餐饮企业的采购和配送、供应链的基本概念，熟悉采购和配送的基本模式，掌握连锁餐饮企业中央厨房的管理。

能力目标： 通过"双创"入课，使学生思考和分析连锁餐饮企业采购与配送的主要类型和特点，能够熟练掌握连锁餐饮企业采购与配送的基本流程和要求。

思政目标： 结合教学内容、案例资料等，通过案例分析、思政入课等形式，引导学生遵守采购和配送的法律法规，提高采购人员道德素质。

单元框架

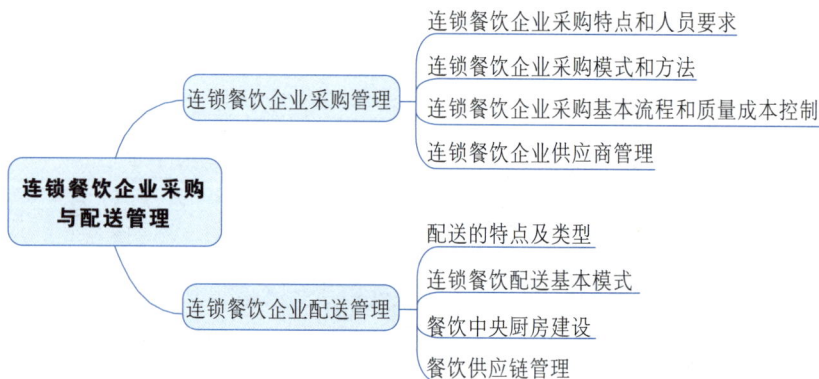

引例

重庆合川：火锅"烫"出千亿产业 带动多条产业链

党的二十大报告提出，构建优质高效的服务业新体系，推动现代服务业同先进制造业、现代农业深度融合。火锅是重庆名片，重庆火锅号称"一锅煮天下"，背后的每一道食材都是一条产业链。那么，地处渝西的合川为何选择深耕火锅食材产业，并提出构建火锅食材全产业链、打造全国火锅食材产业高地的目标呢？

1.藏在深闺的火锅食材产业

合川布局火锅食材产业，并非"无中生有"。据了解，合川的火锅食材加工企业达100余家，年产值50亿元，在全区农产品加工产值中占比达48.3%，其中不少企业是火锅食材行业的"老字号"。提到火锅，消费者首先想到的是火锅门店，而背后的牛油、毛肚、鸭肠等食材往往容易被忽视。合川的火锅食材产业以毛肚起家，据统计，2021年合川毛肚年产量达到7 000万斤，约占西南地区的1/3，在全国都有较大的影响力；再说火锅底料，合川已有以火锅底料调味品为主的加工企业101家，产值达48.9亿元，主要销售渠道是面向餐饮类企业的定制或订单式采购，因此不为市民熟知。目前，合川已形成从火锅原材料种植、养殖到食材加工、集散交易、产品研发、检验检测、消费体验为一体的火锅食材全产业链，成为全国重要的火锅底料、调味品、牛油、毛肚等加工生产基地。

2.一口"锅"带动多条产业链

重庆火锅每一道食材背后都是一条产业链，紧密连着田间地头。据调研，火锅食材加工产值每增加100亿元，预计将增加税收3亿元，带动就业约1万人，增加农业产值约30亿元。发展火锅食材产业，对促进合川农业"接二连三"，助推乡村振兴等作用明显。在带动一产上，合川将根据火锅食材产业需要，加快蔬菜、生态鱼、肉制品等预制菜加工业发展，如蔬菜基地对蔬菜进行清洗、简单包装后，以净菜的方式进行销售；再如生猪产业，可根据烫火锅的需求，对生猪的各部位进行精细化切割，以提高附加值。在连接三产上，该区将深化多业态融合发展，如"工业+旅游"，支持建设重庆火锅博物馆、重庆火锅文化体验馆、火锅食材形象展示区、火锅美食一条街等发展工业旅游。同时，鼓励火锅食材企业开发旅游商品和文创产品，培育具有地域特色的火锅食材文旅商品品牌，推动火锅食材上游原材料供应基地发展休闲农业、体验观光工业等。此外，火锅食材产业链条还可带动物流、包装箱、泡沫制品、玻璃制品、展示交易、金融结算等产业发展。以带动冷链物流为例，目前合川已建成冷库14.3万立方米，2021年加工企业带动物流年发货量100万吨，产生物流结算费用6亿元，物流税收1 200万元。

3.构建火锅食材产业综合服务体系

合川将以品牌、标准、体系、安全为重点，聚焦海关、物流、工业、科技等领域，着力构建火锅食材产业建设综合服务体系。左丽介绍，规划建设以火锅食材产业研究院、火锅博物馆、质量检测平台等为主要内容的"两院两馆八平台"，可推动火锅食材原料基地标准化、加工生产智能化、食材产品安全化和冷链物流基地建设，将先期打造重庆火锅食材产业研究院和重庆火锅食材质量检验中心。"重庆火锅，'吃'在重庆，'味'在合川。"合川将聚焦"西南第一、全国一流"，高标准建设重庆火锅食材产业园，助力重庆发展具有全国影响力的火锅食材全产业链。

资料来源　龙丹梅. 重庆合川：火锅"烫"出千亿产业［N］. 重庆日报，2022-11-03（1）.

11.1　连锁餐饮企业采购管理

采购会从根本上影响餐饮服务的质量与餐饮安全，是连锁餐饮企业全力把好关的重要环节。连锁餐饮企业的采购管理水平，直接决定了其在行业中的社会竞争力。连锁餐饮企业要制定科学合理的采购管理模式，完善采购风险应对机制，提高食品采购质量，降低采购成本，实现连锁餐饮企业利润最大化。采购管理是企业为了实现生产或销售计划，在确保适当品质的条件下，从适当的供应厂商处，在适当的时间，以适当的价格，购入必需数量的物品或劳务所采取的一切管理活动。采购管理一般包括采购计划管理、供应商开发管理、采购物流管理、采购绩效评估管理、采购库存管理、采购管理制度、工作标准、作业流程等。

11.1.1　连锁餐饮企业采购特点和人员要求

餐饮企业在我国数量众多，采购种类、采购数量都极其广泛。餐饮行业采购的主要特点包括食品安全责任重大，产品本身具有易损耗性，物流配送要求高，产品季节性、波动性大等。

1）连锁餐饮企业采购的主要特点

（1）实行统一采购制度。（2）采购批量大，采购范围广，牵涉部门多。（3）季节性强，随机性和灵活性大，采购次数频繁。（4）计划性强，食品安全要求高，对供应商影响大。（5）统一物流配送。（6）购销业务统分结合。

2）连锁餐饮企业采购的基本原则

（1）适价采购原则。（2）适时采购原则。（3）适质采购原则。（4）适量采购原则。（5）就近采购原则。

3）连锁餐饮企业采购的人员要求

采购是一个系统工程，涉及多方面问题，对采购人员自身素质的要求较高。采购人员的素质对采购的效果和效益具有决定性影响，能否制订出可行、合理的采购方案并保证其顺利实施，主要取决于连锁企业采购人员的能力水平和专业素质。

（1）采购人员道德素质要求。道德虽然不具有强制约束力，却是人类约束自我行为的最普遍工具。研究采购人员道德素质的目的在于：利用道德舆论工具约束采购人员的行为，使其能更好地为企业服务。诚实、守信和奉献是员工对企业忠诚度的具体体现。

（2）采购人员应具备采购专业知识、财务管理和法律等专业知识：①采购人员应该掌握采购专业知识，如采购模式及方法等，了解它们的优劣势，以便在具体工作中合理应用。②采购人员应该掌握财务管理知识，了解并充分利用供货商的财务政策，与财务部门保持良好的沟通，将有助于提高工作效率。③采购人员应该熟悉《中华人民共和国民法典》《中华人民共和国招标投标法》《中华人民共和国食品安全法》《中华人民共和国食品安全法实施条例》《中华人民共和国农产品质量安全法》等法律法规。

（3）能力方面要求：①分析市场的能力和预测市场的能力，能根据市场变化的情况提前做好准备。②采购人员的议价能力对商品价格有相当大的影响。供货商与采购方其实是一个整体，采购方要生产出高质量的产品，离不开供货商高质量原料的支持。③表达沟通能力。首先，采购人员在与供货商的接触中必须清楚地表达自己的需求，避免语言含混不清，影响供货。其次，采购人员应该能够准确理解供货商所要表达的意思。④良好的协调能力有助于采购人员在应急采购中获得支持，这种协调能力是在平常工作礼貌待人、客观公正、互惠互利中逐步培养起来的。⑤信息收集能力。采购人员应该具备收集信息的能力。采购人员要经常阅读商品目录、行业期刊、互联网、采购 APP 等线上和线下资源，拜访供应商与销售代理商，整理采购记录。

总之，连锁餐饮企业采购人员的基本要求包括道德素质、知识、能力和技能等方面。作为一名合格的现代采购管理人员，不但要有先进的采购管理理念、成本意识和价值分析能力，还要具备管理供应商的能力，以顺应市场变化。采购人员应对供应商的报价内容有一定的分析技巧。无论采用书面形式还是语言形式与供应商沟通，采购人员都应表达清晰。

11.1.2　连锁餐饮企业采购模式和方法

1）连锁餐饮企业采购模式

（1）集权式的采购，即总部采购，此种采购模式是把采购权集中在总部，由专职的采购部门来负责，采购权不下放。门店无采购决定权，但有建议权。其优点是连锁店不负责采购，可专心致力于搞好门店销售工作，可发挥集中议价功能，有利于降低采购成本；价格形象一致，利润较易控制；促销活动易于规划；统一组织供应，合理配置资源，能最大限度降低库存。其缺点是门店工作弹性小，较难满足消费者的需求；采购和销售工作较易脱节。

（2）分权式的采购，即由各门店商品部自行采购生鲜食品。它多适用于门店之间分布较广的连锁企业，并且适宜于保质期相对较短的生鲜食品，如蔬菜中的叶菜、鲜活水产品等。其优点是采购具有相当大的弹性，较具有市场针对性，价格由门店自定，机动性强，有较好的经营主导权，较符合消费者需求。其缺点是较难发挥大量采购、以量制价的功能，利润很难控制，无法塑造连锁经营的统一形象。

2）连锁餐饮企业采购机构

连锁餐饮企业采购机构主要有：（1）总部职能部门采购。（2）采购委员会。（3）联合采购部门等。

3）连锁餐饮企业采购方法

连锁餐饮企业采购方法主要有：（1）代销式采购。（2）买断式采购。（3）联合式采购。（4）订单式采购。（5）招标式采购等。

　　为了实施招标采购，连锁餐饮企业首先要对采购部和相应部门的员工进行培训，熟悉整个招标采购的流程，了解相关法律知识；建立健全招标采购的规章制度，使招标采购的管理程序化、制度化、规范化。近年来，随着网络和计算机技术的广泛应用，电子商务得到了快速发展。许多企业为适应电子商务发展的趋势，借助网络实现了电子采购。电子采购使传统的采购业务运作方式发生了本质的变化，带来了传统采购方式所不具有的种种优势，对提高企业的市场竞争力和经济效益有极大的促进作用。

11.1.3　连锁餐饮企业采购基本流程和质量成本控制

1）采购基本流程

　　①由原料使用部门制订采购计划，报采购部审核，再报财务总监和总经理审批。②按计划或根据营业需要由物品使用部门或仓库提出采购申请，报采购部审核，再报财务总监和总经理审批。③进行采购计划和市场调查，选择供应商，由采购部与供货单位商洽谈判，签订供货合同或订单。④供货单位按合同规定及时送货。⑤采购部通知验收部门验收货物。⑥验收合格后入库。⑦财务部凭收货凭证付款结账。⑧仓库根据使用部门领料要求发货。

　　采购基本流程主要有：采购申请—需求说明—总部汇集—选择供应商—确定价格—订单安排—订单追踪—收货和检验—结算—记录与档案维护。

2）采购质量控制

　　餐饮原料质量是餐饮产品质量的源头，若原料质量没有控制好，则餐饮产品可能会出现食品安全、危害消费者的身体健康等问题。原料质量的控制可以从原料的采购、配送和储存等环节来进行。实行标准化采购，其主要包括：①加强原料采购管理。明确餐饮服务提供者选择的供货者应具有合法资质。其中，特定餐饮服务提供者应建立供货商评价和退出机制，对供货商的食品安全状况等进行评价，将符合食品安全管理要求的列入供货商名录，及时更换不符合要求的供货商。特定餐饮服务提供者应自行或委托第三方机构定期对供货商食品安全状况进行现场评价。②加强进货查验管理。餐饮服务提供者要做好原料的随货证明文件查验、外观查验和温度查验。在随货证明文件查验方面，餐饮服务提供者要查验食品生产经营者的许可证和产品合格证明文件等。采购畜禽肉类的，还应查验动物产品检疫合格证明；采购猪肉的，还应查验肉品品质检验合格证明。在外观查验方面，要保证采购的预包装食品包装完整、清洁、无破损，标识与内容物一致；冷冻食品无解冻后再次冷冻情形；具有正常的性状；食品标签标识符合相关要求；食品在保质期内。在温度查验方面，餐饮服务提供者要尽可能减少查验期间食品的温度变化。

"思政"入课11-1　　　　　　　　　　**"土坑酸菜"事件**

　　2022年，央视"3·15"晚会曝光了湖南插旗菜业等使用生产环境露天、卫生条件较差的酸菜加工老坛酸菜产品，并涉及康师傅等国内多家食品企业。在业内看来，"酸菜乱象"事件可能会对方便面企业的销售带来很大影响，对餐饮行业的后续影响还很难估量。方便面销售短期承压。3 月 16 日凌晨，康师傅发布公告称，湖南插旗菜业是其酸菜供应商之一。目前康师傅已经中止插旗菜业的供应商资格，取消一切合作，封存其酸菜包产品，配合监管部门调查和检测，并承认这一事件是公司管理的失误，将进行整改。同期，被涉及的统一企业在 15 日发布致歉公告后，在 16 日凌晨又对公告进行了修改，称湖南插旗菜业不是统一企业的供应商，统一的酸菜包供应商酸菜自腌自用，不允许外购酸菜，目前统一已于第一时间约谈了统一酸菜包供应商的负责人，对供给统一企业的酸菜包进行全面检测。央视"3·15"晚会之后，各大电商网站纷纷对老坛酸菜口味方便面进行下架处理或搜索屏蔽，让方便面企业面临新的压力。老坛酸菜口味方便面在方便面中比较受欢迎，占到两成以上的市场份额，因此"酸菜乱象"事件短期内可能会对方便面企业的销售带来很大影响。

资料来源　栾立，揭书宜."土坑酸菜"曝光后方便面企业股价受挫 餐饮企业暂未受到波及[N].第一财经日报，2022-03-17（A04）.

请同学们结合资料分析："土坑酸菜"事件带来哪些后果？企业在采购过程中要坚持哪些原则？

3）采购成本控制

采购成本控制是餐饮企业成本控制的关键环节。抓好采购管理、控制采购成本无疑是餐饮企业成本控制的根本保证，也是餐饮企业保持竞争力的需要。

（1）餐饮企业的采购成本构成：食材采购成本、辅助调料采购成本、餐饮器具采购成本、清洁用具采购成本、企业办公用品采购成本、员工生活用品采购成本等。

（2）餐饮企业采购成本的控制：①完善采购部门设置。餐饮企业需要明确采购部门内部人员的职责，采购主管、采购员、检验员、仓管员都要明确具体的职责，要严格按照职业要求进行采购活动。另外，采购部门需要配备专业的采购人员，采购人员应当积极与采购主管以及仓管员进行沟通，了解必备物品的供应情况，以便及时进行采购活动。同时，采购部门内部需要设置专门的监督部门，负责监督采购部门的采购活动，有效保证采购的规范性，为企业进行采购成本控制创造良好的条件。②制订严密的采购计划。餐饮企业要想控制好采购成本，就要严格制订采购计划，从而合理安排采购活动，避免因采购人员判断不准确，导致不能满足餐饮企业的正常生产经营活动以及增加企业的采购成本。餐饮企业的管理人员应当根据企业的运营以及采购材料的特点来制订采购计划。③规范企业的采购制度。采购制度应当在采购的申请、批准、流程、报价、价格的审批等环节有严格的规范。④提高采购人员的素质。餐饮企业应当加强对采购人员的职业道德教育，培养采购人员的职业责任意识。餐饮企业需要对采购人员进行一定的培训。⑤建立和完善采购信息管理系统。与其他行业相比，餐饮业所经营的商品原料大多数容易变质，因此对信息管理的要求更高。如今，顾客对食品安全的要求越来越高，餐饮业高频率、小批量的配送需求日趋高涨。这些特点都要求餐饮业加强对原料采购、原料加工、销售交易等环节的管理，使各环节同时进行，形成一体化的供应链。由于供应链管理覆盖了从供应商到客户的全过程，包括采购、库存管理、运输等，随着涉及的资源和环节的增加，供应链的管理就变得十分复杂，相关信息的及时反馈就成了供应链成功运行的保证，因此对采购物流信息进行有效管理将会越来越重要。

11.1.4　连锁餐饮企业供应商管理

1）合适的供应商应具备的条件

（1）诚信度高。如果供应商的诚信度不高甚至很差，为餐饮企业提供原料时短斤少两、以次充好，将会使餐饮企业蒙受巨大的经济损失。

（2）经济实力强。供应商经济实力强大，资金充足，经营稳定，才有利于企业与之进行长期的合作交往，而且经济实力强大的供应商经营规模都比较大，所提供的原料价格也就比较优惠，所提供的原料质量也能得到保证。

（3）交通运输方便。这样可以节约运输、保管费用，降低原料采购价格。

（4）服务周到。好的供应商可以为餐饮企业提供送货、保管、原料初加工等售后服务，为餐饮企业节约很多支出，也能相应地降低原料的采购价格。

2）供应商考察选择

（1）供应商考察。着重考察供应商的基本概况、企业管理概况、质量保证体系、生产经营及财务信用情况等方面，根据考察情况写出综合评价意见。

（2）供应商评估。评选小组应对供应商的一般经营状况、生产能力、技术能力、管理能力的绩效、品质能力进行评估。根据调查结果，对反馈、收集到的信息资料进行分析，并结合供应商的类别进行初评。

（3）设定评审项目的权数。针对每个评审项目，权衡彼此的重要性，分别给予不同权数。

（4）供应商评定。根据供应商考察结果，结合供应商类别及供应商整体表现，综合考虑评定供应商。符合合格供应商资格者录入《合格供应商名册》，经供应商管理委员会商讨后确定最终供应商。

3）建立完善的供应商管理体系

（1）与供应商建立战略合作伙伴关系。面对不断变化的农产品原料供应市场和日益激烈的市场竞争，连锁餐饮企业只有树立与供应商双赢的理念，通过供应链管理运营筛选出优秀供应商，并与其建立起长期稳定的战略合作伙伴关系，才能保障餐饮企业生产所需的采购物料，压缩库存，节约资金，降低采购成本，实现共赢。

（2）对供应商进行分层次管理。为激励供应商不断提升管理水平，增强实力，树立良好的信誉，并且为实施供应链联盟采购打下基础，可以运用ABC法对现有供应商队伍分等级进行管理。比如，对所有供应商按采购金额从大到小的顺序排列，计算出累计使用金额与累计百分数。通过分析归类，采供人员应把更多的精力花在关键的A类供应商上，重点关注A类供应商的质量水平、交货能力、价格水平、技术能力、增值服务等方面的能力，并按以上标准，定期对供应商重新进行评估，不符合要求的，予以淘汰。对每类食品原材料，采购部平时经过市场调研后，应分别提出5～10家候选供应商名单，以备需要时补充合格的供应商。

（3）建立科学的供应商评价指标体系。连锁餐饮企业应以降低采购成本为立足点，在分析市场竞争环境和连锁餐饮特性等客观条件的基础上，明确选择供应商的目标，设立严格的绩效考核体系，对供应商进行客观、公正的评价，优胜劣汰。供应商选择的主要准则集中在质量、价格、交货、服务等方面，此外还应包括供应商的产品开发与生产、供应商的外部环境以及其他方面的因素。供应商评价指标体系主要包括质量指标、供应指标、经济指标、合作与服务指标等内容。

4）加强供应商管理策略

（1）由注重供应商事后考核转化为过程控制和持续改进。

（2）从采购管理向供应商过程管理转变。

（3）整合供应商资源，降低非价格因素成本。

（4）由单纯供货向双赢供应链合作伙伴关系转化。

（5）由注重自身成本向降低供应链成本转变。

（6）正确认识采购价格成本因素和非价格成本因素。

（7）从为库存采购到为订单采购转变。

（8）减少供应链中的不增值因素，实现供应链无缝隙对接。

（9）整合供应商物流资源，降低供应商物流成本。

> **"双创"入课 11-1**　　　　　　**制订科学的采购需求计划**

　　连锁餐饮企业可以借助一些科学技术手段来确定采购需求量，如 ABC 分类法等。以 ABC 分类法为例，将连锁快餐店所需采购的食品按照重要程度进行分类，A 类食品种类占 20%，金额占 80%；B 类食品种类占 30%，金额占 15%；C 类食品种类占 50%，金额占 5%。按照这种划分要求，对采购的食品进行分类。对于 A 类食品，要实行重点管理，这部分食品是采购的重点，适宜采用标准化采购；对于 B 类食品，由于其种类过多，消耗周期波动比较大，而且有些食品可以相互替代，因此采用定量采购，可以重点管理，也可以一般管理；对于 C 类食品，由于其种类过多，而且消耗没有规律可循，因此可以定点采购，实行一般管理。

　　资料来源　编者根据相关资料整理。

　　请同学们结合资料分析：什么是 ABC 分类法？其如何在连锁餐饮企业中应用？

11.2　连锁餐饮企业配送管理

11.2.1　配送的特点及类型

1）配送的概念

　　配送是指在经济合理的区域范围内，根据用户的要求，对物品进行拣选、加工、包装、分割、组配等作业，并按时送达指定地点的物流活动。

2）配送的特点

（1）配送是一种特殊的综合性物流活动。

（2）配送是"配"和"送"有机结合的形式。

（3）配送是以用户需求为出发点、门到门的服务方式。

（4）配送的全过程需要现代化技术和装备作为保证。

（5）配送是一种专业化的增值服务，体现的是规模优势和资源优化。

3）配送的功能要素

配送的功能要素主要有：集货、分拣、配货、配装、配送加工、配送运输和送达服务等。

（1）集货是配送的重要环节，为了满足特定客户的配送要求，有时需要把从几家甚至数十家供应商处预订的物品集中，并将符合要求的物品分配到指定容器和场所。集货是配送的准备或基础工作，配送的优势之一就是可以进行一定规模的集货。

（2）分拣是配送不同于其他物流形式的功能要素，也是配送流程的一项重要支持性工作。它是完善送货、支持送货的准备性工作，是不同配送企业在送货时进行竞争和提高自身经济效益的必然延伸。分拣是送货向高级形式发展的必然要求，能提高送货服务水平。

（3）配货是使用各种拣选设备和传输装置，将存放的物品按客户要求分拣出来，配备齐全，送入指定发货地点。

（4）配装。在单个客户配送数量不能达到车辆的有效运载负荷时，就存在如何集中不同客户的配送货物，进行搭配装载以充分利用运能、运力的问题，这就是配装。其跟一般送货的不同之处在于，通过配装可以大大提高送货水平及降低送货成本，所以配装是配送系统中有现代特点的功能要素，也是现代配送不同于以往送货的重要区别之一。

（5）在配送中，配送加工这一功能要素不具有普遍性，但往往是有重要作用的功能要素。这是因为通过配送加工，可以大大提高客户的满意度。配送加工是流通加工的一种，但配送加工有它不同于流通加工的特点，即配送加工一般只取决于客户要求，其加工的目的较为单一。

（6）配送运输是距离较短、规模较小、额度较高的运输形式，一般使用汽车作为运输工具。配送运输由于配送客户多，一般城市交通路线又较复杂，如何组合成最佳路线，如何使配装和路线有效搭配等，是配送运输的特点，也是难度较大的工作。

（7）送达服务。将配好的货物运输给客户还不算配送工作的结束，这是因为送达货物与客户的要求往往会出现不协调问题，使配送前功尽弃。因此，要圆满地实现货物的移交，有效地、方便地处理相关手续并完成结算，还应讲究卸货地点、卸货方式等。送达服务也是配送独具的特殊性。

4）配送的类型

（1）按照配送主体分类：配送中心配送、商店配送、仓库配送、生产企业配送。

（2）按照配送组织形式分类：集中配送、分散配送、共同配送。

（3）按照配送时间及数量分类：定时配送（小时配、日配、准时配送、快递配送）、定量配送、定时定量配送、定时定线路配送、即时配送。

（4）按照配送种类及数量分类：少品种大批量配送、多品种少批量配送、配套配送。

（5）按照配送加工程度分类：集疏配送、加工配送。

（6）按照配送专业化程度分类：专业配送、综合配送等。

11.2.2 连锁餐饮配送基本模式

1）自营配送模式

（1）含义：自营配送模式是指企业物流配送的各个环节由企业自身筹建并组织管理，实现对企业内部及外部货物配送的模式。

（2）特点：自建物流能更快速、灵活地满足企业自身个性化的要求；企业对供应链各个环节有较强的控制能力。连锁企业自营配送流程如图11-1所示。

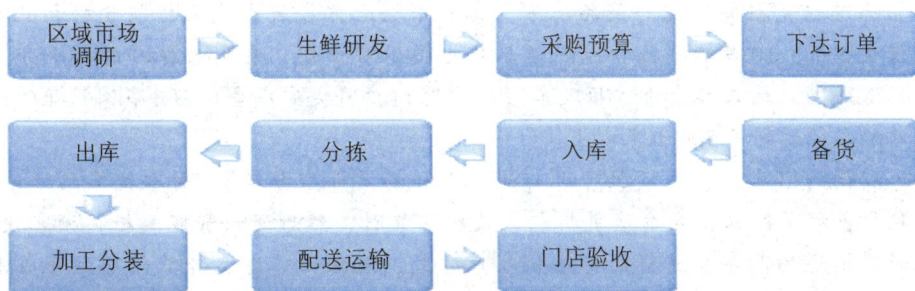

区域市场调研 → 生鲜研发 → 采购预算 → 下达订单

出库 ← 分拣 ← 入库 ← 备货

加工分装 → 配送运输 → 门店验收

图11-1 连锁企业自营配送流程图

2）供应商配送模式

（1）含义：供应商配送模式就是由生产企业直接将餐饮门店采购的商品在指定的时间范围内送到各个连锁门店甚至货架的物流活动。

（2）特点：该配送方式对供应商而言增加了成本，但对于由供应商到餐饮门店的供应链整合具有积极的促进作用。

3）第三方配送模式

（1）含义：**第三方配送模式**是指连锁企业为集中精力搞好主业，把原来属于自己处理的物流活动以合同的方式委托给专业物流服务企业，同时通过信息系统与物流企业保持密切联系，以达到对物流全程管理进行控制的一种物流运作与管理方式。

（2）特点：从战略层面上，使用第三方物流可以使连锁企业减少固定资产投资，规避经营风险，从而集中于核心业务，提高核心竞争力。

4）共同配送模式

（1）含义：共同配送模式是连锁企业委托某一特定供应商统一在某地区建立配送中心，并向连锁企业所辖区域进行集中配送。

（2）特点：相同或不同类型的企业联合，其目的在于相互调剂使用各自的仓储运输设施，最大限度地提高配送设施的使用效率。共同配送的具体形式主要有：连锁企业与厂商共建配送中心；第三方物流企业共同配送；多个连锁企业共同配送等。

11.2.3 餐饮中央厨房建设

1）餐饮中央厨房的含义

餐饮中央厨房是指由连锁餐饮企业建立的，具有独立场所及设施设备，集中完成食品成品或半成品加工制作，并直接配送给餐饮服务企业的单位。

> **"双创"入课11-2**　　　　　**"中央厨房"让舌尖美味标准化**

　　走进热气腾腾的小店，方正的芋头、对称的火培鱼、厚度一致的腊肉……春节期间，浏阳蒸菜馆备受游客青睐。在长沙，蒸浏记几乎覆盖每个区域，从大型商场到社区门口都有它的身影。从2015年的小门店到全国连锁，蒸浏记用7年的时间，让全国各地记住了浏阳蒸菜的味道。

　　蒸浏记的后端，是位于浏阳经开区5 000平方米的中央厨房。这里有专业厨师对菜品味道研究把关，统一菜品配方。工人根据配方在流水线上打包食材和配料。每天傍晚5点，10多辆冷链物流配送车从中央厨房出发，直到长株潭的各个分店，省外配送则搭上绝味鸭脖的"顺风车"，5小时内，将会完成全国200多家门店配送。物流日配半径达到了500千米以上。

　　蒸浏记的门店，则无须厨师再与油烟来一场"斗智斗勇"。由冷链车配送的一份份独立包装菜品只需要由店员拆包、装碗、配料，然后送入智能蒸柜，顾客便能吃到新鲜地道的蒸菜。这样的标准化生产方式，既保证味道，降低门店运营成本，也控制了菜品价格，达到统一管理。在长沙五一广场店，食材将在1小时后，送到顾客的餐桌上。浏阳豆豉、腊制品等食材盛放在特制的小木盒里，利用水沸后产生的水蒸气烹饪而熟，无油烟，原汁原味。

　　资料来源　王茶茶. 蒸浏记创始人彭诚：用互联网思维"蒸"出中式快餐［N］. 潇湘晨报，2023-02-01（A01）.

　　请同学们结合资料分析：（1）蒸浏记如何实现从小门店到全国连锁？（2）"中央厨房"如何让舌尖美味标准化？

2）餐饮中央厨房的作用

　　连锁餐饮企业建立中央厨房已经成为完善连锁经营体系、连锁餐饮企业稳定发展的有力保证，适应餐饮企业发展的内在规律。连锁餐饮业的经营特点与技术难点决定了中央厨房只有具有集约化、标准化、专业化、产业化的特点，才能满足现代餐饮创新发展的要求。

　　（1）连锁餐饮企业的中央厨房由于生产规模大，原料的供应量、储藏量、切配量，烹调环节的菜肴制作量，配送环节的菜品配送量以及综合能源消耗量都是很大的，这些都是成本控制的关键因素。通过中央厨房的集约化管理、集中采购和成本核算可以带来经济效益，避免了分散零星采购所造成的高成本以及管理漏洞、安全隐患和腐败问题。

　　（2）随着连锁餐饮企业的扩张、餐饮生产规模的扩大，中央厨房在原料、工艺、产品、服务等环节中应当充分体现标准化的特征。中央厨房稳定的品质控制是目前品牌连锁化最根本的保障，其能确保食品安全和食品口味的一致性。同时，中央厨房有利于配备专业的研发团队进行产品研发，不断改进产品形态、口味以及推出新产品，加速产品更新迭代，以适应追求新口味、优质产品的新一代消费者的需求。

　　（3）近年来预制菜成为时代新风口，消费市场对即热、即烹、即食的成品、半成品需求爆发式增长。中国预制菜产业联盟的数据显示，2022年全国预制菜市场规模约达到4 100亿元，未来5年内有可能达到万亿元规模。中央厨房作为预制菜产业链条中承上启下的核心环节，上连农副产品、下连餐企消费，是现代农业与现代食品产业的重要一环，对促进农业一二三产融合、带动上下游产业联动、促进乡村振兴等具有重要意义。可以说，中央厨房是预制菜的基础，预制菜是餐饮升级、促消费的重要抓手。

3）餐饮中央厨房建设

（1）中央厨房产品种类。中央厨房加工配送的食品品种繁多，涵盖了乳制品、冷冻饮品、饮料、酒类、焙烤食品、肉及肉制品、蛋及蛋制品、水产及其制品、调味餐饮品、粮食制品、果蔬、巧克力制品等。中央厨房产品种类根据成品化程度可以分为：①生制半成品：经挑选、清洗、分割、切配等初加工，不经热加工处理的非即食半成品，如半成品净菜、发酵面团、半成品肉馅、调理肉制品及水产品、蛋制品等。②热加工半成品：原料经初步热加工处理后，仍需进一步加工制作的阶段性成品，如经热加工的调理肉制品、速冻米面制品等。③成品：在餐饮门店无须经过清洗消毒或煮熟处理，直接或简单加热后即可食用的食品，如熟食、糕点、面包、冰激凌、豆浆、甜品、调味酱汁、即食果蔬等。

（2）中央厨房的功能要素。中央厨房在连锁餐饮经营中的主要功能要素有：①集中采购。中央厨房收集各加盟店提供的需求计划，结合中央仓库和市场供应部门制订采购计划，统一从市场上购买原辅材料。②生产加工。中央厨房加工大量采购的原辅材料，根据统一的品种规格和质量要求分为成品或半成品。③食品检验和质量控制。对采购的原辅材料以及成品或半成品进行质量检验，严把质量关。④统一包装。中央厨房根据连锁企业共同包装形象的要求，对各种成品或半成品进行一定程度的统一包装。⑤集中冷藏冷链配送。中央厨房配有冷冻存储设备，能够进行冷链配送。

（3）中央厨房与食品生产企业、餐饮门店的比较，具体情况见表11-1。

表11-1　中央厨房与食品生产企业、餐饮门店比较

项目	中央厨房	食品生产企业	餐饮门店
加工配送品种数量	品种多，原料、半成品、即食食品	单一，局限在某一类食品	各类餐饮食品
品种风险程度	大部分为易腐食品，风险高	灭菌生产工艺，风险低	大部分为易腐食品，风险高
加工配送环节	多	多	少
产品包装	简易包装，易污染	预包装，不易污染	加工后直接食用
配送范围和影响面	范围广、影响面大	范围广、影响面大	局限
硬件设施设备	机械化程度低	机械化程度高	机械化程度低

✎ **课内阅读 11-1　　中央厨房、绿色外卖国家标准成功立项**

　　《国家标准化管理委员会关于下达 2022 年第二批推荐性国家标准计划及相关标准外文版计划的通知》，由全国饮食服务业标准化技术委员会归口并执行的《中央厨房建设要求》《中央厨房运营管理规范》《绿色外卖管理规范》三项推荐性国家标准正式获批立项。据悉，《中央厨房建设要求》和《中央厨房运营管理规范》两项标准的同时立项标志着我国中央厨房从硬件到管理的双标准化将有据可依。同时，中央厨房作为三产融合带动乡村振兴、餐饮企业标准化"走出去"战略以及反食品浪费的重要一环，其健康、可持续性发展将得到规范化指引。《绿色外卖管理规范》由中国饭店协会联合美团、中国标准化研究院申报，将推动外卖活动前端开发优质环保替代品，中端减少使用量，后端科学处理回收，是落实"污染防治攻坚战"的必然要求。

　　近年来，我国餐饮企业中央厨房的占比在不断提升。相关调查显示：截至 2021 年，近 200 家受调查的大型餐饮企业中一半已自建中央厨房。同时，河南、武汉等各地政府也大力建设中央厨房产业园，吸引相关餐饮企业入驻，产生产业集群。随着连锁餐饮业的发展，中央厨房也正以较快的速度向二三线城市扩散。但目前中央厨房仍处于发展的初级阶段，餐饮企业对中央厨房认识和管理经验不足，在建设中央厨房时出现盲目建设、重复建设等问题，导致出现部分中央厨房布局不合理、产能不匹配、设施设备配置不合理、经营管理尚需进一步规范等问题。专业人士表示，本次立项的《中央厨房建设要求》《中央厨房运营管理规范》两个国标计划，将针对企业在建设中央厨房时遇到盲目建设、运营能力不足、管理低效等问题进行规范。《中央厨房建设要求》将以合理规范、标准化、节约环保、高效集约为通用方针，对中央厨房提出建设要求。《中央厨房运营管理规范》将以标准化、节约环保、高效集约、安全可追溯为通用方针，指导餐饮企业进行中央厨房的运营管理。这两项标准将为中央厨房绿色化、集约化、智能化发展提供标准规范，着力推动餐饮行业健康、高质量发展。值得一提的是，两项中央厨房标准和绿色外卖国家标准在制定时均注重粮食节约、食品安全和环保减塑。

　　资料来源　阎密. 中央厨房、绿色外卖国家标准成功立项［N］. 国际商报，2022-08-11（5）.

11.2.4　餐饮供应链管理

1）餐饮供应链概述

　　餐饮供应链是一个多产业融合、多方联动的生态体系。各环节均衡、高效衔接，是整个供应链体系有效、顺畅运作的重要保证。随着连锁餐饮规模化经营趋势的加强，未来餐饮行业的竞争就是餐饮供应链的竞争。如果能够通过供应链管理有效控制成本、提升效益，就有可能实现品牌在全国范围内的快速复制与成长发展。我国很多食品安全事故并非出在零售业或餐饮业本身，而是出在供应链条的上游环节。因此，建立自己的供应链体系，是餐饮企业提升自身核心竞争力的关键之一。

2）连锁中餐企业供应链的特征

　　（1）品种繁多，品项复杂。中式餐饮企业的产品品种较多，不同特色的中餐企业要求的产品品类也不同，产品品类不仅多，而且用量小，规格不统一。后厨要求的产品繁杂，中餐的定制化服务会直接影响到产品的需求品种。

（2）产品易损耗，配送时效性要求高。中餐企业的部分产品在流通过程中的损耗是不可避免且不可逆的。例如生鲜类的产品，在流通过程中会出现破损、腐烂、霉变等现象；冷冻类的产品在供应链的采购、仓储、加工、配送的过程中会变质等。这种不可避免的易损耗性，就要求该产品流通的供应链能够尽量缩短产品的在途、储存以及搬运的时间。供应链反应机制越灵敏，产品的损耗越小；供应链反应机制越迟钝，产品的损耗也就越大。

（3）安全风险高。菜品原材料在整个供应链的流通过程中，可能会出现产品污染或者变质的环节有很多。例如，可能在种植或者养殖期间，在肥料或者饲料的采用上出现问题，会导致货源的污染。如果流通过程中物流设备的使用或者物流人员的管理出现问题，可能会导致产品的折损或者二次污染。在代加工的过程中，如果管理不善，可能会导致产品微生物超标，或者理化指标的变化超出正常食用标准等。

（4）供应链上下游企业的形式多样化，合作者众多。在中餐连锁企业的供应链中，涉及的环节和功能较多，所以合作者也较多。众多的合作者在整个供应链上扮演着不同的角色，发挥着不同的功能。与工业类的生产商相比，中餐企业的供应链要复杂得多。

（5）需求不准确，计划难度大，整体信息化水平不高。在中餐企业中，虽然近年来整体信息化水平逐渐提高，但是整个供应链上的信息对接与市场需求相比，依然有较大的滞后性。无论是企业的内部，还是企业与企业之间，由于使用的信息平台不同，在接洽的过程中困难重重，这就影响了整个供应链的业务效率。信息壁垒包括需求的传递、需求的波动与预测、计划的执行与跟踪、产品追根溯源、各节点企业的计划协调、产品供应市场与需求市场变动的对接等方面。

（6）供应链通用性低，标准化程度不高。由于中餐企业产品的特殊要求、个性化服务，该供应链的通用性相对于工业生产企业和西餐企业的供应链通用性要低很多。不同的产品，其附带的服务有较大的区别；不同时令下，同一种产品会有不同的服务需求；就同一种产品而言，生产不同的菜式，会有不同的供应服务需求。所以，中餐企业的供应链复杂度较高，通用性较差。

☑ 课外阅读 11-1　　　　《食材供应链4.0白皮书》发布

近日，《食材供应链4.0白皮书：从1.0到4.0发展与变迁》正式发布。白皮书全面梳理了中国食材供应链行业现状、信息化发展历程及4.0时代发展趋势。中国食材供应链的信息化发展历程分为四个阶段。白皮书指出，现阶段行业已迈过手工作业及手动管理的1.0时代、数据单一电算化的2.0时代、配送流通链数字化的3.0时代，目前正朝着农业产业链智慧化的4.0时代迈进。白皮书可以帮助行业总览市场前沿、洞察市场需求、把握行业突破口，为食材供应链企业找准战略发展方向、加快农业产业链一体化发展提供深度参考。

资料来源　新华网. 一文读懂《食材供应链4.0白皮书》[EB/OL]. [2022-11-03]. http://www.xinhuanet.com/food/20221103/dccf36b321cd4644a134a1e5ccc94260/c.html.

要进一步了解《食材供应链4.0白皮书》的详情，可以扫描二维码查看。

单元小结

本单元主要介绍了连锁餐饮企业采购主要实行统一采购制度，采购批量大，采购范围广，牵涉部门多，季节性强，随机性和灵活性大，采购次数频繁，计划性强，对食品安全要求高，对供应商影响大，具有统一物流配送、购销业务统分结合等特点，采购基本原则主要包括适价采购、适时采购、适质采购、适量采购和就近采购等原则，采购人员基本要求包括道德素质、知识、能力和技能等方面；介绍了配送的含义、特点和类型，连锁餐饮配送基本模式主要有自营配送、供应商配送、第三方配送和共同配送；介绍了连锁餐饮企业中央厨房和供应链的含义及作用、连锁中餐企业供应链特征等内容。

主要概念

采购　　配送　　第三方配送模式　　餐饮中央厨房　　餐饮供应链

单元测试

即测即评-11

□选择题

1.餐饮采购的基本原则主要有（　　）等。

A.适时采购　　　　　　　　B.适价采购

C.适质采购　　　　　　　　D.适量采购

2.餐饮采购人员的基本要求包括（　　）等。

A.职业素养　　　B.知识要求　　　C.能力要求　　　D.采购技能

3.中央厨房产品种类根据成品化程度可以分为（　　）。

A.生制半成品　　B.热加工半成品　　C.成品　　　D.其他

4.对连锁餐饮企业的供应商进行评价的指标主要有（　　）。

A.质量指标　　B.供应指标　　C.经济指标　　D.合作与服务指标

5.连锁餐饮企业自建中央厨房，属于（　　）模式。

A.自营配送　　B.供应商配送　　C.第三方配送　　D.共同配送

□判断题

1.餐饮服务提供者要做好原料的随货证明文件查验、外观查验和温度查验。

（　　）

2.中央厨房在原料、工艺、产品、服务等环节中应当充分体现标准化的特征。

（　　）

3.连锁餐饮配送模式包括自营配送、供应商配送、第三方配送和共同配送。

（　　）

4.随着连锁餐饮企业规模化经营加强，未来餐饮行业的竞争就是餐饮供应链竞争。

（　　）

5.连锁餐饮企业采购应以分散采购为主，集中采购为辅。　　　　　（　　）

□ 简答题

1.简述连锁餐饮企业采购的主要特点。

2.连锁餐饮配送的基本模式有哪些？

3.连锁中餐企业供应链的特征有哪些？

□ 案例分析题

力推餐饮供应链全面零售化　新零售发力"鲜食"预制菜

近年来，餐饮零售化正在逐步成为餐饮行业的"第三增长曲线"，其中，预制菜产品不仅是最大增量，也是餐饮企业和供应链企业探路零售化的试金石。在火热的预制菜赛道，不同于传统企业的布局，新零售的代表盒马另辟蹊径，选择以更考验供应链能力的"鲜食"切入。据悉，"鲜食"预制菜即保质期在4天左右的0~4度冷藏预制菜商品，成为盒马与合作伙伴共拓市场的新机会点。盒马3R（即烹、即食、即热）商品中心总经理田鑫介绍：烤鱼是餐饮市场中的重要单品，发展势头一直不错，但对于普通消费者而言制作难度较大。为满足消费者在家经简单加工就能吃到餐厅味道的需求，2019年盒马与专供餐饮渠道的水产供应链品牌浔味堂共同探索零售化解决方案，并推出了市面上首款冷藏烤鱼半成品。该产品上市后，销售超出预期，其也一直是盒马"鲜食"预制菜的销量冠军，年销售额超过2 500万元，口味也从最初的1个逐步扩充至现在的5个。业内人士认为，传统餐饮供应链所面向的都是B端餐饮企业，客户是烹饪技艺娴熟的厨师。

产品的制作场景则是专业的餐厅后厨以及专业的厨房设备。而餐饮零售化直接面向消费者，消费者对于预制菜的要求除了好吃外，更要制作便捷。

为进一步完善自身优势，盒马也持续投入重金进行基建。2022年8月，位于成都、武汉的两大供应链运营中心率先投产，其中3R专属的中央厨房工厂也已启用。成都的中央厨房工厂内还设立了区域研发中心，进行地方特色预制菜的研发，并引入数字化解决方案提升效率，可随时掌控加工流程，实现全程可追溯。接下来，北京、上海、广州、西安的中央厨房也将陆续投产，形成辐射全国的短供应链网络。在中央厨房的加持下，盒马自研美食商品的上新和全国推广将更为迅速，可以从以往的半个月缩短至3天。强大的研发能力、不断完善的基础物流网络也吸引了更多餐饮企业"搭车"试水预制菜。2022年10月，盒马联名网红泰餐厅"就是泰"推出的咖喱面包鸡上市，仅一周时间就成功跻身"方便速食新品榜"榜首，成为又一个餐饮零售化的成功探索。

资料来源　李子晨. 新零售发力"鲜食"预制菜［EB/OL］.［2022-11-04］. https://www.com-news.cn/content/2022-11/04/content_18243.html.

分析：

（1）"鲜食"预制菜对餐饮供应链有哪些要求？

（2）"中央厨房"能发挥哪些作用？

主要参考文献及网站

[1] 张春法，高觉民，宗颖，等．批发贸易——演进、业态与管理 [M]．南京：南京大学出版社，2021．

[2] 宫承波．新媒体概论 [M]．9版．北京：中国广播影视出版社，2021．

[3] 陆影，高皖秋．连锁门店营运管理与实务 [M]．5版．大连：东北财经大学出版社，2021．

[4] 钱和，周平，郭亚辉．食品质量控制与管理 [M]．北京：中国轻工业出版社，2020．

[5] 肖亮．卓越流通：数字经济时代流通业高质量发展与浙江经验 [M]．杭州：浙江工商大学出版社，2020．

[6] 蓝勇．中国川菜史 [M]．成都：四川文艺出版社，2019．

[7] 符存，王倩，张玲．中国文化概况 [M]．北京：中国人民大学出版社，2020．

[8] 匡仲潇．连锁餐饮运营与管理 [M]．北京：化学工业出版社，2018．

[9] 刘凤，徐奎玲．管理学基础：概念·案例·实训 [M]．2版．北京：中国人民大学出版社，2021．

[10] 陈素娥．餐饮经营与服务158个怎么办 [M]．北京：化学工业出版社，2015．

[11] 杨爱民，范涛，李东文．中式烹调工艺 [M]．武汉：华中科技大学出版社，2020．

[12] 坎达姆普利．服务管理——酒店管理的新模式 [M]．程尽能，韩鸽，等译．北京：旅游教育出版社，2006．

[13] 王靖飞．加盟为王——连锁经营加盟盈利密码 [M]．北京：经济管理出版社，2015．

[14] 冯天瑜，姚伟钧．中华文化元素饮食 [M]．长春：长春出版社，2016．

[15] 匡粉前．餐饮成本控制与核算 [M]．北京：化学工业出版社，2018．

[16] 杨敏．初创企业经营与管理 [M]．大连：东北财经大学出版社，2022．

[17] 餐饮老板内参．餐饮进化论 [M]．北京：人民邮电出版社，2018．

[18] 王常红，厉小励，秦承敏．餐饮服务与督导管理 [M]．大连：东北财经大学出版社，2021．

［19］中国政府网：http：//www.gov.cn

［20］中华人民共和国商务部：http：//www.mofcom.gov.cn

［21］中国连锁经营协会：http：//www.ccfa.org.cn

［22］商业特许经营信息管理：http：//txjy.syggs.mofcom.gov.cn

［23］麦当劳官网：https：//www.mcdonalds.com.cn

［24］同庆楼：http：//www.tongqinglou.cn

［25］美团研究院：https：//mri.meituan.com

［26］红餐网：http：//www.canyin88.com